国家骨干高职院校建设项目化教学规划教材
城市轨道交通运营管理专业项目化教材

轨道交通线路与站场

GUIDAO JIAOTONG
XIANLU YU ZHANCHANG

主　编　张大勇
副主编　李慧娟　解　慧

西南交通大学出版社
·成都·

内容提要

本书介绍了铁路线路的平、纵断面，路基、轨道等线路的组成，线路种类、道岔、轨道编号、线路有效长计算等站场基础知识，分析了中间站、区段站、编组站等各种站型布置图，同时也介绍了高速铁路站场和铁路枢纽以及城市轨道交通线路与车站。本教材偏重线路站场设备的运用，文字通俗易懂。每个项目后配有丰富的习题，便于读者复习巩固所学知识。

图书在版编目（CIP）数据

轨道交通线路与站场 / 张大勇主编. —成都：西南交通大学出版社，2014.8（2017.6 重印）
国家骨干高职院校建设项目化教学规划教材. 城市轨道交通运营管理专业项目化教材
ISBN 978-7-5643-3229-7

Ⅰ. ①轨… Ⅱ. ①张… Ⅲ. ①城市铁路－轨道交通－铁路线路－高等职业教育－教材②城市铁路－轨道交通－站场－高等职业教育－教材 Ⅳ. ①U239.5

中国版本图书馆 CIP 数据核字（2014）第 172588 号

国家骨干高职院校建设项目化教学规划教材
城市轨道交通运营管理专业项目化教材

轨道交通线路与站场

主编　张大勇

*

责任编辑　张华敏
特邀编辑　杨开春　鲁会茹　陈正余
封面设计　墨创文化

西南交通大学出版社出版发行
四川省成都市二环路北一段 111 号西南交通大学创新大厦 21 楼
邮政编码：610031　发行部电话：028-87600564
http://www.xnjdcbs.com

成都勤德印务有限公司印刷

*

成品尺寸：185 mm × 260 mm　　印张：15.5
字数：405 千字
2014 年 8 月第 1 版　　2017 年 6 月第 4 次印刷
ISBN 978-7-5643-3229-7
定价：37.50 元

图书如有印装质量问题　本社负责退换
版权所有　盗版必究　举报电话：028-87600562

国家骨干高职院校建设
项目化教学规划教材编委会

主　任：苏东民（郑州铁路职业技术学院）
　　　　李学章（郑州铁路局）
副主任：董黎生（郑州铁路职业技术学院）
　　　　张　洲（郑州市轨道交通有限公司）
　　　　胡书强（郑州铁路局职工教育处）
委　员：宋文朝（郑州铁路局机务处）
　　　　石建伟（郑州铁路局车辆处）
　　　　马锡忠（郑州铁路局运输处）
　　　　王汉兵（郑州铁路局供电处）
　　　　杨泽举（郑州铁路局电务处）
　　　　李保成（郑州铁路局工务处）
　　　　马子彦（郑州市轨道交通有限公司）
　　　　张中央（郑州铁路职业技术学院）
　　　　华　平（郑州铁路职业技术学院）
　　　　张惠敏（郑州铁路职业技术学院）
　　　　伍　玫（郑州铁路职业技术学院）
　　　　徐广民（郑州铁路职业技术学院）
　　　　戴明宏（郑州铁路职业技术学院）
　　　　倪　居（郑州铁路职业技术学院）
　　　　胡殿宇（郑州铁路职业技术学院）
　　　　李福胜（郑州铁路职业技术学院）
　　　　冯　湘（郑州铁路职业技术学院）
　　　　陈享成（郑州铁路职业技术学院）
　　　　耿长清（郑州铁路职业技术学院）
　　　　张　勤（郑州铁路职业技术学院）

城市轨道交通运营管理专业项目化教材
——《轨道交通线路与站场》编委会

主　任：伍　玫（郑州铁路职业技术学院）
　　　　汪国利（郑州市轨道交通有限公司运营分公司）
　　　　陈爱国（郑州铁路局职教处）
　　　　王世伟（郑州市轨道交通有限公司运营分公司）
副主任：牛红霞（郑州铁路职业技术学院）
　　　　王转健（郑州市轨道交通有限公司运营分公司）
委　员：窦　亮（郑州市轨道交通有限公司运营分公司）
　　　　李　磊（郑州市轨道交通有限公司运营分公司）
　　　　张红欣（郑州市轨道交通有限公司运营分公司）
　　　　孙明川（郑州铁路局郑州北车站）
　　　　贾国强（郑州铁路局新密站）
　　　　鲍生华（郑州铁路局客票中心）
　　　　张晓玲（郑州铁路职业技术学院）
　　　　张大勇（郑州铁路职业技术学院）
　　　　李慧娟（郑州铁路职业技术学院）
　　　　解　慧（郑州铁路职业技术学院）
　　　　李院明（郑州市轨道交通有限公司运营分公司）
　　　　张小魁（郑州市轨道交通有限公司运营分公司）
　　　　郝亚杰（郑州市轨道交通有限公司运营分公司）

前　言

近几年来，我国轨道交通进入了蓬勃发展的时期，除了已有的铁路轨道交通形式，轨道交通还包含了高速铁路、城际铁路、地下铁道、轻轨、独轨等形式，各种形式的轨道交通线路、站场等技术标准均有所差别。作为高职轨道交通运营人才，必须掌握普速铁路、高速铁路、地下铁道、轻轨等各种形式的线路站场知识，以面向更广泛的就业渠道，本书就是基于这个出发点编写的。

本书根据目前我国铁路线路与站场的实际情况，按照新版《铁路技术管理规程》、《高速铁路设计规范》、《地铁设计规范》等文件的要求，结合高等职业教育的培养目标，侧重线路与站场设备的运用，介绍了线路的基本知识，详细分析了各种铁路车站的站型图，同时也介绍了高速铁路站场、城市轨道交通线路和车站、车辆段布置图。本教材具有以下特点：

1. 以高职技能型人才培养为出发点，在内容上淡化站场设计，偏重线路站场设备的运用，教材文字简明扼要，通俗易懂。

2. 采用项目式编写体例，以具体的任务为驱动，展开知识介绍。每个项目中包括案例导入、项目描述、学习目标、职业技能要求、技能训练、视野拓展、头脑风暴等部分。

3. 教材内容涵盖了普速铁路、高速铁路、地铁、轻轨、独轨等多种轨道交通知识，有助于学生扩展知识面，同时为国铁、地铁等不同企业的职工了解不同标准的线路提供帮助。

4. 每个项目后配有丰富的习题，以帮助读者更好地掌握所学知识，同时也为上课教师提供了丰富的素材，便于组建习题库。

5. 配有多媒体课件，形成立体化教学包。

参加本书编写的有：郑州铁路职业技术学院的张大勇（项目六、项目七、项目八），李慧娟（项目一、项目二、项目三），解慧（项目四、项目五）。张大勇负责对全书的框架、编写思路设计以及全书的统稿工作。

在本书的编写过程中得到了郑州市轨道交通有限公司、郑州铁路局等单位的大力支持，在此表示衷心的感谢。本书还参考引用了部分国内专家、学者发表的有关铁路线路与站场设计、城市轨道交通和高铁车站设计的文献和著作，在此向有关专家、学者表示由衷的感谢。

由于编写人员技术水平和时间、经验的局限性，书中难免有不妥之处，敬请广大读者批评指正，以便进一步修订和完善。

编　者
2014 年 5 月

目　录

项目一　线路的平面和纵断面 ……………………………………………………… 1
　【案例导入】 …………………………………………………………………………… 1
　【项目描述】 …………………………………………………………………………… 1
　【学习目标】 …………………………………………………………………………… 2
　【职业技能需求】 ……………………………………………………………………… 2
　【任务驱动】 …………………………………………………………………………… 2
　　任务一　线路的平面 ………………………………………………………………… 2
　　任务二　线路的纵断面 ……………………………………………………………… 8
　　任务三　线路的标志 ………………………………………………………………… 14
　【技能训练】 …………………………………………………………………………… 16
　【视野拓展】 …………………………………………………………………………… 17
　【头脑风暴】 …………………………………………………………………………… 18
　【习题】 ………………………………………………………………………………… 18

项目二　线路的组成 ……………………………………………………………………… 20
　【案例导入】 …………………………………………………………………………… 20
　【项目描述】 …………………………………………………………………………… 21
　【学习目标】 …………………………………………………………………………… 21
　【职业技能需求】 ……………………………………………………………………… 22
　【任务驱动】 …………………………………………………………………………… 22
　　任务一　路基和桥隧建筑物 ………………………………………………………… 22
　　任务二　轨　道 ……………………………………………………………………… 41
　【技能训练】 …………………………………………………………………………… 57
　【视野拓展】 …………………………………………………………………………… 58
　【头脑风暴】 …………………………………………………………………………… 59
　【习题】 ………………………………………………………………………………… 59

项目三　绘制站场图 ……………………………………………………………………… 61
　【案例导入】 …………………………………………………………………………… 61
　【项目描述】 …………………………………………………………………………… 61
　【学习目标】 …………………………………………………………………………… 61
　【职业技能需求】 ……………………………………………………………………… 62
　【任务驱动】 …………………………………………………………………………… 62
　　任务一　认识不同种类的线路 ……………………………………………………… 62
　　任务二　线路线间距 ………………………………………………………………… 69

任务三　线路连接 79
　　任务四　线路有效长 91
　【技能训练】 97
　【视野拓展】 98
　【头脑风暴】 98
　【习题】 98

项目四　中间站 100
　【案例导入】 100
　【项目描述】 100
　【学习目标】 101
　【职业技能要求】 101
　【任务驱动】 101
　　任务一　会让站、越行站 101
　　任务二　中间站的业务和设备 105
　　任务三　中间站布置图 110
　【技能训练】 112
　【视野拓展】 112
　【头脑风暴】 115
　【习题】 115

项目五　区段站 116
　【案例导入】 116
　【项目描述】 117
　【学习目标】 117
　【职业技能要求】 117
　【任务驱动】 117
　　任务一　区段站概述 118
　　任务二　区段站主要设备的相互位置 120
　　任务三　区段站布置图 126
　　任务四　区段站运转设备 134
　【技能训练】 140
　【视野拓展】 140
　【头脑风暴】 144
　【习题】 145

项目六　编组站 146
　【案例导入】 146
　【项目描述】 146
　【学习目标】 147
　【职业技能需求】 148

【任务驱动】······148
   任务一　编组站的作业和设备······148
   任务二　编组站的布置图······151
【技能训练】······167
【视野拓展】······168
【头脑风暴】······170
【习题】······170

项目七　高速铁路站场和铁路枢纽······172
【案例导入】······172
【项目描述】······174
【学习目标】······174
【职业技能需求】······174
【任务驱动】······174
   任务一　高速铁路站场······174
   任务二　铁路枢纽······183
【技能训练】······188
【视野拓展】······188
【头脑风暴】······190
【习题】······190

项目八　城市轨道交通线路与车站······192
【案例导入】······192
【项目描述】······192
【学习目标】······193
【职业技能需求】······193
【任务驱动】······193
   任务一　城市轨道交通线路与站场······193
   任务二　城市轨道交通线路的平面和纵断面······204
   任务三　城市轨道交通规划与施工······210
   任务四　城市轨道交通车站与站场······219
【技能训练】······231
【视野拓展】······231
【头脑风暴】······234
【习题】······234

附录　站场平面图图例······235

参考文献······238

项目一　线路的平面和纵断面

【案例导入】

　　宁西铁路是我国"八纵八横"铁路骨架网的重要横向干线铁路之一，位于陇海、沪汉蓉通道之间。随着我国经济的持续发展和国家对西部大开发的逐步深入，对运输市场的需要越来越迫切，人们更加注重的是运输服务质量。2008 年 10 月宁西铁路增建第二线已经被列入国家重点建设项目。中铁第一勘察设计院集团有限公司已经成立设计项目总体组，全面开展对本线增建第二线勘测、设计工作，其中零口至南阳西段限制坡度的选择是一个关键点。

　　既有线零口至西峡段为山区，线路长度约 301.2 km，限制坡度为双机坡 13‰，本段足坡地段占线路全长的 46%。线路穿越秦岭段落为已建成双线段落，线路长 49.5 km，本段工程艰巨，桥隧比重达 78.3%，主要工程为 12.268 km 的秦岭双线隧道，足坡地段占线路的 88.5%。西峡至南阳西段为丘陵及平原区，线路长度约 99.3 km，限制坡度为 6‰，本段足坡地段占 47%。为减少既有工程的浪费，本次增建第二线基本维持既有坡系。但是，增建二线后，列车将上下行分线运行，为了进一步改善运营条件，缩短线路长度，提高线路技术标准，提高运输质量，并考虑节约工程投资，对工程艰巨段落，从地形适应性及工程投资、运输组织分析，对花园至蔡家河段有必要进一步研究限坡 13‰、16‰、20‰ 的坡度方案。

　　既有线花园至蔡家河段位于秦岭北麓山前引线地段，地处渭河盆地南缘渭南黄土台塬，地势南高北低，自然纵坡 50‰。为了克服高程障碍，既有线以 13‰ 坡度在山前迂回展线，而且桥隧工程集中，桥隧比例重达 38%。本次增建二线结合该段的地形特点及线路标准，经分析采用上行方向为重车、下行方向为轻车方案。在此基础上，分别研究了三个限坡方案：方案一，增建二线下坡方向限坡 16‰ 方案；方案二，增建二线下坡方向限坡 13‰ 方案；方案三，增建二线下坡方向限坡 20‰ 方案。

【项目描述】

　　铁路线路是列车与机车车辆运行的基础，是为了完成铁路客货运输和行车作业设置的，更是为了保证各项作业的安全而设置的。现实中由于受复杂多变的地面条件、运输效益、建设资金投入等条件的制约和限制，线路无法修建成理想状态，因此，线路会存在曲线和坡道。本项目以实际案例为引导，抽丝剥茧地分析出曲线、坡道形成的原因及基本要素，同时根据《线路技术管理规章》，列出曲线与坡度设计标准。

【学习目标】

本项目参考《铁路技术管理规程》和《铁路线路工技能鉴定》,并整理出该项目需要掌握的知识和技能,具体的学习目标如下。

1. 知识目标

① 熟悉线路平面的组成要素;掌握曲线附加阻力、单位曲线附加阻力的形成原因及其计算;了解缓和曲线设置的作用及特点。

② 熟悉线路纵断面的组成要素;掌握坡道附加阻力、单位坡道附加阻力的计算;掌握限制坡度及换算坡度的概念及计算。

③ 能看懂线路的平面及纵断面图。

④ 识别线路的各种标志及其含义。

2. 技能目标

① 能看懂线路的平面图。

② 能看懂线路的纵断面图。

③ 识别各种线路标志。

④ 计算曲线和坡道的附加阻力。

【职业技能需求】

1. 初级线路工

作为铁路工,应掌握线路空间形态,以便在工作中根据线路曲直、坡度情况,重点检查某些地段的线路,便于保养线路、检查线路。

2. 铁路运营相关岗位

铁路运营中的行车调度员、信号员、行车值班员、助理值班员等岗位均需了解线路的基本知识,作为铁路运营岗位重要的参与者,只有清楚线路的实际情况才能更好地掌握列车运行情况,才能提前做好防护工作,以确保列车的安全运行。

【任务驱动】

铁道部某一勘测院在选定线路的走向,在某地段有一条河流,紧挨着河流又有一座山,假如你是设计院负责该线设计的设计员,请问在这地段你会如何设计线路?

任务一 线路的平面

【任务描述】

我国天然地面情况复杂,而且城镇比较分散,如果铁路修建的又平又直,势必会增加修建的成本,延长修建工期,因此,在修建过程中,为了绕开城镇、建筑、山丘等障碍物,需要将铁路修建成一定的曲线。为了更好地描述线路的空间特征,我们一般使用线路的平面来对线路的曲直进行描述,本任务将会对线路平面进行详细的分析。

【任务分析】

对于线路平面来说,曲线无疑是其重要的组成部分,其中圆曲线是非常重要的一种。曲线半径大小与列车运行速度有着直接的关系,那么究竟多大的半径才比较合理呢?另外,列车在经过曲线的时候,受到的阻力比在直线线路运行的阻力大,这个阻力是什么?如何计算?在本任务中将对此——解析。

【相关知识】

铁路线路在空间的位置用它的中心线来表示,如图 1-1 所示,线路中心线是指路基横断面上距外轨半个轨距的铅垂线 AB 与路肩水平线 CD 的交点 O 在纵向上的连线。

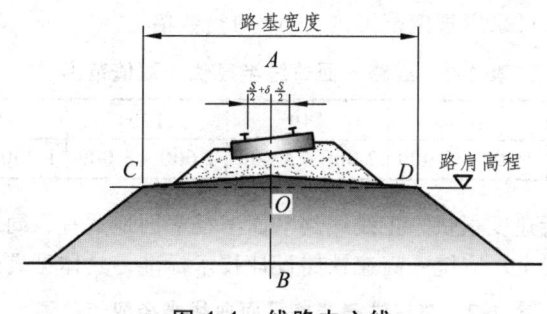

图 1-1 线路中心线

一、线路平面

线路中心线在水平面的投影,称为铁路线路的平面,简称线路平面。线路平面只能反映出线路的曲直变化,而不能反映出线路的其他特征。

二、线路平面的组成

在线路设计时,当线路遇到地形、建筑物等障碍时,为改善运营条件,同时降低工程造价,应设置曲线;为保证列车平稳通过曲线,应设置缓和曲线。因此,线路平面是由直线、圆曲线以及连接直线与圆曲线的缓和曲线组成的,如图 1-2 所示。

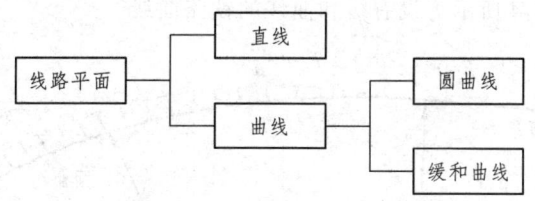

图 1-2 线路平面的组成

三、曲 线

(一) 圆曲线

圆曲线是指铁路线路在转向处所设的曲线,其基本组成要素有:曲线半径 R,曲线转角 α,曲线长 L,切线长度 T,如图 1-3 所示。

在线路设计时，一般是先设计出 α 和 R，再按下式计算出 T 及 L：

$$T = R \tan \frac{\alpha}{2} \text{（m）}$$

$$L = \frac{\pi}{180} R \alpha \text{（m）}$$

曲线半径愈大，行车速度愈高，但工程量愈大，工程费用愈高。因此，半径选择就十分重要。影响曲线半径的因素很多，有地形条件、牵引机车种类、行车速度、运输需求等，其中列车运行速度是选择的主要依据。不同的设计路段的曲线半径应优先选用表 1-1 中规定范围内的数值，困难条件下，可采用规定范围内 10 m 的整数倍。

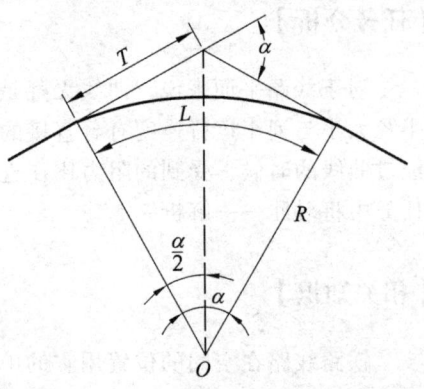

图 1-3　圆曲线的组成要素

表 1-1　线路平面曲线半径优先取值范围

路段设计速度（km/h）	160	140	120	100	80
曲线半径（m）	2 500 ~ 5 000	2 000 ~ 4 000	1 600 ~ 3 000	1 200 ~ 2 500	800 ~ 2 000

高速铁路的列车运行速度很快，正线线路平面半径应因地适宜，同时注意与设计行车速度相匹配，为保证行车的安全，应统一高速铁路设计技术标准，具体见表 1-2。

表 1-2　高速铁路线路平面曲线半径取值范围

线路设计速度（km/h）	350/250	300/200	250/200	250/160
无砟轨道（m）	8 000 ~ 10 000	6 000 ~ 8 000	4 500 ~ 7 000	4 500 ~ 7 000
最大半径（m）	12 000	12 000	12 000	12 000

需要注意的是，改建既有线或增建第二线时，最小曲线半径应结合既有线特征和工程条件比选确定。

（二）缓和曲线

为了保证列车安全，使线路平顺地由直线过渡到圆曲线或由圆曲线过渡到直线，避免离心力的突然产生和消除，常需要在直线与圆曲线之间设置一个曲率半径逐渐变化的曲线，这个曲线称为缓和曲线，如图 1-4 所示为设有缓和曲线的铁路曲线。

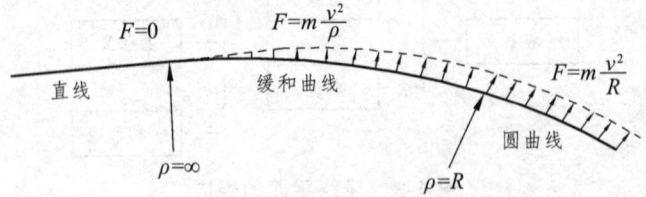

图 1-4　设有缓和曲线的铁路曲线

从图 1-4 中可以看出，从缓和曲线所衔接的直线一端起，随着它的曲线半径 ρ 由无穷大逐渐减小到它所衔接的圆曲线半径 R，通过该线路的列车所受的离心力逐渐增加，不致造成列车强烈地横向摇摆，从而保证行车安全和平顺。

缓和曲线长度应根据曲线半径、路段设计行车速度、工程条件确定，应优先采用表 1-3 中的数值。

表 1-3　缓和曲线长度优选表

曲线半径 \ 设计速度 缓和曲线长度(m)		350 (km/h)	300 (km/h)	250 (km/h)	160 (km/h)	140 (km/h)	120 (km/h)
曲线半径（m）	12 000	330	200	130	40	40	40
	10 000	420	240	150	50	40	40
	8 000	530	300	190	60	40	40
	7 000	590	350	220	70	50	40
	6 000	590	410	250	70	50	40
	5 000	—	480	300	70	60	40
	4 500	—	510	340	70	60	40
	3 000	—	—	430	100	80	50
	2 000	—	—	—	150	100	70
	1 200	—	—	—	—	190	120
	1 000	—	—	—	—	—	140

（三）曲线附加阻力

基本阻力：列车在空旷地段沿平、直轨道运行时所受到的阻力。包括车轴与轴承之间、轮轨之间以及钢轨接头对车轮的撞击阻力等。基本阻力在列车运行时总是存在的。

附加阻力：列车在线路上运行时，受到的额外阻力，如坡道阻力、曲线阻力、起动阻力等。附加阻力随列车运行条件或线路平、纵断面情况而定，阻力方向与列车运行方向相反。

曲线附加阻力产生的主要原因是：当列车通过曲线时，由于惯性力的作用，外侧车轮轮缘紧压外轨，使其磨耗增大。又由于曲线外轨长于内轨、外轮在外轨上的滑行等原因，运行中的列车所受阻力比在直线上所受阻力大，两者之差称为曲线附加阻力。

1. 单位曲线附加阻力的计算

图 1-5 所示是列车位于曲线上时，曲线附加阻力与列车重量之比，成为单位曲线附加阻力，用 N/kN 来表示，它的大小通常用试验公式求得：

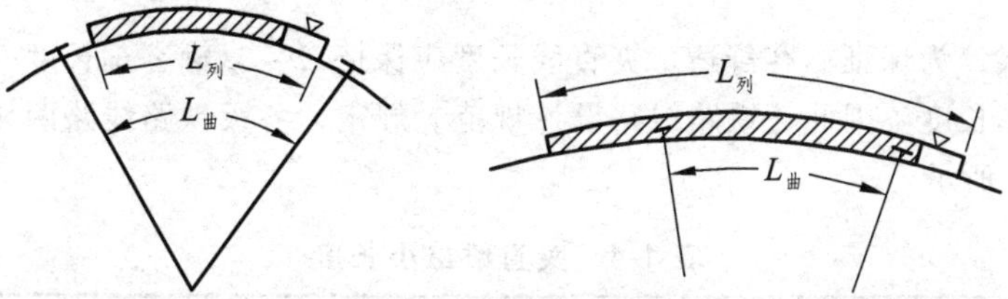

图 1-5　列车位于曲线上

当曲线长度≥列车长度，即列车整列运行在曲线上时，单位曲线附加阻力 w_r 为：

$$w_r = \frac{600}{R}\ (\mathrm{N/kN})$$

当曲线长度 < 列车长度，列车只有一部分运行在曲线上时，单位曲线附加阻力 w_r 为：

$$w_r = \frac{600}{R} \cdot \frac{l_r}{l_1} \text{ (N/kN)}$$

式中：R 为曲线半径（m）；l_r 为曲线长度（m）；l_1 为列车长度（m）。

2. 曲线附加阻力的计算

曲线附加阻力的计算是在单位曲线附加阻力的基础上进行的，即曲线附加阻力 W_r 为：

$$W_r = w_r \cdot Q_g \text{ （N）}$$

例 1　有一列车重 3 000 t，列车长度 600 m，现以 120 km/h 的速度通过一段曲线，该曲线半径 1 500 m，曲线长度 620 m，请问，列车通过该曲线时的曲线附加阻力是多少？

分析　要求出曲线的附加阻力，就要先求出单位曲线附加阻力，那么，应知道三个条件：曲线半径、列车长度、曲线长度，而这些条件都是已知条件，则此题得解。

解　　　　　　$l_r > l_1$，$w_r = \dfrac{600}{R} = \dfrac{600}{1\,500} = 0.4$（N/kN）

列车重力　　　　$Q_g = 3\,000 \times 10 = 3.0 \times 10^4$（kN）

曲线附加阻力　　$W_r = w_r \cdot Q_g = 0.4 \times 3.0 \times 10^4 = 1.2 \times 10^4$（N）

四、夹直线

两相邻曲线，转向相同，称为同向曲线；转向相反，称为反向曲线。两条相邻曲线间应设置一定长度的直线，以保证列车运行的平稳。车辆运行在同向曲线上，因相邻曲线半径不同，超高高度不同，车体内倾斜度不同；车辆运行在反向曲线上，因两曲线超高方向不同，车体时而向左倾斜，时而向右倾斜。这两种情况都会造成车体摇晃震动，夹直线愈短，摇晃振动愈大。反向曲线间的夹直线如图 1-6 所示。

图 1-6　反向曲线间的夹直线

根据运营实践，为保证旅客舒适，夹直线长度应保持 2～3 辆客车长度，困难条件下，也不应短于 1 辆客车长度。因此《铁路线路设计规范》规定，各级铁路线路两相邻曲线间夹直线最小长度如表 1-4 所示。

表 1-4　夹直线最小长度

路段旅客列车设计行车速度（km/h）	160	140	120	100	80
夹直线最小长度（m）	80	70	50	40	30

改建既有线和增减第二线并行地段，特殊困难条件下，对旅客列车设计行车速度小于 100 km/h 的地段有充分的技术经济依据时，夹直线长度可不受表 1-4 的限制，但不得小于 25 km。

五、曲线地段对铁路运营工作的不利影响

从上文可知,曲线阻力与曲线半径成反比。曲线半径越小,曲线阻力越大,运营条件就越差,说明采用大半径曲线对列车运行的影响较小。而小半径曲线亦具有容易适应地形困难的优点,对工程条件有利。因此,在设计铁路线时必须根据铁路所允许的旅客列车最高运行速度,由大到小合理地选用曲线半径。为了测设、施工和养护的方便,曲线半径一般应取 50、100 的整倍数。现在我们来分析一下曲线对铁路运营工作所带来的不利影响。

1. 限制行车速度

列车通过曲线的最大允许速度 $v_{max} = 4.3\sqrt{R}$,列车通过曲线的最大允许速度与曲线半径的平方根成正比。曲线半径愈小,列车通过曲线的速度受到的限制也愈大,所受离心力越大,不利于列车快速通过曲线。

2. 增加轮轨磨耗

列车运行在曲线上时,由于内侧与外侧钢轨长度不等,使车辆的内轮与外轮在钢轨上产生相对纵向滑行,钢轨与轮缘磨耗增加。曲线半径愈小,这种磨耗愈严重。

3. 增加轨道设备

列车运行在曲线上时,为防止外轮对外轨挤压而引起的轨距扩大,以及钢轨带动轨枕在道床上的横向移动,对小半径曲线地段的轨道应增加轨枕根数,加设轨距杆、轨撑。

4. 增加轨道养护维修费用

小半径曲线地段的轨距、方向都极易发生变位,因此养护维修工作量较大,增加了养护维修费用。

六、识别线路平面图

用一定的比例尺(1:2 000 或 1:10 000)和规定的符号,把线路中心线及其两侧的地面情况投影到水平面上,就是铁路线路平面图。线路平面图和纵断面图是铁路勘测设计、施工和运营的重要文件。线路平面图如图 1-7 所示。

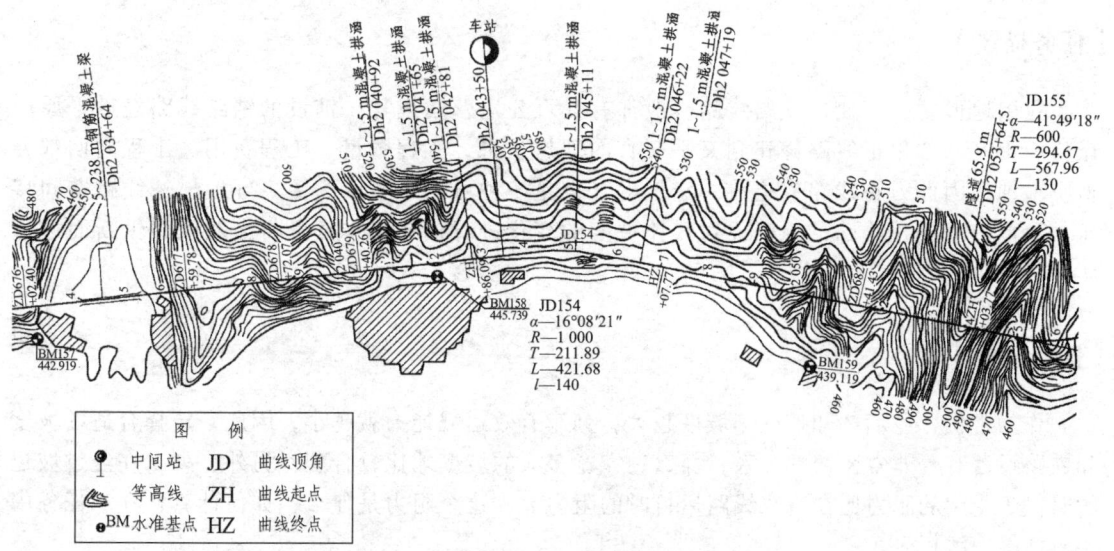

图 1-7 线路平面图

1. 线路平面

图 1-7 中的粗实线为线路中心线，由图 1-7 可以看出线路的走向及直、曲线情况。该段线路范围包括三段直线、两段曲线，虚线为隧道。

2. 线路里程标和百米标

线路自起点开始每整公里处，注有线路里程标，如 K10 为设计里程 10 km 处。在整百米处，注有百米标数。

3. 曲线要素及起、终点里程

在各曲线内侧平行于线路注有曲线要素。曲线起点 ZH（直缓点）和终点 HZ（缓直点），HY（缓圆点）和 YH（圆缓点）的里程数应垂直于线路标注在曲线内侧。

4. 各种主要建筑物

铁路沿线的桥梁、涵洞、隧道、车站等建筑物，应以规定的图例符号表示，并注明其所在位置的中心里程、类型及有关尺寸等。

5. 地　形

图 1-7 中用等高线来表示铁路线经过地的地面起伏形状。通过等高线可以判断出地形的情况。例如：山顶的等高线闭合，且数值从中心向四周逐渐降低；盆地或洼地的等高线闭合，且数值从中心向四周逐渐升高；等高线重合处为悬崖；等高线越密集，地形越陡峭；等高线越稀疏，坡度越舒缓。

试试看：

1. 根据上述介绍，请判断在这段线路上有哪些建筑物？它们的中心里程是多少？这段线路的地形情况如何？
2. 在图 1-7 中的曲线处，具体有哪种类型的曲线，长度是多少？

任务二　线路的纵断面

【任务描述】

我国地形复杂多变，铁路线路一般都有几百公里营运里程，铺设的铁路线路经过平原、丘陵、山区，如果把线路修建到又平又直的理想状态，工程数量、工程费用、工程周期都会相应增加，因此，将线路修建成一定坡度，也是一种可行方案。为了更好地描述线路空间特征，我们一般使用线路的纵断面对线路坡度的变化进行描述，本任务将会对线路纵断面进行详细的分析。

【任务分析】

作为常识，我们都知道列车坡度越大，列车有效运载能力就越小，因此，选择合适的坡度和铁路运营有着非常密切的关系，那么，究竟多大的坡度才比较合理？另外，列车在经过坡道的时候，受到的阻力比在直线线路运行时的阻力大，这个阻力是什么？如何计算？在本任务中将对此一一解析。

【相关知识】

一、线路纵断面

线路中心线纵向展直后在铅垂面上的投影，叫做线路的纵断面。线路的纵断面只能表明线路坡度的变化。

二、线路纵断面组成

为了适应地面的起伏，线路上除了平道以外，还修建了不同的坡道。线路纵断面是由平道、坡道及设于变坡点处的竖曲线组成的。

三、坡　道

（一）坡道的坡度

线路坡道的坡度大小用千分率表示，从几何意义上说是正切值，即一段坡道两端点的高差 h 与水平距离 L 之比，用 $i‰$ 表示，如图1-8所示。

$$i‰ = \frac{h}{L} = \tan\alpha, \quad i = 1\,000 \cdot \tan\alpha$$

式中：$i‰$ 为坡度；i 为坡度值；α 为坡道段线路中心线与水平线的夹角。

铁路线路根据地形的变化，有上坡、下坡和平道。上、下坡是按列车运行方向来区分的，通常用"+"号表示上坡，用"-"号表示下坡，平道用"0"表示。例如，+6‰ 是表示线路每 1 000 m 的水平距离升高 6 m；-6‰ 则表示线路每 1 000 m 的水平距离降低 6 m。

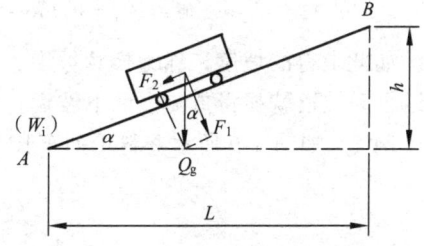

图1-8　线路坡道坡度示意图

（二）坡道附加阻力

如图1-8所示，列车在坡道上行驶，其重力 Q_g（kN）可以分解为 F_1 和 F_2 两个分力，F_1 与地面对列车的支持力抵消，F_2 平行于坡面即为坡道的坡度引起的坡道附加阻力，用 W_i 来表示：

$$W_i = F_2 = Q_g \sin\alpha \text{（kN）} \approx Q_g \tan\alpha \text{（kN）} = Q_g \cdot i \text{（N）}$$

坡道附加阻力与列车重量之比，叫做单位坡道附加阻力，用 w_i 来表示。当列车整列位于坡道上时：

$$w_i = \frac{W_i}{Q_g} = \frac{Q_g \cdot i}{Q_g} = i \text{（N/kN）}$$

从上式中可以看到，列车单位坡道附加阻力在数值上与坡度值大小相等。当列车在线路上运行，有时上坡，有时下坡，所以坡道附加阻力也有正、负。上坡时，坡道附加阻力与列车运行方向相反，坡道附加阻力为正；下坡时，坡道附加阻力与列车运行方向相同，坡道附加阻力为负，负阻力也就是加速力。

例2　列车重 3 000 t，在一坡道上行驶，该坡道高度 H 为 2 m，水平距离 500 m，求列车在该坡道行驶时受到的坡道附加阻力是多少？

分析 该题求列车的坡道附加阻力，形成坡道附加阻力的原因就是列车的重力在某一方向上的分量，那么从此入手，此题便可迎刃而解。

解
$$W_i = F_2 = Q_g \sin\alpha \text{（kN）} = Q_g \tan\alpha \text{（kN）}$$
$$= 3\,000 \times 10 \times \frac{2}{500} \text{（kN）} = 120 \text{（kN）} = 1.2 \times 10^5 \text{（N）}$$

试试看：你能否用另一种方法解呢？

（三）换算坡度

如果在坡道上有曲线，列车在坡道上运行时所遇到的单位附加阻力应为单位曲线附加阻力与单位坡道附加阻力之和。由于曲线附加阻力无负值，而坡道附加阻力有正、负之分，所以总单位附加阻力从数值上看：

$$w_j = w_r + w_i \text{（N/kN）}$$

根据前述的 $w_i = \pm i$（N/kN）的对应关系，将总的单位附加阻力换算为坡度，则有：

$$i_{换}‰ = (w_r + w_i)‰ = i_r \pm i ‰$$

如此求得的坡度，称为换算坡度，又称加算坡度。由此可知，当坡道上有曲线时，列车上坡运行时坡道就显得更陡；而下坡运行时，坡道则显得更缓了。

例 3 如图 1-9 所示资料（列车长 800 m），求列车运行在 BC 段的换算坡度。

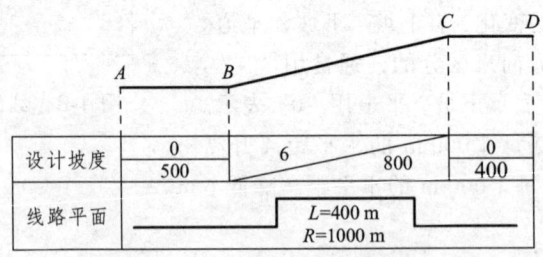

图 1-9 线路平、纵断面图

解 列车上坡运行时：
$$i_{换}^{BC}‰ = (w_r + w_i)‰ = \left(\frac{600}{1\,000} \times \frac{400}{800} + 6\right)‰ = 6.30‰$$

列车下坡运行时：
$$i_{换}^{BC}‰ = (w_r + w_i)‰ = \left(\frac{600}{1\,000} \times \frac{400}{800} - 6\right)‰ = -5.70‰$$

答：BC 段的换算坡度上坡时为 6.30‰，下坡时为 5.70‰。

试试看：当列车经过其他线路的时候，其换算坡度如何计算。

例 4 《铁路技术管理规程》（以下简称《技规》）规定：进站信号机外、制动距离（800 m）内，进站方向为超过 6‰ 的下坡道，而接车线末端无隔开设备时，禁止办理相对方向同时接车和同方向同时接发列车。如图 1-10 所示，试检算该站能否办理相对方向同时接车和同方向同时接发列车作业。

项目一　线路的平面和纵断面

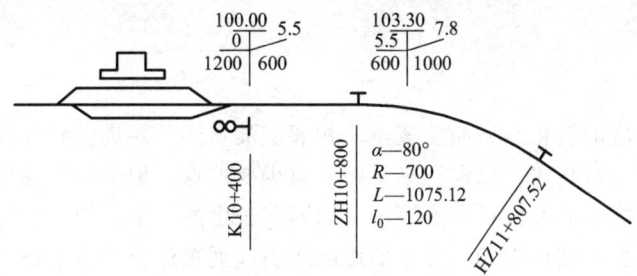

图 1-10　某站线路平面图

解　制动距离内进站方向的单位坡道附加阻力为：

$$w_i = \frac{-5.5‰ \times 600 - 7.8‰ \times 200}{800} \times 1\,000 = -6.075\,(\text{N/kN})$$

制动距离内的单位曲线附加阻力为：

$$w_r = \frac{600}{700} \times \frac{800 - 400 - 60}{800} = 0.364\,(\text{N/kN})$$

制动距离内的换算坡度为：

$$i_{\text{换}}‰ = (w_r + w_i)‰ = (0.364 - 6.075)‰ = -5.711‰$$

答：该站进站信号机外制动距离内，进站方向的换算坡度为 5.711‰ 的下坡道，没超过 6‰ 的规定，可以办理相对方向同时接车和同方向同时发接列车作业。

（四）限制坡度

限制坡度是指在一个区段上，用一台机车牵引规定重量的货物列车，以规定的计算速度做等速运行时所能爬上的最大坡度。它是铁路主要技术标准之一。

如果在坡道上又有曲线，那么这一坡道的坡道阻力值和曲线阻力值之和，不能大于该区段规定的限制坡度的阻力值，即：$i + w_r \leq i_x$。

一条铁路线路的限制坡度愈小，机车牵引重量愈大，运营效率亦愈高。但采用过小的限坡，又可能造成土石方工程量过大，提高线路造价。因此，按我国《技规》规定：线路的限制坡度应根据铁路等级、地形类别和牵引种类比选确定，并应与其衔接铁路的限制坡度、牵引定数相协调，且其数值不应大于表 1-5 中的规定。

在个别越岭地段，采用限制坡度会引起巨大工程耗时，经过比选，也可以采用比限制坡度更陡的坡度，在牵引重量不变的条件下，采用两台或多台机车牵引，这种坡度称为加力牵引坡度。加力牵引坡度值应根据限制坡度、采用的机车类型和加力牵引方式计算确定。根据我国铁路运营经验：加力牵引坡度最大值，内燃机车牵引不超过 25‰，电力机车牵引不超过 30‰。

表 1-5　区间线路最大限制坡度（‰）

铁路等级		牵引种类（单机）	
		电力	内燃
I	一般	6.0	6.0
	困难	15.0	12.0
II	一般	6.0	6.0
	困难	20.0	15.0
III	一般	9.0	8.0
	困难	25.0	18.0

对于城市轨道交通线路，正线的限制坡度为 30‰，困难情况下也不应超过 35‰，出入段一般情况为 40‰。

四、竖曲线

1. 变坡点

线路纵断面上坡度的变化点，叫变坡点。相邻变坡点间的距离，叫坡段长度。从运营角度来看，纵断面坡段应尽量长些，以利行车平顺和减少变坡点；但也应考虑地形条件及工程量的大小。一般情况下，纵断面坡段长度不短于远期列车长度的一半，使一个列车长度范围内不超过两个变坡点，以减少变坡点附加力的叠加影响所引起列车运行的不平稳。

2. 竖曲线

车辆经过变坡点时，如图 1-11 所示，将产生振动和竖向加速度，引起旅客不舒适，同时由于坡度变化，车钩会产生一种附加应力，车辆经过凸凹地点时，相邻车辆处在不同坡道上，易产生车钩上下错移。当相邻坡段坡度代数差过大，附加应力过大，两车钩上下错移量过大，可能发生断钩、脱钩等事故，因此当相邻坡段的坡度代数差超过一定数值，为保证列车运行平稳，应在相邻坡段间用一圆顺曲线连接，使列车顺利地由一个坡段过渡到另一个坡段，这个纵断面上变坡点处所设的曲线，叫做竖曲线。

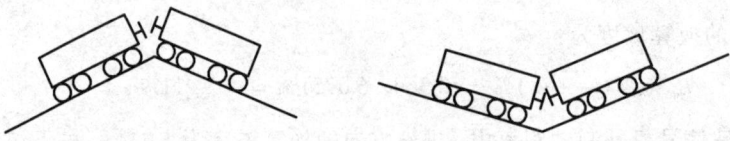

图 1-11　车辆经过变坡点的状态

3. 竖曲线设立条件及半径

《铁路线路设计规范》规定：线路相邻坡段坡度代数差的绝对值，Ⅰ、Ⅱ级铁路大于 3‰，Ⅲ级铁路大于 4‰ 时，应以竖曲线连接。其竖曲线半径：Ⅰ、Ⅱ级铁路 $R = 10\,000$ m，Ⅲ级铁路 $R = 5\,000$ m。

4. 竖曲线设置要点

① 路段设计速度为 160 km/h 的地段，当相邻坡段的坡度差大于 1‰，竖曲线半径应采用 15 000 m。

② 路段设计速度为小于 160 km/h 的地段，当相邻坡段的坡度差大于 3‰，竖曲线半径应采用 10 000 m。

③ 当路段设计速度大于 120 km/h 时，在缓和曲线地段、明桥面桥上、正线道岔范围内不得设置变坡点。

④ 对于城市轨道交通线路，当相邻坡道坡度的代数差大于 2‰ 时，正线上设置竖曲线半径应采用 5 000 m，辅助线、车场线上设置竖曲线半径应采用 2 000 m。

五、铁路线路纵断面图

线路纵断面图是用一定的比例尺（水平方向为 1∶10 000、垂直方向为 1∶1 000）和规定的符号，把平面图上的线路中心线展直后投影到铅垂面上，并注有线路平面和纵断面有关资料的图，如图 1-12 所示。

线路纵断面图由图和资料两部分内容组成。

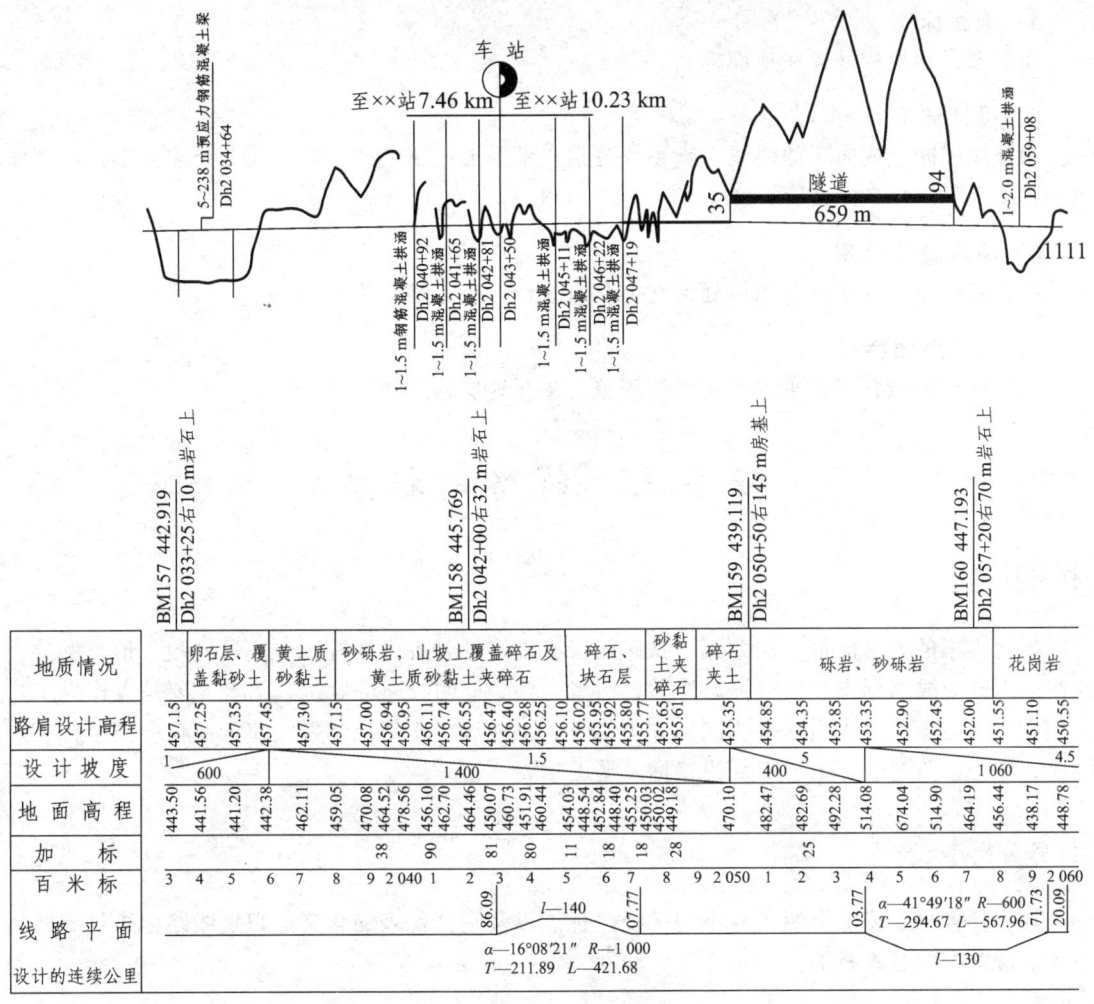

图 1-12 线路纵断面图

图的部分表示线路纵断面概貌和沿线主要建筑物特征。图中细实线为地面线,粗实线为设计线。设计线上方数字为路基填方高度(m),下方数字为路基挖方深度(m)。路基填挖高度等于地面标高与路肩设计标高之差。图 1-12 上还用符号和数字注明了各主要建筑的位置、类型和有关尺寸。

1. 连续里程

一般从线路起点车站的旅客站房中心起算,在每一整公里处注明里程。

2. 线路平面

线路平面是表示线路直、曲变化的示意图。凸起部分表示右偏角曲线,凹下部分表示左偏角的曲线,凸起与凹下的斜线转折点依次为 ZH、HY、YH、HZ 点。在 ZH 和 HZ 点处注有距前百米标的距离。曲线要素应注于曲线内侧。两相邻曲线间的水平线为直线段。从纵断面上可看出曲线所在处的坡度情况。

3. 百米标及加标

在两公里标之间的整百米处标注百米标数。在百米标之间地形突变点应标注加标,其数字为距前百米标的距离,单位均为 m。

4. 地面标高

在百米标和加标处标注地面标高。

5. 设计坡度

两竖线间向上或向下的斜线、水平线分别表示上坡或下坡和平道。线上所注数字为坡度值（‰），线下所注数字为坡段长度（m）。

6. 路肩设计标高

在各变坡点、百米标、加标处标注上路肩设计标高，精度为 0.01 m。

7. 工程地质特征

扼要填写沿线各路段重大不良地质现象、主要地层构造等情况。

任务三 线路的标志

【任务描述】

坐过火车的人可能都会注意到，铁路两旁有许多各种各样的标志，高矮胖瘦、形状各异。这些标志分为线路标志和信号标志两种，前者主要是标明线路的状况，后者主要是操作提示。

它们既便于工务人员从事线路的养护维修，也便于机车司机掌握线路的变化、安全行车。因此，作为铁路一线员工，识别线路标志至关重要。

【任务分析】

在本任务中，将会介绍各种不同的线路标志以及它们代表的含义。识别线路标志是铁路从业人员应掌握的基本技能。

【相关知识】

一、线路标志设置原因

1. 线路标志

线路标志表示铁路线路建筑物及设备的位置以及铁路各级管理机构管界范围。线路标志应设在线路里程增加方向的左侧机车车辆限界以外，距钢轨头部外侧不小于 2 m 处。

2. 设置线路标志的原因

主要是满足工务人员养护维修线路使用，同时也使机车司机能及时掌握线路的情况，做到安全行车。

二、线路标志及设置位置

（一）公里标、半公里标

公里标 [见图 1-13（a）] 设在整公里的地方，半公里 [见图 1-13（a）] 标设在相邻两公里中间的地方，单线铁路区段埋设在计算里程方向线路的左侧，距轨头外侧不小于 2 m 处，双线区段埋设在列车运行方向的左侧。中间站可设在最外线路的外侧，区段站及其以上的车站可设在正线与到发线之间，有站台时可设在站房一侧，并在钢轨上明显处标识。

图 1-13 公里标、半公里标

（二）曲线标

曲线标［见图 1-14（a）］设在曲线的中部，上面标明圆曲线、缓和曲线以及曲线半径的长度，外轨超高和轨距加宽。圆曲线和缓和曲线始终点标［见图 1-14（b）］，在标志上分别写明缓圆、圆缓或直缓、缓直字样，表明其对应的方向是直线、缓和曲线或圆曲线。站内的安设要求同公里标。

图 1-14 曲线标

（三）坡度标

坡度标（见图 1-15）设在变坡点处，其正面和背面分别标明两边的坡度和坡段长度值。箭头表示上坡或下坡，箭尾处数字表示坡度，下面数字表示坡段长度，侧面标明变坡点的里程。

图 1-15 坡度标

（四）桥梁标

桥梁标（见图 1-16）表示桥梁编号及桥梁中心里程，设在计算里程方向线路的左侧桥头前。

（五）管界标

管界标（见图 1-17）表示铁路局、工务段、领工区、养路工区、供电段和水电段的管界划分处。设于线路计算里程方向左侧距轨头外侧不小于 2 m 处。

图 1-16　桥梁标

图 1-17　管界标

（六）水准点标

水准点标为测量线路路肩高程所设的永久标志，沿线路方向不大于 30km 设一个，设在线路两侧附近便于寻找的地方。

【技能训练】

识别图 1-18 中的线路标志。

图 1-18　各种线路标志

【视野拓展】

本部分旨在扩展课外知识，了解更多典型的线路。

我国从1876年出现第一条营运铁路起，至今已有130多年的历史。本部分选择若干个典型铁路，它们有的在建，有的到现在都一直占着"最"的光环，它们是我国铁路建设中不断跨越的一个个台阶，刻录着我国铁路建设的发展历程。

一、中国土地上的第一条营业铁路——吴淞铁路

吴淞铁路是中国第一条营业的铁路，该线路全长4.5 km，1876年4月全线完工，7月1日正式通车营业。这是一条轨距为0.762 m的窄轨铁路，采用13 kg/m的钢轨，列车速度为24~32 km/h。该线路是由英国人修建，最初的运营也是由英国管理的，但是火车仅运行了1个多月就轧死了1名过路行人，引起当地民众强烈不满，群起而攻之，阻止火车开行。但是英国人不甘"损失"，与中方协议，最终由清政府用28.5万两白银买下这条铁路，最终经营权转给了我国政府，但是该线路仅通车16个月后清政府拆毁线路。

二、新中国修建的第一条铁路——成渝铁路

成渝铁路西起成都，东至重庆，是连接川西、川东的经济、交通大动脉。该线路于1950年开工并发动广大军民，先后共有3万多解放军和10万民工参加，于1952年竣工，这是新中国兴建的第一条铁路，全长共505 km。

成渝铁路是中国自行设计施工，完全采用国产材料修建的第一条铁路，是在极其困难的条件下进行的。这是新中国成立以前任何时代都不可想象的奇迹，是中国铁路史上的一个创举。1953年正式交付运营。它横穿四川盆地，沿线物产富饶，能够有力地促进西南地区物资流通，对发展生产和繁荣经济建设起着重要作用。

三、我国第一条电气化铁路——宝成铁路

宝成铁路北起陕西省宝鸡，南行达四川省成都，与成渝铁路、成昆铁路两线衔接，全长669 km，是沟通西北与西南地区的第一条山岳铁路。宝成铁路于1952年7月1日在成都动工，1954年1月宝鸡段也开工，1956年7月12日，南北两段在甘肃徽县黄沙河接轨通车，1958年元旦全线交付运营。宝成铁路宝鸡至凤州段是中国的第一条电气化铁路，该段于1961年8月15日正式交付运营。宝成电气化铁路的建成，拉开了中国铁路现代化建设的序幕，从此，电气化铁路伴随着祖国经济建设和改革开放的步伐进入了高速发展期。

四、我国首条开行重载单元列车的铁路——大秦铁路

大秦铁路自山西省大同市至河北省秦皇岛市，纵贯山西、河北、北京、天津，全长653 km，是中国西煤东运的主要通道之一。大秦铁路是中国新建的第一条双线电气化重载运煤专线，1992年底全线通车，2002年运量达到1亿吨设计能力。为最大限度发挥大秦铁路作用，有效缓解煤炭运输紧张状况，自2004年起，铁道部对大秦铁路实施持续扩能技术改造，大量开行1万t和2万t重载组合列车，全线运量逐年大幅度提高，2012年运量突破4.7亿吨，成为世界上年运量最大的铁路线。

五、世界一流高原铁路——青藏铁路

青藏铁路自2007年7月1日起正式运行。全长1 956 km，有960 km的海拔高程在4 000 m以上，其中550 km的地段穿越高原常年冻土地带。其最高点位于海拔5 072 m，常年白雪皑皑的唐古拉山垭口，被誉为"离天最近的铁路"和"世界上最高的铁路"。风火山隧道，是世界上最高的铁路隧道；位于海拔4 767 m的昆仑山隧道，全长1 686 m，被称为世界上最长

的"冻土隧道"。青藏铁路沿线高寒缺氧,生态环境脆弱,地壳运动活跃。在这样的区域修建铁路,具有很强的探索性和科研性,建设任务艰巨。

六、首条时速 350 km 的铁路——京津城际

京津城际铁路于 2007 年 12 月全线铺通,是我国第一条时速达 350 km 的铁路。该线路连接北京、天津两大直辖市,起点为北京南站,终点为天津站城际场,为双线电气化铁路,线路全长 119.4 km,其中无砟轨道长度为 113.6 km。全线设北京南、亦庄、永乐、武清、天津 5 个车站。线路通过繁华市区,以桥梁和路基工程为主,2008 年 8 月 1 日正式开通运营,目前试运行的最高速度是 398.4 km/h,运行一直比较平稳。是一条示范性、标志性的铁路,是我国铁路建设的又一座里程碑。

【头脑风暴】

线路的走向是铁路勘测部门最重要任务之一,它不仅关系着整个线路的运输距离,也关系着铁路投资成本,当线路一旦修建完成,如果再进行后期的改建就比较困难了。因此,铁路的走向是铁路规划中很重要的一个部分,需要反复比较不同的方案,最终选出最优的规划方案。如果您是一位线路规划方面的专家,参与了一条线路规划评审工作,您会从哪几个方面对方案进行评价呢?

【习题】

一、填空

1. 铁路路线是_____运行的基础,它由_____、_____、_____三个部分组成。
2. 线路的平道、上坡道和下坡道分别用符号_____、_____、_____表示,线路的坡度则用_____表示。
3. _____、_____及设于变坡点处的_____构成了线路纵断面的组成要素。
4. 铁路线路在空间的位置用它的_____表示。
5. 线路平面由_____、_____、_____组成。
6. 为使线路平顺地由直线过渡到圆曲线,通常设置_____曲线。
7. 坡道的特征用_____来表示。
8. 单位坡道附加阻力数值上可以用_____来表示。
9. 线路的平面可以表示出线路_____特征。
10. 为保证列车运行平稳,两条相邻曲线间应设置一定长度的_____。

二、判断题

1. 线路中心线在垂直面上的投影叫做铁路线路的平面。　　　　　　　　　　　　(　　)
2. 线路的曲线给列车运行造成阻力增大和限制行车速度的影响。　　　　　　　　(　　)
3. 曲线长度大于或等于列车长度时,曲线附加阻力与曲线半径成正比。　　　　　(　　)
4. 缓和曲线的作用主要是在缓和曲线范围内其半径逐渐变小,使车辆产生的离心力逐渐减小。　　　　　　　　　　　　　　　　　　　　　　　　　　　　　　　(　　)
5. 列车在曲线上行驶的速度越快,所产生的离心力就越大。　　　　　　　　　　(　　)
6. 半公里标表示从铁路线路起点开始计算的连续里程。　　　　　　　　　　　　(　　)

7. 曲线标设于曲线的起点处。 （   ）
8. 桥梁标一般设于桥头，标明桥梁编号和桥梁中心里程。 （   ）
9. 单线线路标志应埋设在计算公里方向的线路右侧。 （   ）
10. 坡度标设于坡道的中部。 （   ）

三、名词解释

线路中心线　　竖曲线　　坡度　　曲线附加阻力　　限制坡度

四、简答题

1. 曲线对铁路运营工作的影响有哪些？
2. 限制坡度是不是区段内最陡的坡度？
3. 简述竖曲线的设置原则。
4. 简述坡道阻力和单位坡道附加阻力的关系，并说明各自的单位。
5. 简述线路平面和纵断面的组成要素。

五、计算题

如图 1-19 所示的资料，求列车（列车长度为 800 m）运行在各坡段的换算坡度。

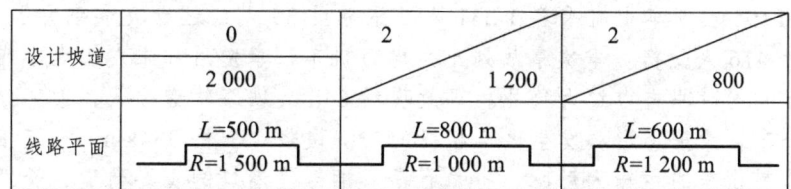

图 1-19　题五图

项目二　线路的组成

【案例导入】

4.28 胶济铁路路基不稳引发重大事故

一、事故概况

2008年4月28日，百年胶济铁路发生一场悲剧：凌晨4时41分，由北京开往青岛四方的T195次客车通过胶济铁路王村站后，在K289+610处客车车尾前9-17位突然发生脱线、颠覆，而此时一列由烟台开往徐州的5034次客车在会车时与T195次列车相撞，致使机车和五节车厢脱轨，造成重大人员伤亡（见图2-1）。5034次列车上有乘客1 620人，乘务员44人；T195次列车上有乘客1 231人，乘务员35人，这场灾难夺去了72个人的生命。另外还有416人受伤。本次事故列车是电力机车，事发后并未发生火灾或爆炸等，死者是由于列车相撞时冲击力过大致死。事故现场648 m铁路轨道损毁，大部分牵引供电设备破坏，部分车厢严重变形。发生火车相撞的胶济铁路，全长384km，是连接济南、青岛两大城市，横贯山东的运输大动脉，也是青岛、烟台等港口的重要通道，长期以来客货混跑，非常繁忙。

图2-1　胶济铁路事故现场

二、事故分析

1. 路基情况

胶济铁路存在路基不稳定情况。

2．线路运行状况

在运行过程中存在不符合标准情况，超速行为很明显，北京至青岛的 T195 次列车严重超速，在本应限速 80 km/h 的路段，实际时速居然达到了 131 km/h。通过调阅 T195 次列车运行记录监控装置数据，该列车实际运行速度每小时超速 51 km。这是导致"4·28"胶济铁路特别重大交通事故发生的直接原因。

3．铁路运输调度指令下达情况

通过现场询问及调查，事故发生过程中存在违章指挥、下达错误指令或漏下指令的情况。

4．机车司机驾驶工作情况

T195 次列车司机在驾驶过程中，由于没有认真瞭望，没能发现限速牌，导致了事故的发生；5034 次列车司机在发现 T195 次列车脱轨后曾经紧急刹车。

5．铁路安全规章制度建设情况

济南铁路局在五天的时间里连发三道命令，从限制速度到解除限速，随后又再次限速，充分说明了济南铁路局工作人员不负责任。

【项目描述】

我国一条线路全长有上千公里，线路要经过山川、河流、城镇等障碍物，为绕开这些障碍物，需要修建桥梁、隧道、涵洞、道口等建筑物，那么无疑会大大增加线路的长度和工程投资，另外，我国地质复杂，地势多变，各地气候各异，修建同一条线路的路基也有不同的形式。本项目以实际案例为引导，分析路基、桥隧建筑物、轨道的作用及组成等。同时，根据《技规》，列出正线和站线轨道类型的选择标准、曲线加宽标准、静态轨距水平允许误差等设计标准。

【学习目标】

本项目参考《技规》和《铁路线路工技能鉴定》，并整理出该项目需要掌握的知识和技能，具体的学习目标如下。

1．知识目标

① 熟悉路基的组成，重点掌握路基排水设施，包括地面水和地下水。

② 熟悉桥隧建筑的组成，掌握各类桥隧建筑的作用和区别。

③ 熟悉轨道的组成和作用。

④ 掌握钢轨的轨距以及水平静态允许的偏差。

⑤ 熟悉道岔的分类，掌握道岔的组成，尤其是导曲线部分线路特殊设置，重点掌握道岔号码及选择。

2．技能目标

① 绘制不同码数道岔示意图。

② 绘制路堤横断面，并指出其组成部分。

③ 绘制单开道岔图。

【职业技能需求】

1. 初级线路工

作为铁路工，应掌握桥隧建筑组成、路基组成及排水设施、轨道各部分的组成和病害等知识，以便在工作中能对钢轨、道床、道岔等部件出现的病害进行及时检查、线路。

2. 铁路运营相关岗位

铁路运营中的行车调度员、行车值班员、助理值班员、信号员、站务员等岗位均需了解线路的基本知识，作为铁路运营岗位重要的参与者，只有清楚线路各部分具体组成才能更好地掌握列车运行情况，提前做好防护工作，以确保列车的安全运行。

【任务驱动】

目前，我国进入客运专线建设的高峰期，中国铁路总公司投入大量的资金用于线路的修建。在铁路提速的同时也对下部运行基础有了新的要求，那么为什么不能利用既有线的线路呢？客运专线对线路又有什么新的要求呢？这些问题将在本项目中进行解答。

任务一 路基和桥隧建筑物

【任务描述】

我国幅员辽阔，一条骨干铁路往往纵贯南北或横贯东西，它们的沿线地形、地貌、地质、水文、气候等自然环境千差万别，因而线路路基处于不同的自然条件下，同时为了使线路穿越河流、山谷、城镇等障碍物，修建桥梁、隧道、涵洞、道口等建筑物必不可少，这些建筑物的质量将会直接影响列车运行安全，那么如何提高建筑物的质量呢？本任务将会详细分析。

【任务分析】

众所周知，路基和桥隧建筑物是线路重要的组成部分。路基的质量直接决定着列车运行的速度，桥隧建筑物也关系着列车运行的安全。那么，路基主要组成有哪些？如何使路基变得更加"坚实"？桥隧建筑物的组成有哪些？这些建筑物的区别又有哪些呢？在本任务中将对此——解析。

【相关知识】

一、路　基

路基是铁路线路的基础，是为了满足轨道铺设和运营条件而修建的土建构筑物。下面我们将从不同的方面对路基进行详细地介绍。

（一）路基概述

1. 路基的作用

路基承受着本身的岩土自重和路面重力以及来自轨道、机车车辆及其荷载的压力，所以必须填筑坚实，经常保持干燥、稳固和完好状态，并尽可能保证路基面的平顺，使列车能在允许的弹性变形范围内，平稳安全运行。

在纵断面上，路基必须保证路线需要的高程；在平面上，路基与桥梁、隧道连接组成完整贯通的线路。

2. 路基工程的特点

（1）路基主要是由松散的土石材料构成的

路基或者直接以土石作建筑材料（例如路堤），或者直接建造在地层上（例如路堑、支挡建筑物等）。

（2）路基完全暴露在大自然之中

路基处在各种复杂的、变化的自然条件之中，例如地质、水、降雨、气候、地震等条件，因而它时刻受到这些自然条件的侵袭和破坏。同时又由于路基的材料主要是土石填筑，土石属于松散体，所以路基对自然条件的变化是非常敏感的，路基对自然环境的抵抗能力差。

（3）路基同时受轨道静荷载和列车动荷载的作用

由于路基要承受轨道或者轨道和列车的负荷，在重力的作用下，路基容易产生累积变形，土的强度降低，更容易体现疲劳的特性。

3. 路基的建筑特点

根据上述的路基特点，为使路基正常工作，路基建筑应满足如下要求：

（1）路基必须平顺，路基面有足够宽度和上方限界

路基平顺状态是指路肩高程和平面位置与线路平面、纵断面设计相符。

路基面宽度应满足轨道或路面铺设和养护要求。在路基面上方应有足以保证行车安全和便于线路维修养护的安全空间，当路基面上方或两侧有接近线路的建筑物时，必须按照铁路或公路限界的规定设置在限界范围以外。

（2）路基必须坚固、稳定

路基设计中，应采取必要工程措施，以确保路基有足够的强度和稳定性。对于丧失稳定和超过容许限度范围以外的各种变形的路基是坚决不能使用的。

路基在设计时，还应该注意路基的地质，这点尤其重要。如果在线路设计初期未查清地质条件或设计施工不妥而导致路基失稳，这种路基是坚决不能使用的。如某软土地基上填筑的路堤，只填到 2~3 m 就连同地基一起滑动，其影响范围纵横向均接近百余米，这种尚未建成已破坏的路基当然不能使用。如果由于基底土体压缩性大以及填筑不密实，预留沉落量不足，必然导致路基面下沉，所以应正确估算总下沉量及设法减少运营期的下沉量。

（3）路基的设计和施工应满足技术经济要求

路基修筑的经济效益不仅指设计施工的投资，而且包括日后维修养护费用。同时，还要根据国家建设政策考虑少占农田，便利工农生产，便利人民生活。例如：结合当地水文条件，综合考虑水利规划；结合当地气候和劳动条件，合理安排工期；根据地形、建筑材料条件制定土石方调配计划等。

路基修筑是一项系统工程，要求技术上合理、经济上合算、建筑周期短，并与有关工程相协调。

4. 路基的组成

路基主要是由三大部分组成：路基本体、路基排水设施和路基的防护和加固设施。其中，路基主体只要是指直接铺设轨道结构并承受列车荷载的部分；路基排水设施主要是指排水沟、侧沟、天沟、渗沟、暗沟等；路基防护和加固建筑物主要是指挡墙、挡坡等。

（二）路基本体及要求

1. 路基横断面形式

路基的本体主要是指其上铺设轨道的部分。随着地面的起伏，一条铁路线路的路基地段有的需要开挖，有的需要填筑，有的需要半填筑、半开挖。将路基按照横断面进行分类，通常分为六大类。

（1）路堤

当铺设轨道或路面的路基面高于天然地面时，路基以填筑方式构成，这种路基称为路堤，如图2-2所示。

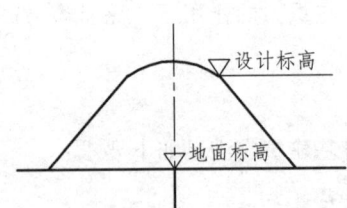

图2-2　路堤断面

（2）路堑

当铺设轨道或路面的路基面低于天然地面时，路基以开挖方式构成，这种路基为路堑，如图2-3所示。

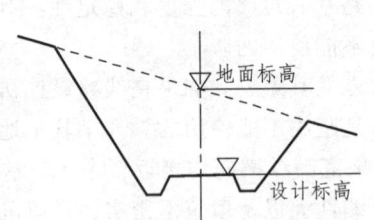

图2-3　路堑断面

（3）半路堤

当天然地面横向倾斜，路堤的路基面边线和天然地面相交时，路堤体在地面和路基面相交线以上部分无填筑工程量，这种路堤称为半路堤，如图2-4所示。

（4）半路堑

当天然地面横向倾斜，路堑路基面的一侧无开挖工作量时，这种路基称为半路堑，如图2-5所示。

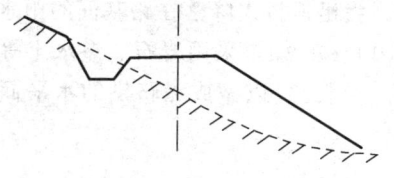
图 2-4 半路堤断面

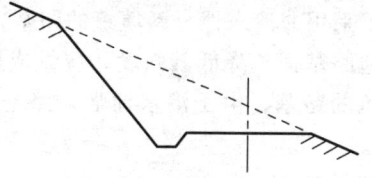
图 2-5 半路堑断面

（5）半路堤半路堑

当天然地面横向倾斜，路基一部分以填筑方式构成而另一部分以开挖方式构成，称为半路堤半路堑，图 2-6 所示。

（6）不填不挖路基

当路基的路基面和天然地基面平齐，路基无填挖土方时，这种路基称为不填不挖路基，如图 2-7 所示。

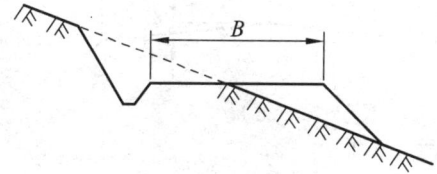
图 2-6 半路堤半路堑断面

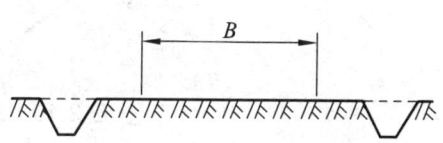
图 2-7 不填不挖路基断面

2. 路基本体组成

在路基横断面中，路基本体由路基顶面、路肩、基床、边坡、基底几部分构成，如图 2-8 所示。

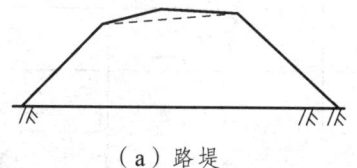

（a）路堤　　　　　　　　　（b）路堑

图 2-8 路基本体组成图

（1）路基顶面

路基顶面是指能直接在其上面铺设轨道的部分。

在路堤中，路基顶面即为路堤堤身的顶面，也称路堤顶面；在路堑中，路基顶面即为堑体开挖后形成的构造面。

a. 路基顶面形状

路基面形状根据土质情况分为有路拱和无路拱两种，如图 2-9 所示。

（a）有路拱的顶面　　　　　　　　（b）无路拱的顶面

图 2-9 路基顶面形状

如果采用非渗水性材料填筑的路基，其排水性差，为迅速排走降落在路基面的雨水，避免雨水浸泡路基面，降低其强度，应做成路拱，见图2-9（a）；如果采用岩石、渗水土等渗水性材料填筑的路基，由于渗水性强，路基的排水性能好，因此可以做成无路拱的水平面，见图2-9（b）。

b. 路拱宽度

路基面宽度包括路肩宽度和道床覆盖宽度两部分。

单线路基的路拱横断面应做成梯形，上宽2.1 m，高0.15 m，底边等于路基面宽度。曲线加宽时，路拱上宽保持不变。路拱的各部分尺寸如图2-10（a）所示。

双线路基的路拱横断面应做成三角形，高0.2 m，底边等于路基宽度，曲线加宽时，仍保持三角形。路拱的各部分尺寸如图2-10（b）所示。

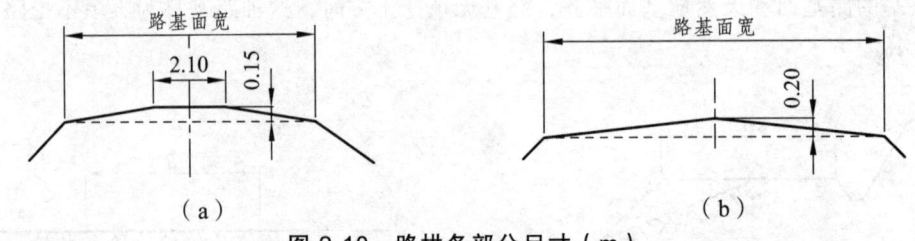

图2-10　路拱各部分尺寸（m）

c. 路基面宽度

● 直线地段路基面宽度：高速铁路直线地段路基面宽度应不小于表2-1中的数值。

表2-1　直线地段路基面标准宽度

轨道类型	设计最高速度（km/h）	双线线间距（m）	路基面宽度	
			单线	双线
无砟轨道	250	4.6	8.6	13.2
	300	4.8		13.4
	350	5.0		13.6
有砟轨道	250	4.6	8.8	13.4
	300	4.8		13.6
	350	5.0		13.8

● 曲线地段路基面加宽值：路基面在无砟轨道正线曲线地段一般不加宽，当轨道结构和接触网支柱等设施的设置有特殊要求时，根据具体情况分析确定。

有砟轨道正线曲线地段加宽值应在曲线外侧按表2-2中的规定加宽。曲线加宽值应在缓和曲线内渐变。

表 2-2　有砟轨道正线曲线地段加宽值

设计最高速度（km/h）	曲线半径（m）	路基外侧加宽值（m）
250	$R \geq 10\,000$	0.2
	$10\,000 > R \geq 7\,000$	0.3
	$7\,000 > R \geq 5\,000$	0.4
	$5\,000 > R \geq 4\,000$	0.5
	$R < 4\,000$	0.6
300	$R \geq 14\,000$	0.2
	$14\,000 > R \geq 9\,000$	0.3
	$9\,000 > R \geq 7\,000$	0.4
	$7\,000 > R \geq 5\,000$	0.5
	$R < 5\,000$	0.6
350	$R \geq 12\,000$	0.3
	$12\,000 > R \geq 9\,000$	0.4
	$9\,000 > R \geq 6\,000$	0.5
	$R < 6\,000$	0.6

（2）路肩

铁路路基顶面中，道床覆盖以外的部分称为路肩。

a. 路肩的作用

路肩作用是保护路堤受力的堤心部分，防止道砟失落，保持路基面的横向排水，供养护维修人员作业行走避车，放置养护机具，防洪抢险临时堆放砂石料，埋设各种标志、通信信号、电力给水设备等。

b. 路肩标高

应保证在洪水期间不致被淹而影响行车，以及在地下水或地面积水达到最高水位时，不致因洪水上升到基床，使土的含水量增加而减低基础的强度和承载力或者发生冻胀、翻浆冒泥病害。

c. 路肩的宽度

《技程》规定：线路设计速度为 200 km/h 路段的路堤、路堑两侧均不应小于 1.0 m；线路设计速度为 160 km/h 及以下的铁路路堤不应小于 0.8 m，路堑不应小于 0.6 m。牵出线的中心线至路肩边缘的宽度不得小于 3.5 m。

d. 路肩加宽原因

新近交付运营的铁路，由于高填土的自然沉落或列车荷载作用引起沉陷，使纵断面发生变化，在整治病害的同时，应根据需要加宽路肩；既有提速线路，路肩宽度不符合规定要求，应根据需要加宽；线路维修作业中，养路机械化作业普及地段，需逐步加宽路肩；无缝线路地段的路基宽度，应根据道床宽度相应加宽。

（3）基床

铁路路基面以下受到列车动荷载作用和受水文、气候四季变化影响的深度范围称为基床。基床分为表层和底层，如图 2-11 所示。

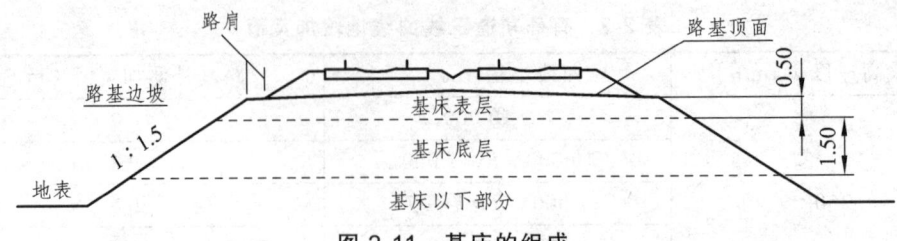

图 2-11 基床的组成

（4）边坡

路基横断面两侧的边线称为路基边坡。路基边坡分为路堤边坡和路堑边坡。

a. 路堤边坡

用土石填筑的路堤，两边要有适当的坡度也能保持稳定，不向下塌滑。坡度的大小与路堤高低、填料性质有关，通常为 1:1.5～1:1.75（即边坡高度与边坡水平投影之比）。路堤很高时，可以分段采用不同的坡度，上部较陡，下部较缓，以确保路堤的稳定。

b. 路堑边坡

由于路堑边坡受雨水冲刷和地下水渗透比路堤边坡严重，尤其对于地质不良的路堑或深路堑，边坡陡缓的合理选定关系到边坡的稳定和行车安全。因此，路堑边坡应根据工程、水文条件、边坡高度等因素综合确定。通常情况，对均质黏土、黏沙土采用 1:1.5 的坡度；中粗砂采用 1:1.5～1:1.75 的坡度。

（5）基底

基底是路堤填土的天然地面受填土自重及轨道、列车动载影响的土体部分。

（三）路基排水设施

1. 排除路基地面水的一般原则和要求

① 应尽快通过水沟汇集排离路基范围内的地面水，且水沟应设在离路基本体尽可能近一些的位置。

② 应选择最短的水流通道、地质较稳定、地形较平缓的地带设置水沟。

③ 水沟断面应满足流量要求。水沟断面形状常采用梯形或矩形。

2. 排水设施

路基排水设施主要包括地面排水设施和地下排水设施。

（1）地面排水设施

a. 排水沟

用以排除路堤范围内的地面水。当地面较平坦时，设于路堤两侧，当地面较陡时，应设于迎水一侧，见图 2-12。当有取土坑时，可用取土坑代替排水沟。在路堤天然护道外，可设置单侧或双侧排水沟，也可利用取土坑排水。平坦地面或反坡排水地段的坡度可减小至 1‰。

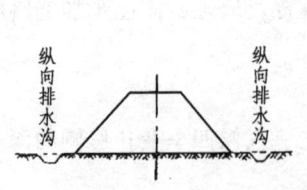 

图 2-12 排水沟

b. 侧沟

在路堑地段,侧沟用于排除路基面和路堑边坡坡面的地面水,设于路基面两侧或一侧(半路堑),见图 2-13。用于公路时称边沟。路堑应于路肩两侧设置侧沟,堑顶外可设置单侧或双侧天沟,路堑边坡平台截水沟的设置应符合规范要求。

c. 天沟

设于路堑堑顶边缘以外,可设置一道或几道,用于截排堑顶上方流向路堑的地表水,示意图见图 2-13,实景图见图 2-14。

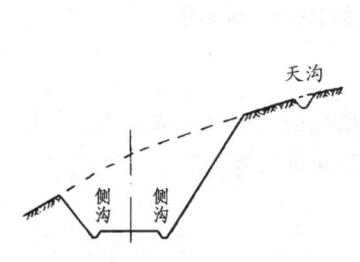

图 2-13 天沟和侧沟

图 2-14 天沟实景图

地面横坡明显地段的排水沟、天沟可在横坡上方一侧设置,当地面横坡不明显时,宜在路基两侧设置。路堑顶部无弃土堆时,天沟内边缘至堑顶距离不宜大于 5 m。当沟内采取加固防渗措施时,距离不应小于 2 m。

侧沟、天沟、排水沟的横断面,应有足够的过水能力。当不需按流量计算时,可采用路堑地段的侧沟底宽 0.4 m、深度 0.6 m,干旱少雨地区或硬质岩石地段的侧沟深度可减少至 0.4 m。

d. 截水沟

设在台阶形路堑边坡的平台上,用于截排边坡平台以上坡面的地表水。

(2)地下排水设施

a. 地下水对路基稳定性的危害

路基范围内的地下水及其活动,往往给路基的稳定性带来很大的危害。例如,对于一般的黏性土及泥质岩石的路堑,由于地下水的存在,增加了路基土体中的含水量,降低了其抗剪强度,在列车荷载及其他外力的作用下,产生路基病害或严重变形;地下水浸湿基床土,将引起翻浆冒泥、冻胀、路肩隆起等基床病害;地下水在边坡中的活动,可引起表土滑动、溜坍等边坡变形。

b. 路基地下排水设备的主要类型

◆ 明沟

明沟如图 2-15 所示,是兼排地面水及地下水的排水设备。侧壁有渗水孔,沟底一般应挖至不透水层。若不透水层太深,沟底置于透水层内,则沟底及水沟边坡应用不透水材料作护层,以免沟中水渗入土中。明沟的深度一般不超过 1.2~1.5 m,明沟通常采用梯形断面,沟壁边坡用浆砌片石铺砌。

◆ 排水槽

排水槽如图 2-16 所示,也是一种兼排地面水和地下水的设备,侧壁有渗水孔,侧壁外最好填一层反滤层。排水槽通常采用矩形断面,底宽 0.6~1.0 m,浆砌片石砌筑。

图 2-15 明沟实景图

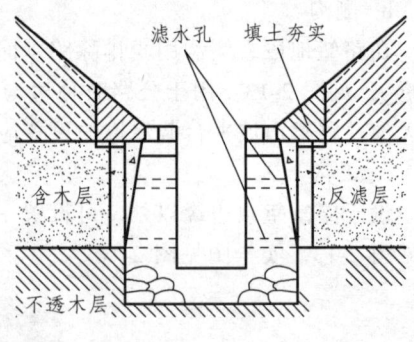

图 2-16 排水槽

◆ 边坡渗沟

边坡渗沟（见图 2-17）用于疏干潮湿的边坡和引排边坡局部出露的上层滞水或泉水，适用于边坡不陡于 1:1 的土质路堑边坡。平面形状可作条带形、分岔形和拱形等。局部湿土或泉水出露处，宜用条带形布置，对于较大范围湿土，宜用分岔形布置。

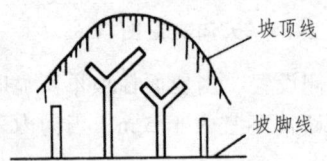 

图 2-17 边坡渗沟

◆ 支撑渗沟

支撑渗沟主要起支撑作用，兼起排除地下水和疏干土壤中水的作用。通常采用成组的条带形布置，断面采用矩形，宽度一般不少于 2~3 m，一般深度为数米到十几米，顺滑动面做成阶梯型。

◆ 截水渗沟和引水渗沟

截水渗沟用于拦截地下水，引水渗沟用于引排山坡、洼地或路基内的地下水，渗沟断面一般采用矩形，渗沟底部设置矩形或圆形排水通道，排水通道纵坡一般不小于 5‰，困难地段不小于 2‰，渗沟出水口通常为重力式挡墙的端墙。

除此之外，还有无砂混凝土渗沟、渗水隧洞、集水渗井等排水设备。

（四）路基坡面防护

1. 路基边坡破坏最主要的原因

路基边坡破坏最主要的原因是水的影响。因此，坡面防护主要就是保护路基边坡表面免受雨水冲刷，减小温度及湿度变化的影响，防止或延缓软弱岩土表面的风化、剥落等演变过程，从而保护路基边坡的整体稳定性。

2. 坡面防护的类型

（1）植物防护

在坡面播种草种，适用于坡度缓于 1:1.25 土质或严重风化了的基岩风化层边坡。若土质不宜种草，可铺一层种植土（厚 5~10 cm）。

但如果该地区雨水冲刷力较强，可以采用坡面铺设草皮的方法，我国南方广泛采用此方法。坡面铺设的草皮可抵御 1.8 m/s 的洗刷作用。

（2）种植灌木

植树以灌木为好，应选择根系发达易于成活的树种栽种，如紫穗槐，除保护边坡以外，还有很大的经济价值，如图 2-18 所示。

（3）客土植生

对不适宜植物生长的土质边坡，先将坡面开挖，再换填一定厚度的客土，然后在坡面种植植物，进行坡面防护。

图 2-18　植物保护边坡

（4）喷护

对易受冲刷的土质路堑边坡或易风化但未遭强风化的岩石，路堑坡表面喷射一层保护层。当岩石风化破碎较为严重，单纯用喷浆防护，其边坡稳定性达不到要求，可采用锚杆铁丝网喷混凝土或喷浆防护。先在坡面上锚固锚杆，并焊上预制好的金属网，再施以喷浆或混凝土，如图 2-19 所示。

（5）砌石护坡

对缓于 1:1 的各种土质、土夹石及岩质边坡，坡面受地表水流冲蚀产生冲沟、泥流、小型表层溜坍，均可采用砌石护坡防护，图 2-20 所示为锚杆混凝土格架植物防护。

图 2-19　喷护

图 2-20　锚杆混凝土格架植物防护

（五）特殊地质路基的处理

铁路线路要经过不同的地段，这就可能会遇到各种特殊的地质，比如会经过滑坡区、软土区等特殊地段。如果不采用特殊的对策，线路在建成后会发生病变，严重者甚至坍塌。

如果铁路经过滑坡地区，在修建路基时，就会增加抗滑工程，如修建挡土墙、抗滑坡等特殊的处理。

如果线路经过软土区，如盆地周围、海滨平原等地区的土质多为软土，为避免路堤的开裂、下沉等病变，需要进行用水泥或石灰在软土地基中设置灰土桩、用砂石进行铺垫等排水固结等方法。客运专线、高速铁路在经过软土区时，必要时可采用以桥代路的措施。

如果线路经过裂土区，这种土质由于会反复膨缩变形，因此，在裂土区施工时，应采用换土的方法，填进非膨胀的黏土或砂石、砾石等粗粒土，或在原膨胀土中添加石灰、煤粉等进行加固。

当然，随着铁路施工部门新材料、新工艺、新技术的不断发展和使用，在特殊地质采用的加固措施还很多，效果也将越来越显著。

二、桥隧建筑

（一）桥 梁

桥梁总体来说属于跨越障碍的构造物，是跨越河流、低地、深谷、市郊道路或者另一条线路时修建的建筑物。桥梁与人类的生活密切相关，正是因为这些铁路桥梁，把世界联系得如此紧密。

1. 桥梁的组成

传统的说法：桥梁主要是由桥跨结构、墩台、基础、附属工程等部分组成。但是随着大型桥梁的增多、结构先进性和复杂性的增强，对桥梁使用品质的要求越来越高，传统提法的局限性逐渐显露。

现在的提法：桥梁主要是由"五大部件"与"五小部件"组成。

（1）五大部件

所谓"五大部件"，是指桥梁承受汽车或其他运输车辆荷载的桥垮上部结构与下部结构，它们必须通过承受荷载的计算与分析，是桥梁结构安全性的保证，如图2-21所示。

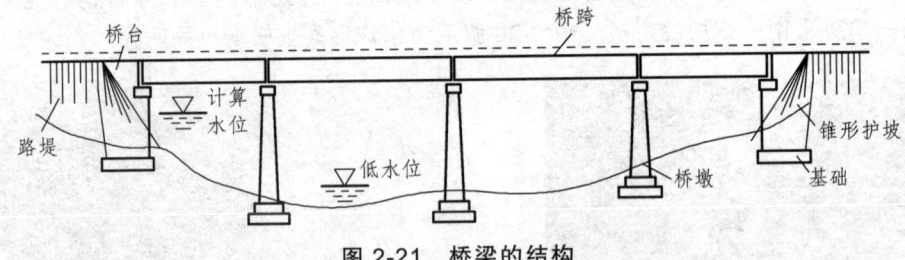

图 2-21 桥梁的结构

五大部件包括：

① 桥垮结构，是指桥梁位于支座以上的部分，也是线路遇到障碍（山谷、其他线路、江河）的主要承重结构，它的主要作用是承受其上桥面荷载和交通荷载。

② 支座系统，支承上部结构并传递荷载于桥梁墩台上，它应保证上部结构在预计的荷载、温度变化或其他因素作用下的位移功能。

③ 桥墩，是指在河中或岸上支承两侧桥跨上部结构的建筑物。

④ 桥台，设在桥的两端：一端与路堤相接，并防止路堤滑塌；另一端则支承桥跨上部结构的端部。为保护桥台和路堤填土，桥台两侧常做一些防护工程。

⑤ 墩台基础，是保证桥梁墩台安全并将荷载传至地基的结构。基础工程在整个桥梁工程施工中是比较困难的部分，而且常常需要在水中施工，因而遇到的问题也很复杂。前两个部件是桥跨上部结构，后三个部件是桥跨下部结构。

（2）五小部件

所谓"五小部件"，是直接与桥梁服务功能有关的部件，过去总称为桥面构造。五小部件主要包括：

① 桥面铺装（或称行车道铺装）。铺装的平整、耐磨性、不翘曲、不渗水是保证行车舒适的关键。特别是在钢箱梁上铺设沥青路面时，其技术要求甚严。

② 排水防水系统。应能迅速排除桥面积水，并使渗水的可能性降至最小限度。城市桥梁排水系统应保证桥下无滴水和结构上无漏水现象。

③ 栏杆（或防撞栏杆）。它既是保证安全的构造措施，又是有利于观赏的最佳装饰件。

④ 伸缩缝。桥跨上部结构之间或桥跨上部结构与桥台端墙之间所设的缝隙，以保证结构在各种因素作用下的变位。为使行车顺适、不颠簸，桥面上要设置伸缩缝构造。

⑤ 灯光照明。现代城市中，大跨桥梁通常是一个城市的标志性建筑，大多装置了灯光照明系统，构成了城市夜景的重要组成部分。

2．桥梁的分类

桥梁的分类是一件十分细微繁杂的事项，可以按使用的目的、跨越的障碍性质、桥梁上部结构使用的材料、上部结构形式等分类，但一般是根据桥梁的上部结构分类的。

（1）按桥梁使用的目的划分

a．铁路桥

通行铁路荷载的为铁路桥（由于列车行车速度高，且有更高的行车安全及舒适度的要求，近年来又延伸出高速铁路桥梁）。例如：青藏铁路拉萨河大桥、宜万铁路万州长江大桥、宣杭铁路东苕溪大桥、京沪高速铁路南京大胜关长江大桥。

b．公路桥

通行公路荷载的为公路桥。例如：千岛湖大桥、澳门西湾桥、柳州双冲桥、武汉长江二桥。

c．城市桥

修建于城市供汽车与行人通行的为城市桥。例如：重庆菜坝长江大桥及附属立交桥、城市立交桥。

d．公铁两用桥

通行火车又通行汽车的为公铁两用桥。例如：武汉长江大桥、南京长江大桥、九江长江大桥、芜湖长江大桥。

e．人行桥

一般桥梁都设有人行道，但仅通行人的称为人行桥，在人行桥上设有防雨建筑的又称为廊桥。例如：綦江新彩虹桥、廊桥（广西程阳县风雨桥-永济桥）。

f．管道桥

支承水槽、各类管道通过的为渡槽或管道桥。例如：渡槽、原油码头及成品油码头管道桥。

（2）按跨越的障碍性质划分

a．谷架桥

跨越峡谷时所修建的桥梁称为谷架桥，如图 2-22 所示。

b．跨线桥

跨越铁路，公路或多线公路半立交时称为跨线桥、立交桥，如图 2-23 所示。其中

图 2-22　谷架桥

图（a）为跨越铁路线路，图（b）为跨越公路。

（a）

（b）

图 2-23　跨线桥

c. 活动桥

通行船舶的江河，桥梁需让出航道，可采用活动桥，这种桥梁可分为提升、平转、竖转等多种，如图 2-24 所示。

图 2-24　活动桥

d. 便桥

便桥是指临时使用时建筑的桥梁，亦称为拆装式桥梁，此种桥梁在军事上有十分重大的作用。便桥多以浮桥的形式出现，但浮桥也有永久型的。

e. 栈桥

栈桥是由岸边伸入水中的连通建筑物，如码头、泵站船只供油站的通道。

（3）按桥梁上部结构使用的材料划分

按照桥梁桥身建筑材料不同，可分为：竹索桥、藤桥、溜索桥、木桥、砖桥、石桥、混凝土桥（包括加入钢筋或加入预应力体系的混凝土结构）、钢桥、其他金属桥梁（如碳纤维桥）。又有以不同材料复合在一起的桥梁，复合结构是一个总称，可分为结合型结构及混合型结构两大系列。

（4）按照桥身结构划分

a. 梁式桥

这一大类是以可以承受轴向力，但主要是承受弯矩力的单元组成的桥梁，见图 2-25。最简单的是一个单元，也可以由众多的单元组成。单元和单元之间有铰接、刚性连接、柔性连接、滑动连接等方式。总的结构体系和它的边界有固定支座、铰支座、活动支座及刚性连接等多种方式，因此分成了简支桥梁、连续桥梁、悬臂桥梁，斜腿 V 形、T 形等刚构桥。

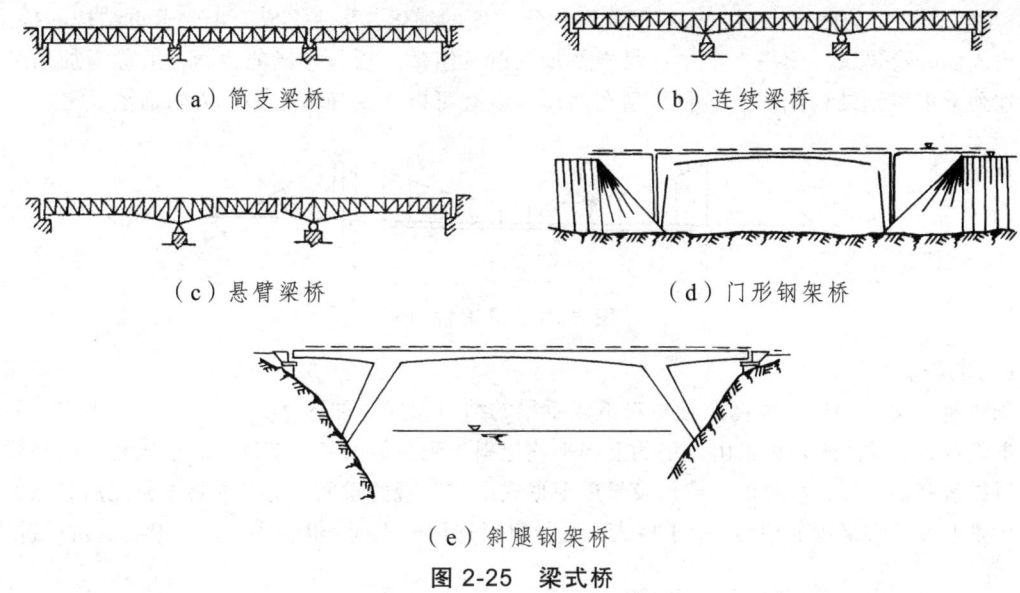

图 2-25 梁式桥

b. 拱桥

拱桥是以桥梁单元为主要承受巨大轴向压力的拱圈或拱肋组成的桥梁，见图 2-26。这种形式的桥梁往往有不同形式的曲线形，如圆曲线、抛物线等，以达到拱圈或拱肋内的力矩最小的目的，这种结构在拱脚处除产生竖向反力外，还产生很大的水平推力。所以一般对地基的要求很高。

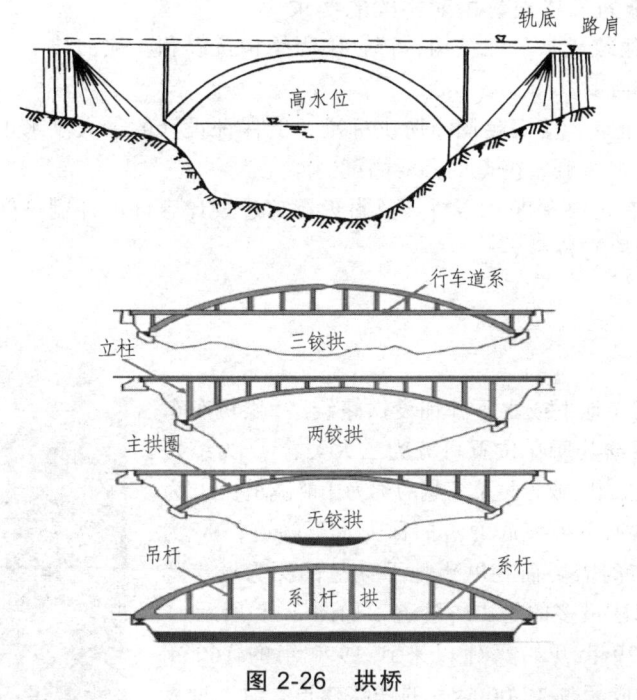

图 2-26 拱桥

c. 悬索桥

悬索桥是古代原始桥梁的一种结构类型，又是现代特大型桥梁最适宜的形式，如图 2-27

所示。它是由两岸的固定点通过索塔制成有一定垂度的缆索,并使之成为主要承重结构的桥梁。它的组成部分有锚墩、索塔、缆索、吊索及加劲梁等组件。通行车辆的桥面一般称为加劲梁,一般加劲梁多以钢结构制成。这种桥型在两岸需设有可以承受强大水平拉力的锚墩。

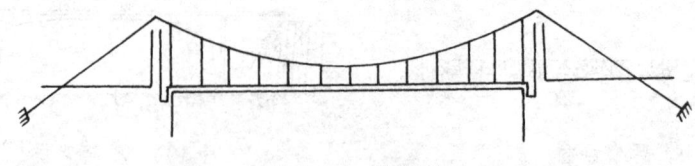

图 2-27 悬索桥

d. 斜拉桥

斜拉桥是另一种以高强度柔性材料组成桥梁的结构型式,如图 2-28 所示。它由主塔、斜拉索、主梁组成。柔性的斜拉索由主塔的上部平均地斜拉到主梁的各个节间上,组成稳定的桥梁体系。斜拉索有辐射形、竖琴形、扇形及星形等形式组成美观的索面。这是继悬索桥之后,在长大跨度桥梁上最适宜采用的桥型。由于桥式布置及材料选用的不同,也组成了花样繁多的桥梁世界。

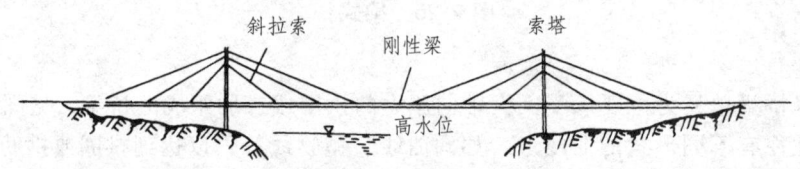

图 2-28 斜拉桥

3. 2007 年实施的《技规》中对桥梁的要求

① 铁路桥梁应建筑成永久性结构,符合工程结构抗震和相应的技术规范要求,其限界应根据规划考虑发展的需要。

② 桥梁孔径及净空,应满足国家防洪标准,能保证设计的最大洪水正常通过,并保证流冰、泥石流、漂浮物和通航、筏运的必要高度。

③ 墩台基础应有足够深度。当桥梁及附近有超过设计容许的冲刷可能时,应加深原有桥梁基础,必要时改建原有桥梁。

(二)铁路隧道

1. 铁路隧道

铁路隧道是修建在地下或水下并铺设铁路线路,供机车车辆通行的建筑物。根据其所在位置可分为三大类:① 为缩短距离和避免大坡道而从山岭或丘陵下穿越的称为山岭隧道;② 为穿越河流或海峡而从河下或海底通过的称为水下隧道;③ 为适应铁路通过大城市的需要而在城市地下穿越的称为城市隧道。这三类隧道中修建最多的是山岭隧道,如图 2-29 所示。

铁路隧道从 1829 年开始兴建以来到 1990 年的 160 年间,在世界各国已建成超过 12 000 km 的铁路隧道,约占世界铁路总长的 1% 左右。修建铁路隧道可大幅度缩短线路长度,降低线路标高,改善通过不良地质地段的条件,降低铁路造价等。

图 2-29 军都山隧道

2. 隧道组成

隧道一般是由洞门、洞身、附属结构组成。其中附属结构主要包括避车洞、防水设施、排水设施、通风设备（长隧道设置）。

（1）洞门

洞门是隧道进出口处的建筑物，其主要作用是稳定洞口的边坡和土体仰坡，另外还起到装饰美化洞口、减少洞口土石方的开挖量、引离地表水流等作用。

目前常见的洞门的类型有三种，端墙式、柱式和翼墙式，见图 2-30。

（a）端墙式洞门　　（b）柱式洞门　　（c）翼墙式洞门

图 2-30　三种常见的洞门类型

图（a）中的端墙式洞门适合于地形开阔、石质较稳定的地区；图（b）中的柱式洞门适合于地形较陡、仰拱有下滑的可能性，又受地形或地质条件限制，不能设置翼墙时，可在端墙中部设置 2 个（或 4 个）断面较大的柱墩，以增加端墙的稳定性；图（c）所示的翼墙式洞门适合于洞口地质较差、山体纵向推力较大时，在端墙式洞门的单侧或双侧设置翼墙。

（2）洞身

洞身是隧道的主体，洞身组要供列车通过的通道，为保证行车安全，洞身必须按照建筑接近限界的标准来修建，如图 2-31 所示。另外需要注意的是，隧道内的线路为曲线，由于曲线外轨超高，车辆在曲线部分时向曲线内侧倾斜，因此，曲线隧道净空需要加宽，具体加宽的方法将在项目三里介绍。

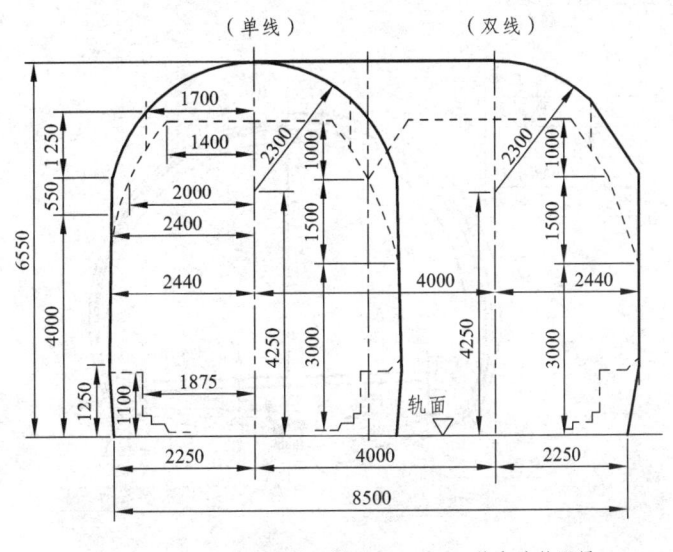

图 2-31　隧道的限界

洞身的衬砌如图 2-32 所示，主要承受地层压力，维持岩体稳定，阻止坑道周围地层变形的永久性支撑物。它由拱圈、边墙、托梁和仰拱组成。拱圈位于坑道顶部，至半圆形，为承受地层压力的主要部分。边墙位于坑道两侧，承受来自拱圈和坑道侧面的土体压力，可分为垂直形和曲线形两种。托梁位于拱墙和边墙之间，为防止拱圈底部挖空时发生松动开裂，用来支承拱圈。仰拱位于坑底，形状与一般拱圈相似，但弯曲方向与拱圈相反，用来抵抗土体滑动和防止底部土体隆起。

图 2-32　洞身衬砌

（3）附属结构

a. 避车洞

当列车通过隧道时，为了保证洞内行人、维修人员及维修设备（小车、料具）的安全，在隧道两侧边墙上交错均匀修建的人员躲避及放置车辆、料具的洞室叫避车洞，如图 2-33 所示。

避车洞根据其断面尺寸的大小分为大避车洞及小避车洞两种。大避车洞在碎石道床的隧道内，每侧相隔 300 m 布置一个大避车洞，在整体道床的隧道内，因人员行车待避较方便，且线路维修工作量较小，可相隔 420 m 布置。小避车洞无论在碎石道床或整体道床的隧道内，每侧边墙上应在大避车洞之间间隔 60 m（双线隧道按 30 m）布置一个小避车洞。

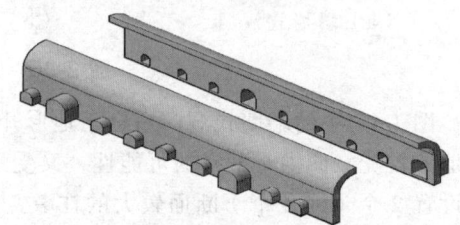

图 2-33　避车洞立体图

b. 防排水设施

隧道的永久性防排水是通过防排水工程措施实现的，如图 2-34 所示。经过理论和实践经验的总结，提出了 "截、防、堵、排结合，因地制宜，综合治理" 的原则。下面我们简单介绍一下这四字真言。

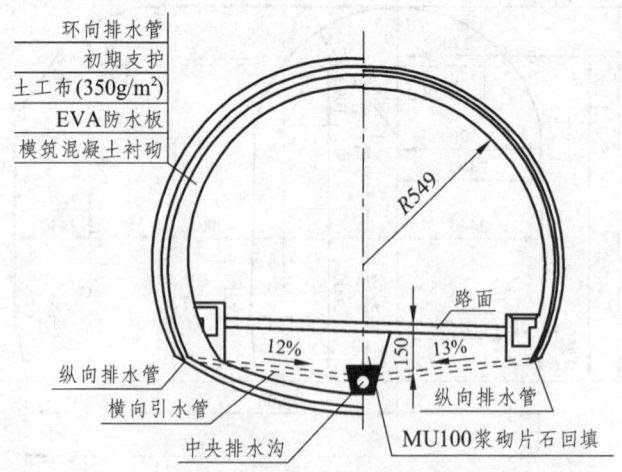

图 2-34　防排水设施

- 截：截断地表水和地下水流入隧道的通道，洞口地表设天沟、截水沟以及地表陷穴等整治工程。
- 防：防止地下水从衬砌背后渗入隧道内，充分利用混凝土自防水能力以及在衬砌与支护之间设置的防水层。
- 堵：向支护背后压注水泥砂浆，用以充填支护与围岩间的空隙，以堵住地下水的通道，并使支护与围岩形成整体，改善支护受力条件。
- 排：将地下水排入隧道内，再经由洞内排水沟（排水沟及盲沟）排走。

c．电力及通信设施
- 电缆槽：槽内铺以细砂做垫层，低压电缆可直接放在垫层面上，高压电缆则吊在槽边预埋的托架上。槽顶设有盖板防护。
- 信号继电器箱和无人增音站洞：隧道内如需设置信号继电器箱时，则应在电缆槽同侧设置信号继电器箱；根据电信传输衰耗和通信设计要求，在隧道内设置无人增音站时，其位置可根据通信要求确定。可与大避车洞结合使用，如不能结合时，则另行修建。

（三）涵 洞

涵洞是一种修建在路堤下部的填土中，主要用于跨越天然沟谷洼地，或者跨越道路或人工渠道的过水建筑物。

1．涵洞的作用

涵洞的作用与桥相同，但一般孔径较小，形状有管形、箱形及拱形等。此外，涵洞还是一种洞穴式水利设施，有闸门以调节水量。

涵洞在公路工程中占较大比例，是公路工程的重要组成部分，主要表现在工程数量和工程造价上。据有关资料介绍：涵洞工程数量约占桥涵总数的 60%～70%，平原地区，每公里约有 1～3 座；山岭重丘区，每公里平均约有 4～6 座。涵洞工程造价约占到桥涵总额的 40% 左右。

2．涵洞的特点

由于涵洞处于大自然环境（风、霜、雨、雪、冰冻、高温、水流冲击）和行车荷载的作用下，因此要求涵洞必须具备如下特点：

① 满足排泄洪水能力，保证在 50 年一遇洪水的情况下，顺利快捷地排泄洪水。
② 具有足够的整体强度和稳定性，保证在设计荷载的作用下，构件不产生位移和变形。
③ 具有较高的可靠性和耐久性，保证在自然环境中，长期完好，不发生破损。

3．涵洞的组成

涵洞是设于路基下的排水孔道，通常由洞身、洞口建筑两大部分组成，如图 2-35 所示。

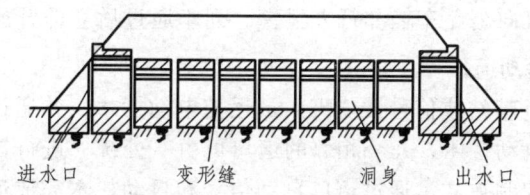

图 2-35 涵洞的组成

（1）洞身

洞身是形成过水孔道的主体，它应具有保证设计流量通过的必要孔径，同时又要求本身坚固而稳定。洞身的作用是：一方面保证水流通过，另一方面也直接承受荷载压力和填土压力，并将其传递给地基。洞身通常由承重结构（如拱圈、盖板等）、涵台、基础以及防水层、伸缩缝等部分组成。钢筋混凝土箱涵及圆管涵为封闭结构，涵台、盖板、基础连成整体，涵身断面由箱节或管节组成，为了便于排水，涵洞涵身还应有适当的纵坡，其最小坡度为 0.3%。

（2）洞口建筑

洞口是洞身、路基、河道三者的连接构造物。洞口建筑由进水口、出水口和沟床加固三部分组成。洞口的作用是：一方面使涵洞与河道顺接，使水流进出顺畅；另一方面确保路基边坡稳定，使之免受水流冲刷。沟床加固包括进出口调治构造物，减冲防冲设施等。

4. 涵洞与桥梁的主要区别

① 桥与涵洞从技术上是以跨径为划分标准的。一般 5 m（不含）以上称桥，以下就称涵洞。但圆管涵和箱涵不论孔径、跨径多少都称涵洞。

② 涵洞与桥梁的主要区别在于，一般涵洞上有填土，而桥上直接铺轨道（但仍有道砟）。从侧面看，涵洞就像在路基上挖的孔，而路基在桥梁处就断开了。

根据以上说明，可以看出按是否填土来区分涵洞与桥梁，但这只是通常的，并非正式的一种区分方式。从技术上来说，应该按长度来确定。

（四）道　口

铁路道口指的是道路与铁路平面相交处，分为有人看守道口和无人看守道口。

为防止车辆及行人闯越，有的铁路道口会安装侦测器，若行人、车辆在栏杆放下后仍在铁路道口内，则发出声响警告，当车辆卡在铁路道口无法移开时，可通过按紧急按钮警告列车减速停车。另外会装有自动照相机或监视器以告发闯铁路道口者。

1. 道口通行条件

铁路与道路平面交叉的道口，应当设置警示灯、警示标志或者安全防护设施。

无人看守的铁路道口，应当在距道口一定距离处设置警示标志。

过道口时应服从工作人员指挥，栏杆放下时不可强行跨越。过无人道口时应注意道口信号灯，并查看附近是否有火车，确认安全时方可通过。

2. 控制方式

人工控制方式是道口栏木或栅门由人工操纵，人工控制又分就地控制和电动遥控两种。

（1）就地控制

看守员接到电话通知或列车接近的自动通知后及时关闭栏杆，与此同时用音响器和闪光的道口信号机向公路车辆和行人报警，列车通过后立即开放栏木。

（2）电动遥控

由附近车站或信号楼值班人员遥控电动栏木，并通过设置的监视器监视道口栏木状态。由于采用了电动栏木，几个相邻的道口可由一处统一进行控制。

自动控制方式是通过道口自动信号和自动栏木完成道口的防护。接近道口的列车通过轨道电路或其他传感器将接近信息及时传至道口，道口信号机和音响器自动发出闪光与音响信号，栏木自动下落。

3. 道口交通注意事项

① 行人和车辆在铁路道口、人行过道及平过道处,发现或听到有火车开来时,应立即躲避到距铁路钢轨 2 m 以外处,严禁停留在铁路上,严禁抢行越过铁路。

② 车辆和行人通过铁路道口,必须听从道口看守人员和道口安全管理人员的指挥。

③ 凡遇到道口栏杆关闭、音响器发出报警、道口信号显示红色灯光或道口看守人员示意火车即将通过时,车辆、行人严禁抢行,必须依次停在停止线以外,没有停止线的,停在距最外股钢轨 5 m 以外,不得影响道口栏杆的关闭,不得撞、钻、爬越道口栏杆。

④ 设有信号机的铁路道口,两个红灯交替闪烁或红灯稳定亮时,表示火车接近道口,禁止车辆、行人通行。

⑤ 红灯熄白灯亮时,表示道口开通,准许车辆、行人通过。

⑥ 遇有道口信号红灯和白灯同时熄灭时,须停车和止步瞭望,确认安全后再通过。

⑦ 车辆、行人通过设有道口信号机的无人看守道口及人行过道时,必须停车或止步瞭望,确认两端无列车开来时,方准通行。

⑧ 通过电气化铁路道口时,车辆及其装载物不得触动限界架活动板或吊链;装载高度超过 2m 的货物上,不准坐人;行人手持高长物件,不准高举。

任务二 轨 道

【任务描述】

当一列火车风驰雷掣地从我们身旁经过的时候,我们除了注意其坚实的车轮之外,还会注意到强制其运行的基础——轨道。机车车辆运行的速度与轨道有着非常重要的关系,高速铁路与既有线路的区别已经证明了这一点。那么究竟轨道是什么呢?本任务将会全面解读轨道。

【任务分析】

对于线路来说,轨道无疑是其非常重要的组成部分。轨道是个大家族,那么这些成员究竟有哪些?每个成员的作用是什么?主要组成有什么?另外,列车在轨道上运行,如何实现按轨行驶?如果机车车辆要过曲线,又如何设置轨距呢?在本任务中将对这些问题一一解析。

【相关知识】

一、轨道的作用

轨道是线路重要的组成部分,轨道铺设在路基之上,且经常处于列车运行的动力作用下,因此,轨道应具有足够的强度和稳定性,以保证列车按照规定的速度安全、平稳、不间断地运行。

从上述对轨道的描述中，我们可以总结轨道的作用：
① 引导列车运行的方向。
② 支撑列车载重及冲击。
③ 传递压力，将列车的压力传至路基或桥隧建筑物。

二、轨道的类型

划分轨道类型和制定轨道标准的主要依据是：轨道通过总重密度。轨道通过总重密度：是指在铁路运营线路上，某一运营区段平均每公里线路在一年内通过线路的所有重量，其单位为 Mt·km/km。这是表征轨道承受荷载情况的重要指标，也是铁路线路运营繁忙程度的主要标志。

（一）正线轨道类型的选择

新建和改建铁路的轨道，在要求的运营条件下，应具有足够的强度和稳定性。正线轨道类型划分为特重型、重型、次重型、中型和轻型。在选型时应按表2-3所列标准，本着由轻到重逐步加强的原则，根据近期调查运量、最高行车速度等主要运营条件确定。

表2-3 正线轨道类型

条件	项目		单位	特重型	重型	次重型	中型	轻型
运营条件	年通过总重密度		Mt·km/km	>60	30~60	15~30	8~15	<8
	最高行车速度		km/h	≥120	≥120	120	100	80
轨道结构	钢轨		kg/m	≥70	60	50	43	38~43
	轨枕根数	钢筋混凝土枕	根/km	1 760	1 680~1 760	1 600~1 680	1 520~1 600	
		木枕	根/km	1 840	1 840	1 760~1 840	1 600~1 760	1 600
	道床厚度	非渗水土路基 面层	cm	30	30	25	20	20
		非渗水土路基 垫层	cm	20	20	20	20	15
		岩石、渗水土路基	cm	35	35	30	30	25

注：① 计算年通过总重，应包括净载、机车和车辆的质量，并将旅客列车的质量计算在内。单线应按往复总重计算，双线应按每一条线的通过总重计算；
② 重型及以上轨道宜采用预应力混凝土宽枕，简称混凝土宽枕。混凝土宽枕每千米配置根数为1 760根；
③ 非渗水土路基宜采用双层道床，只有在垫层材料供应困难，且不致造成路基病害的情况下，方可采用单层道床。其厚度比照岩石、渗水土路基增加5 cm。

（二）站线轨道结构的选择

站线轨道结构应根据各类站线的用途按表2-4选择。

表 2-4 站线轨道结构

项　目			单　位	到发线 （包括编发线）	驼峰溜放线	其他站线及次要站线
钢轨			kg/m	比正线轻一级， 新轨或与正线同级	≥43	≥38
混凝土枕			根/km	≥1520	≥1520	≥1440
木枕			根/km	≥1600	≥1600	≥1440
道床厚度	非渗水土路基	无垫层 特重型	cm	35	35	25（其他站线） 20（次要站线）
		重型				
		次重型				
		中型	cm	25		
		轻型				
	有垫层	特重型	cm	20（面层）	25（面层）	—
		重型		20（垫层）		
		次重型			20（垫层）	
		中型	cm	15（面层）		
		轻型		15（垫层）		
	岩石、渗水土路基	特重型	cm	25	30	20
		重型				
		次重型				
		中型	cm	20		
		轻型				

注：① 其他站线是指调车线、牵出线、机车走行线及站内联络线，次要站线是指除到发线及其他站线以外的站线；
② 驼峰溜放线是指自峰顶至调车线第一脱鞋器（或减速器）末端的一段线路；
③ 道岔的道床厚度不应小于连接的主要线路的道床厚度。

（三）根据经验选择

Ⅰ级铁路应采用次重型及以上轨道，Ⅱ级可采用中型轨道，Ⅲ级可采用轻型轨道。

三、轨道的组成

图 2-36 所示的轨道是一个整体，它主要由钢轨、轨枕、道床、连接零件、道岔、附属设备（防爬设备）组成。

（一）钢　轨

钢轨是轨道的重要组成部分之一，是指两条直线型呈平行分布的、安装在轨枕或路基之上的由钢铁材料制成的金属构筑物。

1. 钢轨的作用

① 直接承受车轮压力，并引导车轮的运行方向。

图 2-36　轨道

② 在电气化铁道或自动闭塞区段，钢轨还可兼做轨道电路之用。

③ 提供护轨作用。当起到护轨作用时，也就是说钢轨发挥安全保护作用，常用的护轨有道岔护轨、桥上护轨、防脱护轨。

④ 必须为车轮提供连续、平顺和阻力最小的滚动表面。

⑤ 为通信信号提供基础。

2. 钢轨的类型

① 从钢轨横断面形状来看，钢轨可分为平底钢轨、槽型钢轨、双头钢轨，如图 2-37 所示。

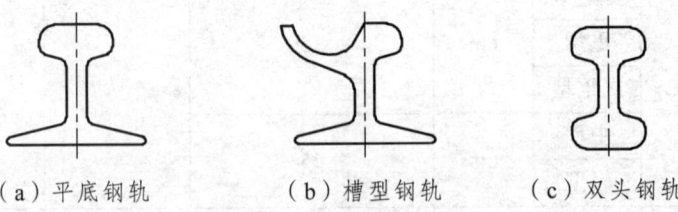

（a）平底钢轨　　（b）槽型钢轨　　（c）双头钢轨

图 2-37　钢轨横断面结构

平底钢轨就是我们常说的"工"字形钢轨，这种钢轨目前在世界范围使用最为广泛；槽型轨轨头形成凹槽，多用于街道有轨电车和轻轨铁路，铺设时路面与钢轨轨面一般在同一平面上；双头钢轨的轨头和轨底大小、形状一样，这种钢轨在 19 世纪应用很广，但目前很少应用，在英国还能见到。

② 以每米长度的重量表示，标准钢轨类型有：75 kg/m, 60 kg/m, 50 kg/m, 43 kg/m, 38 kg/m。

以上各种类型钢轨中，38 kg/m 钢轨现已停止生产，60 kg/m、50 kg/m 钢轨在主要干线上铺设，站线及专用线一般铺设 43 kg/m 钢轨。对于重载铁路和特别繁忙区段铁路，则铺设 75 kg/m 钢轨。

③ 长度：钢轨的标准长度为 25 m、12.5 m 两种。

我国钢轨的标准长度为 12.5 m 和 25 m 两种。特重型、重型轨采用 25 m 的标准长度钢轨。《250 km/h 客运专线 60 kg/m 钢轨暂行技术条件》规定，250 km/h 客运专线（兼顾货运）钢轨标准轨定尺长度为 100 m。

曲线缩短轨长度，有比 12.5 m 标准轨短 40、80、120 mm 的三种以及比 25.0 m 标准轨短 40、80、160 mm 的三种。

3. 钢轨组成

钢轨的断面形状采用具有最佳抗弯性能的工字形断面，由轨头、轨腰以及轨底三部分组成，见图 2-38。为使钢轨更好地承受来自各方面的力，保证必要强度条件，钢轨应有足够的高度，其头部和底部应有足够的面积，高度、腰部和底部不宜太薄。另外该结构还有受力好、省材料、极佳的抗弯性能等特质。

4. 轨　距

轨距的大小是由机车车辆的轮对宽度确定的。为使机车车辆能在线路上两股钢轨间顺利通过，机车车辆的轮对宽度应小于轨距宽度。当轮对的一个车轮轮缘紧贴钢轨的作用边时，另一个车轮轮缘与钢轨作用边之间就要有一定的空隙，这个空隙

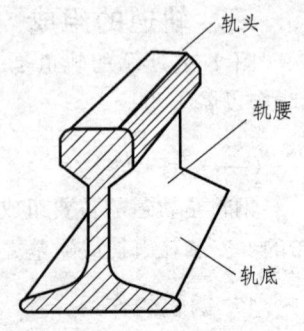

图 2-38　钢轨组成

就叫游间，如图 2-39 所示的。

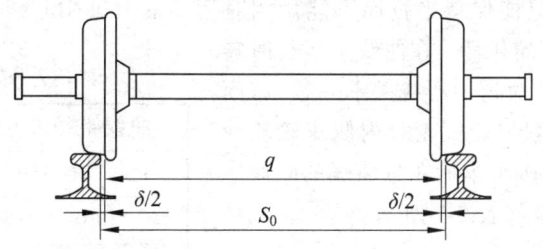

S_0—轨距；q—轮对宽度；δ—活动量

图 2-39 轨距示意图

《技规》规定：轨距是钢轨头部踏面下 16 mm 范围内两股钢轨工作边之间的最小距离。直线轨距标准规定为 1 435 mm，曲线轨距应按规定加宽。

需要注意的是：轨距测量部位在钢轨顶面下 16 mm 处。主要是因为钢轨头部断面有弧；线路上铺设的钢轨有轨底坡，钢轨在轨枕上向内倾斜 1/40 的坡度放置；车轮轮缘踏面外形有一定的斜度，车轮轮缘和钢轨侧面接触点在钢轨顶面下 10～16 mm 间，所以规定轨距测量部位在钢轨顶面下 16 mm 处。

（1）轨距静态允许误差

在验收线路的时候，按照《技规》规定，要求线路、道岔轨距相对上述标准允许存在静态的偏差，如表 2-5 所示。

表 2-5 线路、道岔轨距静态允许偏差

线路允许速度（km/h）	$v \leq 120$	$120 < v \leq 160$	$160 < v \leq 200$
线路	+6	+4	+2
	-2	-2	-2
道岔	+3	+3	+2
	-2	-2	-2

（2）钢轨水平静态允许偏差

线路两股钢轨顶面，在直线地段，应保持同一水平，它必须满足把车辆传来的力均匀承担和保证车辆运行平稳的要求。在验收线路时，按《技规》规定，线路两股钢轨水平允许存在静态偏差，如表 2-6 所示。

表 2-6 钢轨水平静态允许偏差

线路允许速度（km/h）	$v \leq 120$	$120 < v \leq 160$	$160 < v \leq 200$
正线及到发线（mm）	4	4	3
道岔（mm）	4	4	3
其他线（mm）	6		

(3) 轨距加宽标准

机车车辆走行部中只能保持平行而不能做相对运动的车轴中心线之间最大距离叫固定轴距。由于机车车辆具有固定轴距，在曲线上运行时转向架的纵向中心线与曲线轨道中心线并不一致，因而引起转向架前一轮对外侧与后一轮对内侧车轮轮缘挤压钢轨的情况，因此，机车车辆在过曲线的时候应该加宽，加宽的主要标准如表2-7所示。

表 2-7　曲线轨距加宽值

曲线半径 R（m）	加宽值（mm）
$R \geqslant 350$	0
$300 \leqslant R < 350$	5
$R < 300$	15

(4) 目前世界上的铁路轨距

目前世界上的铁路轨距为：标准轨距、宽轨距和窄轨距。

标准轨距：尺寸为1 435 mm，我国绝大部分地区、美国、加拿大及欧洲大部分国家都采用标准轨距。

宽轨距：大于标准轨距，如1 520 mm，1 600 mm等，印度、巴基斯坦、阿根廷、智利等国主要采用1 676 mm宽轨距，俄罗斯采用1 520 mm宽轨距。

窄轨距：小于标准轨距，如1 000 mm，1 067 mm，762 mm等，昆明至河口段、几内亚、埃塞俄比亚、喀麦隆等国采用1 000 mm窄轨距，中国台湾、日本一般铁路、非洲加纳、刚果、坦桑尼亚、赞比亚等国家和地区采用1 067 mm窄轨距。

5. 钢轨的磨耗

钢轨磨耗主要是指小半径曲线上钢轨的侧面磨耗和波浪磨耗。至于垂直磨耗一般情况下是正常的，随着轴重和通过总重的增加而增大。轨道几何形位设置不当，会使垂直磨耗速率加快，这是要防止的，可通过调整轨道几何尺寸解决。

侧面磨耗发生在小半径曲线的外股钢轨上，是现在曲线上伤损的主要类型之一。列车在曲线上运行时，轮轨的摩擦与滑动是造成外轨侧磨的根本原因。

波浪形磨耗是指钢轨顶面上出现的波浪状不均匀磨耗，实质上是波浪形压溃。波磨会引起很高的轮轨动力作用，加速机车车辆及轨道部件的损坏，增加养护维修费用；此外列车的剧烈振动，会使旅客不适，严重时还会威胁到行车安全；波磨也是噪声的来源。

（二）轨枕

轨枕是轨道的组成之一。由于轨枕铺设在钢轨之下，直接承受钢轨传递的压力，因此，它必须具备一定的柔韧性和弹性。列车经过时，它可以适当变形以缓冲压力，但列车过后还得尽可能恢复原状。

1. 轨枕的作用

① 轨枕要支承钢轨。轨枕位于钢轨之下，支撑钢轨。
② 保持钢轨的位置。
③ 把钢轨传递来的巨大压力再传递给道床。

2. 轨枕的间距

轨枕的间距应根据运量、行车速度及道床类型等条件决定。间距较小时，路基、道床、钢轨以及轨枕本身所受作用力均小，但间距过小则增加工程费用，且影响道床的捣固作业。轨枕间距一般为52～62 cm。我国铁路一般以每公里铺设轨枕的根数间接显示轨枕间距。

普通轨道上，如图2-40所示，钢轨接头处车轮的冲击动荷载大，接头轨枕间距（c）应该比中间轨枕间距（a）小一些。而且，从c向a过渡时，应该有一个过渡轨枕间距（b），以适应荷载的变化。三者大小为：$a>b>c$。

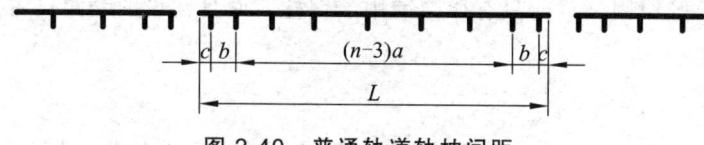

图2-40 普通轨道轨枕间距

3. 轨枕的分类

根据轨枕材料的不同，轨枕分为木枕、钢筋混凝土枕、钢枕。

（1）木枕

木枕是由木材制成的轨枕。制作木枕须选用坚韧而富有弹性的木材。木枕按用途可分为普通木枕、岔枕、桥枕。普通木枕标准长度为2.5 m，用于不同等级的线路上。用于道岔上的岔枕，其断面较木枕宽，长度2.6~4.8 m，使用时根据道岔的实际宽度分组选用。木枕具有弹性好、易于加工、使用方便、便于更换等优点。但是，由于要砍伐大量的树木，而且就木枕本身来说，其强度不够，寿命短，再加上容易腐朽等原因，木枕只有在个别地段才有使用，而且在上道前需要经过防腐处理。但是，最终由于我国木材资源较缺乏，价格贵，在主要干线上已逐渐被混凝土枕取代。

（2）钢筋混凝土枕

钢筋混凝土枕是用混凝土制成并配有钢筋的轨枕，简称混凝土枕。混凝土枕的特点是自重大、刚度大，但是与木枕线路相比，当列车通过不平顺的混凝土枕线路时，轨道附加动力增大。故对轨下部件的弹性提出了更高的要求，以提高线路抗震能力。

混凝土枕有普通钢筋混凝土枕和预应力钢筋混凝土枕两种。普通钢筋混凝土枕制作简单，但耗钢量大，容易产生裂纹，现已被预应力钢筋混凝土枕所代替。预应力钢筋混凝土枕由于预先施加预应力，因此耗钢量少，且不宜开裂，使用寿命长。混凝土枕类型很多，按其结构形式可分为整体式、组合式和短枕式。整体式轨枕整体性强，稳定性好，制作简便，是线路上广泛使用的一种形式；组合式轨枕由两个钢筋混凝土块组合而成，整体性不如整体式轨枕，但钢杆承受正负弯矩的能力比较强，在法国高速铁路上使用的RS型组合式轨枕取得了很好的效果；半枕式又称短枕式，主要用在整体道床上。

Ⅲ型混凝土枕主要用于重载、提速的铁道线路，这是因为轨枕重量的增加，可减少轨枕本身的振动加速度，且随行车速度的提高，减小的幅度增大。轨枕的振动加速度，将会使道床表面承受较大的动力荷载，加速道床的破坏和变形，增加线路的维修工作量。轨枕重量的增加，导致高频冲击力的增加而低频冲击力的减小，使道床应力降低，线路下沉减少，有利于保持轨面的平顺性。至于高频冲击力的增加，可通过减少轨枕铺设的根数来弥补。而Ⅲ型轨枕不仅重量大，而且本身强度和支承面积都有大幅度的提高。轨枕每公里实铺1 667根，间距为60 cm等间距。

（3）钢枕

目前世界各国都普遍感到木材资源不足，面临着危机，大有逐渐被淘汰的趋势，混凝土枕虽然使用寿命较长，但其耐振性能不佳，从长远角度看，也很难适应高速、重载和运量日益增长的需要。钢枕则能兼备木枕和混凝土枕的优点。它能承受大轴重的重载货物列车和高速旅客列车的强烈而频繁的振动和冲击,并能从根本上满足现代铁路运输对信号和轨道电路技术的要求。钢枕的使用寿命远超过混凝土轨枕,且维修工作量不大。但是,由于钢铁的消耗量剧增,价格也成倍地增长等原因,目前只有德国铺用了钢枕,而且铺设的线路仅占其线路总长度的20%。

(三) 道 床

道床是轨道的重要组成部分,是轨道框架的基础。道床通常指的是铁路轨枕下面,路基面上铺设的石碴(道砟)垫层。

1. 道床的作用

① 支撑轨枕,传递压力。道床位于轨枕之下,通过道床把轨枕上部的巨大压力均匀地传递给路基面上。

② 固定轨枕的位置。阻止轨枕纵向或横向移动,大大减少路基变形的同时还缓和了对钢轨的冲击。

③ 提供轨道弹性。通过道床减缓和吸收轮轨的冲击和振动。

④ 提供良好的排水性能。通过道床、路基将轨面的积水及时排出,提高路基的承载能力,减少基床病害。

⑤ 便于轨道养护维修作业,校正线路的平纵断面。

2. 道床的特点

① 道床与路基接触面积大。因为道床需要承受车轮传来的巨大压力,并将压力传递到路基,因此,在压力传递过程中,不断增加传递压力面积,进而减小压强。

② 道床有一定的弹性。由于列车运行时有横向和纵向的冲击力,因此,需要道床有一定的弹性,使得这种弹性能及时吸收机车车辆的冲击和振动。道砟的弹性一旦丧失,则钢筋混凝土轨枕上所受的荷载比正常状态时要增加 50% ~ 80%。

③ 道床有良好的排水性。需要将轨面的积水及时排出,减少道床病害。

3. 道床的断面

道床断面包括道床厚度、顶面宽度及边坡坡度三个主要特征。

(1) 道床厚度

道床的厚度是指直线上钢轨或曲线上内轨中轴线下轨枕底面至路基顶面的距离。道床弹性是由相互接触的道砟颗粒之间的弹性形所引起的,通常情况下道床弹性与道床厚度成正比,并随道砟颗粒粒径的增大、道床空隙比的增加而增加。

(2) 道床顶面宽度

道床顶面宽度与轨枕长度和道床肩宽有关。轨枕长度基本上是固定的,因此道床顶面宽度主要决定于道床肩宽。实践结果表明,增大肩宽可以容许采用较陡的边坡,而减小肩宽则必须采用较缓的边坡。

4. 道床的分类

道床分为普通有砟道床、沥青道床和混凝土整体道床。

（1）有砟道床

有砟道床通常由具有一定粒径、级配和强度的硬质碎石堆集而成，在次要线路上，也可以使用级配卵石或粗砂。有砟道床除了传递压力外，还可以排除轨道中的脏水、阻止轨枕移动钢轨、缓和车轮对钢轨的冲击，使钢轨具有足够的弹性。但是有砟道床随着时间的推移，道床空隙被脏物填塞而变得板结，排水性能，承载能力都会降低，失去应有的弹性。

（2）沥青道床

沥青道床用是沥青材料使散粒体道砟道床固结或用沥青混凝土、沥青胶砂、乳化沥青水泥砂浆等代替散离体道砟，使道床稳定的一种新型轨道结构。道床灌注施工时不影响行车，简便易行，适用于既有线改造。在运营线上施工时，要求不扰动下层已稳定的原有道床基础，更换轨枕下 5~20 cm 厚的脏污道砟，调整好轨道，待通过一定运量使道砟稳定后，再灌注沥青。为避免沥青流淌，灌注前须在道床边坡上铺设 10 cm 厚的石碴保护层。

（3）整体道床

整体道床是由混凝土整体灌筑而成的道床，道床内可预埋木枕、混凝土枕或混凝土短枕，也可在混凝土整体道床上直接安装扣件、弹性垫层和钢轨，又称为整体轨道。整体道床具有维护工作量少、结构简单、整体性强及表面整洁等诸多优点，在国内外铁路上均已大量使用。但是最大的缺点就是初期建设投资相对较大，对下部基础要求高，下部变形一旦超出其调整范围，修复非常困难。

5. 道床的病害

随列车荷载反复作用，碎石道床产生的非正常变形，主要包括道砟粉化、道砟坍塌、道床翻浆等。

（1）道砟粉化

道砟粉化因道砟间接触压力较大而道砟强度相对不足而引起。当列车经过时，在巨大接触应力条件下，由于道砟颗粒间挤压和磨损作用，可造成道砟被压碎或棱角破损，从而出现石碴粉化。

（2）道砟坍塌

因道砟棱角被磨损，道砟由最初的多棱角块体逐渐变得表面光滑，因而道砟间的摩擦系数降低，在列车振动荷载的作用下，道砟颗粒难以保持其相对位置而出现大量的滑动或滚动，使堆积成道床的道砟出现坍塌。在钢轨接头等具有较大振动的处所尤其容易发生道砟坍塌。

（3）道床翻浆

道床翻浆为道床的常见病害之一，因翻浆和冒泥一般同时出现，故常称作翻浆冒泥。道床翻浆的根源在于道床的排水严重不畅。道床中翻出的泥浆比路基土的颜色要深，雨季时道床翻浆较严重，雨季过后不再发生或明显轻微。

（4）道床板结

因道床排水不畅，石灰岩道砟粉化物溶于水中结成硬块，或因道砟被泥浆固结成干硬整块，就容易造成道床板结。道床板结后逐渐失去弹性，引起轨道刚度急剧增加，当列车经过时会产生较大的动力作用，从而加剧列车走行部和轨道部件的破损，缩短设备的使用寿命，严重时危及行车安全。

（四）连接零件

连接零件分两类：连接两根钢轨端部的零件称为接头连接零件；连接钢轨和轨枕的零件称为中间连接零件，即扣件。接头连接零件使车轮能顺利滚过钢轨接头，并保持前后两个钢轨协调工作。扣件将钢轨和轨枕连为一体构成轨道框架，使两个钢轨保持正确的相对位置；扣件提供足够的压力，防止钢轨倾覆，阻止钢轨纵向移动。

1. 接头连接零件

接头连接零件主要是指连接两根钢轨的零件，主要由夹板、螺栓和弹簧垫圈组成，如图 2-41 所示。夹板又称鱼尾板，因最早设计制作的夹板截面形状如鱼尾而得名。板上一般有 4 个或 6 个螺栓孔。螺栓用以连接夹板和钢轨，螺栓拧紧后，可把两个轨端夹紧，使接头处钢轨能承受车轮的作用力。弹簧垫圈是用于增加螺栓帽和螺栓螺纹间的压力，防止螺栓帽因列车通过时引起的振动而松退的零件。

图 2-41 接头连接零件

连接时，两截钢轨之间应预留适当的缝隙，叫做轨缝。当温度发生变化时，钢轨就可以自由地伸缩了。但是钢轨接头处也是轨道上最薄弱的地方，正是因为轨缝的存在，使得列车通过时产生冲击力，增加行车的阻力和线路的维修量。

现在，客运专线多采用无缝钢轨，尽量减少轨缝的数量，以减少列车通过阻力，减少维修量，同时也增加了行车稳定性，提高旅客舒适度。

2. 中间连接零件（扣件）

中间连接零件是钢轨与轨枕的扣件，包括普通道钉、螺纹道钉、刚性或弹性扣铁、垫板、垫层、防爬器及轨距杆等。

（1）中间连接零件的特点

中间连接零件具有足够的强度和耐久性，并具有一定的弹性，能保持钢轨和轨枕的可靠连接和相对固定的位置，并能减缓线路残余变形积累速度。中间连接零件本身应构造简单，以便于装配、卸除和调整轨道的轨距及水平位置等。

（2）中间连接零件的分类

中间连接零件分为钢筋混凝土轨枕与钢轨连接用的中间连接零件和木枕与钢轨连接用的中间连接零件。

a. 钢筋混凝土枕和钢轨连接用的中间连接零件

混凝土枕轨道上使用连接钢轨和混凝土轨枕的连接零件。混凝土枕由于重量大、刚度大的特点，对扣件性能要求较高，对其扣压力、弹性、和可调性均有较严格的要求。混凝土枕扣件，按其结构可分为弹条扣件、扣板式扣件、弹片式扣件三种。

拱形弹片式扣件由于拱形弹片强度低，容易引起残余变形，甚至折断，故在我国铁路上已不再使用。

扣板式扣件是由扣板、螺纹道钉、弹簧垫圈、铁座及缓冲垫板组成的，螺纹道钉用硫磺水泥砂浆锚固在混凝土轨枕承轨台的预留孔中，然后利用螺栓将扣板扣紧。扣板式扣件由于采用扣板作扣压件，弹性不足，扣压力较低，在使用过程中容易松动，目前在我国铁路上已逐渐被弹条式扣件所代替。

弹条式扣件采用弹条作为扣压件，利用材料的弯曲变形及扭转变形，又不存在断面的削弱问题，结构形式比较合理，故而已成为中国混凝土枕轨道的主型扣件。

b. 木枕与钢轨连接用的中间连接零件

木枕和钢轨的连接一般采用普通道钉，木枕和钢轨间的铁垫板，也用普通道钉固定，它安装方便，应用广泛，如图 2-42 所示。

木枕轨道上用于连接钢轨和木枕的连接零件，依其连接钢轨、垫板与木枕三者之间的关系分为：分开式及混合式。分开式扣件是将固定钢轨和固定铁垫板的螺栓或道钉分开。一般用道钉将铁垫板固定在枕木上，铁垫板上有承轨槽，固定钢轨的螺栓安装在铁垫板上，然后用弹条或扣板将钢轨固定。混合式扣件是由铁垫板和道钉组成，用勾头道钉（方形）直接将钢轨与铁垫板以及枕木连接在一起。扣压力较小，为防止钢轨纵向爬行，需要较多的防爬设备。

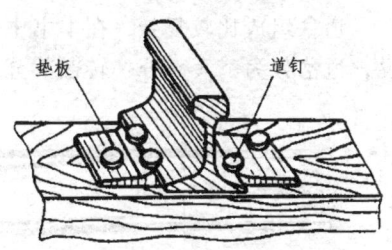

图 2-42　木枕与钢轨连接用的中间连接零件

3. 防爬设备

（1）爬行出现的原因

列车运行时，常常产生作用在钢轨上的纵向力，使钢轨作纵向移动，有时甚至带动轨枕一起移动。这种纵向移动，叫做爬行。列车运营速度越高，轴重越大，爬行就越严重。爬行一般发生在复线铁路的区间正线、单线铁路重车方向、长大坡道上和进站时制动范围内。

（2）防爬设备的重要性

线路爬行往往引起轨缝不匀，轨枕歪斜等现象，对线路的破坏性很大，甚至造成小涨轨跑道，危及行车安全。因此，必须采取有效措施来防止爬行，通常采用防爬器和防爬撑来防止线路爬行。

（3）防爬设备的种类

a. 防爬器

防爬器中最常见的是穿销式防爬器，如图 2-43 所示，它是由带挡板的轨卡和穿销组成的。安装时，轨卡的一边卡紧轨底，另一边楔进穿销，使整个防爬器牢固地卡住轨底。这样，钢轨在受到纵向阻力时，由于轨卡的挡板紧贴着轨枕，轨枕和道钉就阻止钢轨爬行。

b. 防爬撑

为了充分发挥防爬器的作用，通常在轨枕之间还安装防爬撑，把 3~5 根轨枕联系起来，共同抵抗钢轨爬行，如图 2-44 所示。

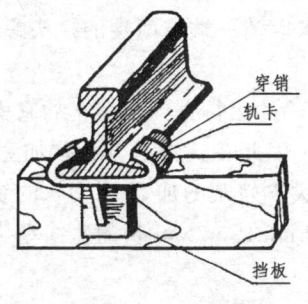

图 2-43　防爬器

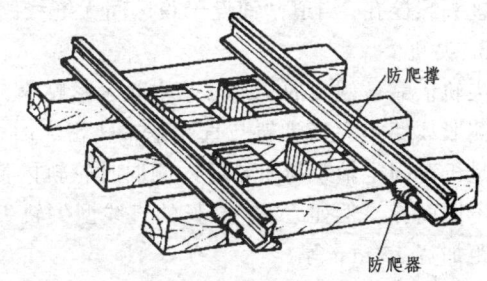

图 2-44　防爬撑

（五）道　岔

道岔是铁路轨道的重要组成部分，它是机车车辆由一条线路转入另一条线路的连接设备。道岔结构复杂,通过机车车辆频繁,技术标准要求高,是轨道设备的薄弱环节。

1. 道岔的组成

道岔组成比较复杂,在本书中仅以单开道岔(见图 2-45)为例,详述道岔的组成。总体来说,道岔分为三大部分:转辙部分、辙叉部分和连接部分。

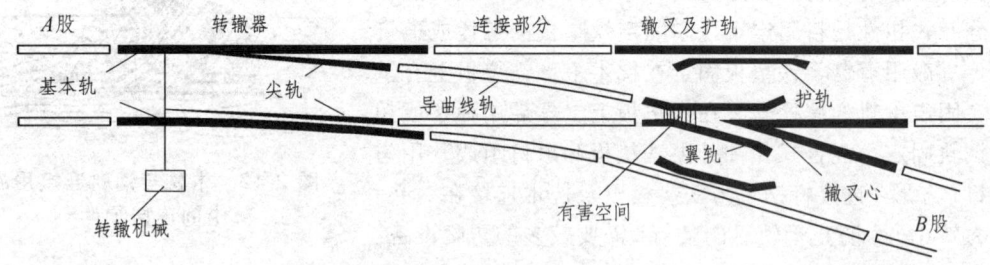

图 2-45 普通单开道岔

(1)转辙部分

转辙部分主要是由两根基本轨、两根尖轨及转辙机械等部分组成的,见图 2-46。

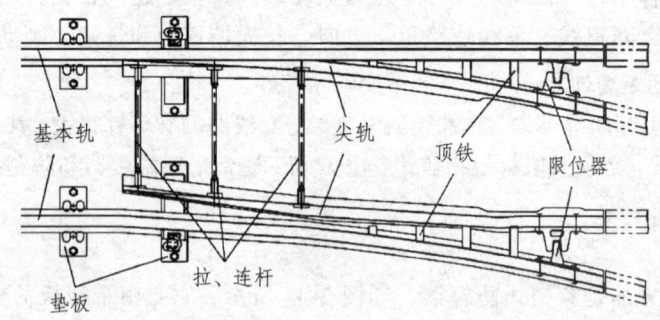

图 2-46 转辙部分的组成

a. 基本轨

基本轨除承受车轮的垂直压力外,还与尖轨共同承受车轮的横向水平推力,并保持尖轨位置的稳定。

基本轨除了轨件本身之外,一般还安装有顶铁、限位器等连接零部件。基本轨两端一般设计有接头螺栓孔,当道岔铺设于跨区间无缝线路时,一般会要求取消一端或两端的接头螺栓孔。

b. 尖轨

尖轨依靠被刨尖的一端与基本轨紧密贴靠,以正确引导车轮的运行方向,列车靠它引进直股或侧股线路上。当尖轨与直股基本轨密靠时,构成一转辙角,因此在转辙部分必须加宽轨距,以满足机车固定轴距与车轮转入侧向时轮轨内接的需要。尖轨尖端轨距的加宽,因尖轨的线型与长度不同而异。例如,7.7 m 长的直线型尖轨尖端轨距加宽 10 mm,6.25 m 长的直线型尖轨尖端轨距加宽 15 mm 等。

c. 转辙机械

转辙机械的作用是扳动尖轨到不同位置,使道岔能准确地开通直线或侧线。转辙机是转辙机械的核心和主体,除此之外,还包括外闭锁装置和各类杆件、安装装置。转辙机的主要作用是接收到命令后带动道岔转换,实现转换道岔、锁闭道岔尖轨、表示道岔所在位置等功能。

（2）辙叉部分

a. 组成

辙叉部分主要包括辙叉心、两根翼轨及两根护轮轨。辙叉设于两条线路相交处，由翼轨和心轨及连接零件组成。

b. 理论岔心和实际岔心

理论岔心是指道岔直向中心线与侧向中心线的交点，实际岔心即为道岔辙叉心处。理论岔心是在绘制道岔时表示的岔心位置，在实际道岔中是不存在的。

c. 有害空间

车轮在通过辙叉时，从两根翼轨的最窄处到辙叉心的最尖端之间有一段空隙，这就是道岔的有害空间。车轮通过有害空间时，车轮失去控制，叉心容易受到撞击，甚至进入异线脱轨。因此，必须在辙叉两侧的适当位置上设置一定长度的护轨。有害空间的存在，也是列车通过辙叉时产生剧烈摇晃的重要原因。为了从根本上消灭有害空间，提高列车过岔时的稳定性，减少列车摇晃，增强旅行舒适度，延长机车车辆走行装置的使用寿命，可采用可动叉心式活动辙叉。这种辙叉在我国几条主要铁路干线上铺设，使用效果良好，列车能以 120km/h 以上的速度安全平稳地通过。

d. 护轨

护轨主要作用是强制车轮的运行方向，对车轮进行引导。当机车车辆通过辙叉的有害空间时，轮缘有走错辙叉槽而引起脱轨的危险，因此，必须设置护轨，用来引导列车的运行。

（3）连接部分

a. 组成

道岔的连接部分是转辙器和辙叉之间的连接线路，包括直股连接线和曲股连接线（亦称为导曲线）。主要作用是将转辙部分与辙叉部分连接起来构成一组完整的整体。直股连接线与区间线路构造基本相同，导曲线的平面形式在我国多为圆曲线。

b. 导曲线部分的特殊设置

不设缓和曲线。当列车通过道岔时，虽然导曲线部分半径较小，但列车通过速度相对降低，因此，离心力减小。另外，导曲线较短，因此，在道岔导曲线部分，虽然也属于曲线线路，但在该处一般不设缓和曲线。

外轨一般不设超高。在导曲线上设置少量超高，对防止反超高的出现和保持轨距以及减轻行车摇晃等有利，但由于道岔导曲线较短，没有足够超高递减距离，因此一般不设超高。

一般不设 1:40 的轨底坡。在道岔上设轨底坡将使结构复杂，制造加工量大，所以一般不设轨底坡。但目前道岔为适应高速行车的要求，设置了 1:40 的轨底坡或轨顶坡。

设置轨撑和轨距拉杆。为防止导曲线钢轨在动荷载作用下的外倾及轨距扩大，可设置一定数量的轨撑或轨距拉杆。

设置防爬设备。同区间线路一样，列车在过曲线的时候，带动钢轨向前运动，因此，在导曲线部分设置一定数量的防爬器及防爬木撑，以减少钢轨的爬行。

2. 道岔的分类

（1）单开道岔

单开道岔的组成在道岔组成部分已经详述，在此不再不再赘述。单开道岔数量很多，约占全部道岔数量的 90% 以上。

（2）对称道岔

对称道岔（见图 2-47）由主线向两侧分为两条线路，道岔各部位均按辙叉角平分线对称排列，两条连接的曲线半径相同，无直向和侧向之分，因此，两侧线的运行条件相同。

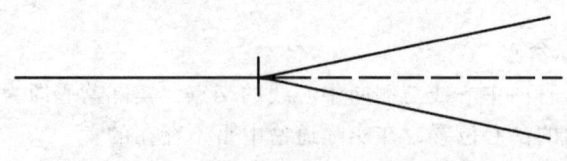

图 2-47 对称道岔

对称道岔的优点：
① 两侧线以较小角度偏离主线方向，加大导曲线半径，提高过岔的速度；
② 缩短线路连接长度。线间距及有效长相同，道岔长度缩短；侧向过岔速度可选用较小号码的对称道岔。

（3）三开道岔

三开道岔（见图 2-48）是将一个道岔纳入另一个道岔内构成的。也就是说三开道岔是由两个道岔合成，共有三个辙叉，并能开通三个方向。

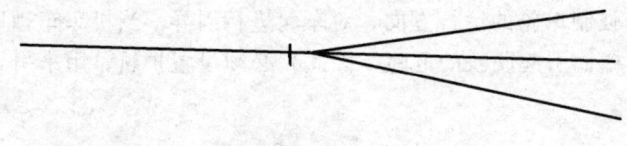

图 2-48 三开道岔

三开道岔的优点：三开道岔长度较短，设置三开道岔时可缩短用地。
三开道岔的缺点：① 尖轨削弱较多，尖轨寿命短；② 两普通辙叉部分不能设置护轨，且存在有害空间，车辆沿主线方向运行速度低。

试试看：图 2-49 中的三开道岔开通不同三个方向时，尖轨是如何转动的？

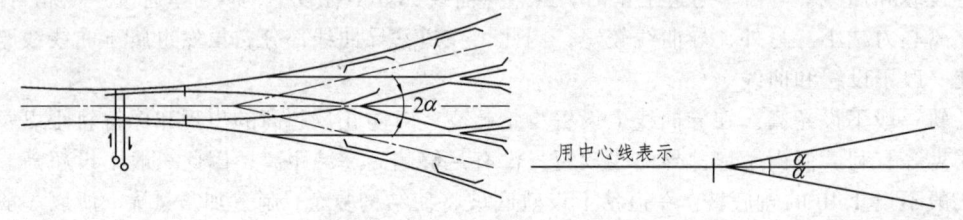

图 2-49 三开道岔开通方向

（4）交分道岔

交分道岔（见图 2-50）是将一副单开道岔纳入另一个道岔内构成的。因而，交分道岔存在四个辙叉，两个尖轨受两个转辙机控制，并可开通四个方向。

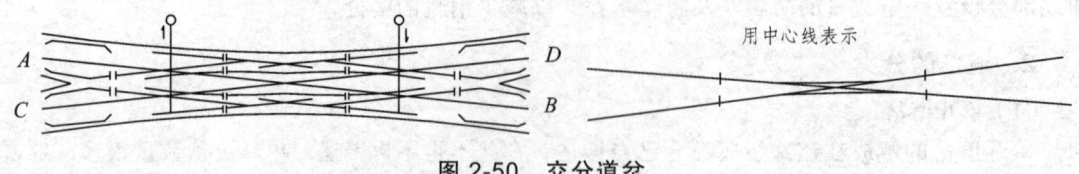

图 2-50 交分道岔

交分道岔最大的优点是缩短了线路的连接长度。但是由于两钝角辙叉处存在无护轨的有害空间,而且辙叉角度越小,钝角辙叉角度交越大,有害空间越长,当车轮同时进入有害空间时存在脱轨的可能性就越大。

(5) 菱形交叉

除了各种道岔以外,在线路上还有交叉设备。菱形交叉为其中较常见的设备之一。菱形交叉由两个锐角辙叉和两个钝角辙叉组成,它的特点就是交叉处没有转辙器,机车车辆只能在原来的线路上通过交叉后继续前进,而不能转线。

(6) 交叉渡线

交叉渡线设在两条平行线路之间,由四副单开道岔和一副菱形交叉组成。

请思考:交分道岔、菱形交叉、交叉渡线的区别?

3. 道岔中心线表示

(1) 道岔的几何要素

用道岔处的两线路中心线及其交点表示道岔,绘图比较简便,而且也能满足设计和施工的需要。这种方法已在站场设计中广泛采用。

为了进一步明确道岔中心线表示法,必须明确道岔的几何要素,如图 2-51 所示。

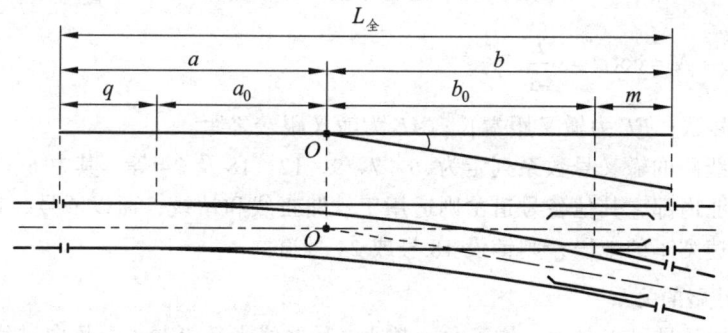

图 2-51 道岔的几何要素

下面对表中的符号表示的意义进行解释:

q——从道岔基本轨始端轨缝至尖轨始端的距离(简称尖轨前基本轨长)。

a_0——从尖轨始端至道岔中心的距离。

a——从基本轨始端轨缝至道岔中心的距离。

b_0——从道岔中心至辙叉理论尖端的距离。

m——从辙叉理论尖端至辙叉后跟轨缝的距离(简称辙叉跟距)。

b——从道岔中心至辙叉后跟轨缝的距离。

$L_全$——从道岔基本轨始端轨缝至辙叉后跟轨缝的距离(简称道岔全长)。

(2) 单开道岔示意图绘制

在已知道岔两线路中心线的交点和辙叉号数、道岔类型时,可按选定的比例尺用单线把道岔表示出来。例如,画 9 号左开单开道岔时,可在主线的中心线上,先确定两线路中心线交点的位置,然后从交点沿主线线路中心线画等于辙叉号数的 9 个等分线段,并在最后一个线段末端画一等分线段,使其垂直于主线的线路中心线,将垂直线段的终点与道岔中心连接,即得支分线方向,如图 2-52 所示。

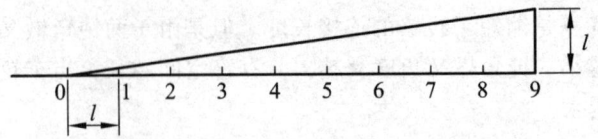

图 2-52 道岔用中心线表示法的绘制

4. 道岔号码

（1）道岔号码定义

道岔的辙叉号码可用道岔辙叉角的余切（即辙叉的跟端长和跟端支距的比值）来确定，见图 2-53。

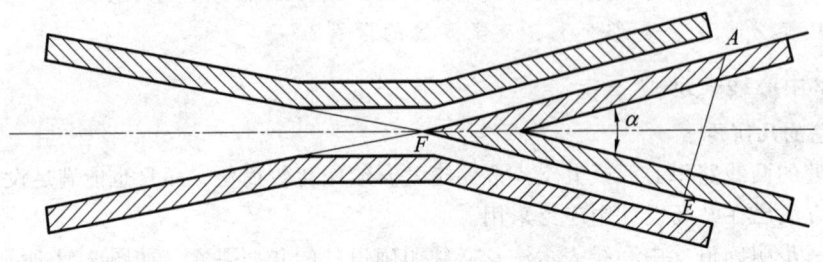

图 2-53 道岔号数计算示意图

$$N = \cot\alpha = \frac{FE}{AE}$$

式中：N 为道岔号数；FE 为辙叉跟端长；AE 为辙叉跟端之距。

我国既有线线路的辙叉号数系列定为 6、7、9、12、18 及 24 等。其中 6、7 两号单开道岔仅适用于厂矿企业内部，其他各号道岔则适用于铁路正线和站线，而以 9 号、12 号最为常用，在侧线须通过高速列车的地段，则铺设 18 号或 24 号道岔。

（2）道岔与线路的关系

由此可见：辙叉号码 N 越大，辙叉角 α 越小，导曲线半径 R 越大，侧向过岔允许速度越高。但 N 越大，则道岔全长 L 越长，占地长度也越长，工程费用相应增加。具体的关系如表 2-8 所示。

表 2-8 常用道岔有关尺寸及侧向允许速度

道岔号数 N	辙叉角 α	导曲线半径（m）	a（m）	b（m）	道岔全长（m）	侧向允许通过度（km/h）
9	6°20′25″	180	13.839	15.009	28.848	30
12	4°45′49″	330	16.853	19.962	36.815	40 或 45
18	3°10′12.5″	800	22.667	31.333	54.000	75

我国铁路大多使用 9 号、12 号、18 号道岔，它们所允许的侧向过岔速度分别为 30 km/h、45 km/h、80 km/h。为适应铁路的发展，我国于 1970 年自主研发了"50 kg/m 钢轨的 12 号可动心轨辙叉"、1987 年研制了"60 kg/m 钢轨的 12 号可动心轨辙叉"，1992 年为广深高铁设计了"60 kg/m 钢轨的 12 号可动心轨辙叉单开道岔"后，又先后设计了 60 kg/m 钢轨 18 号、30 号提速道岔，这些新型道岔的不断研发，不仅改善了行车环境，也提高了侧向过岔的速度，提高了行车的安全性。

（3）道岔号码的选择

① 用于侧向通过列车，速度 80 km/h 以上至 140 km/h 的单开道岔，不得小于 30 号。

② 用于侧向通过列车，速度 50 km/h 以上至 80 km/h 的单开道岔，不得小于 18 号。

③ 用于侧向通过列车，速度不超过 50 km/h 的单开道岔，不得小于 12 号。

④ 用于侧向接发停车旅客列车的单开道岔，不得小于 12 号。

⑤ 用于侧向接发停车货物列车并位于正线的单开道岔，在中间站不得小于 12 号，在其他车站不得小于 9 号。

⑥ 其他线路的单开道岔，不得小于 9 号。

⑦ 狭窄的站场采用交分道岔，不得小于 9 号，但尽量不用于正线，必须采用时，不得小于 12 号。

⑧ 峰下线路采用对称道岔，不得小于 6 号；采用三开道岔，不得小于 7 号。

⑨ 段管线采用对称道岔，不得小于 6 号。

既有道岔的类型及辙叉号数不符合上述规定时，应按该道岔的号数限制行车速度，但应有计划地进行改造。驼峰下线路现有 6.5 号对称道岔允许保留。

5. 提高侧向过岔速度的措施

① 采用大号码道岔（18、24），以增大导曲线半径。

② 采用对称道岔。道岔号数相同时，对称道岔导曲线半径较原单开道岔半径可增大一倍左右，可提高速度约 30%~40%。

③ 采用可动心辙叉。

【技能训练】

1. 识别图 2-54 中的各种道岔，并说明其属于哪种道岔，优缺点分别是什么？

(a)   (b)

(c)   (d)

图 2-54 各种道岔

2. 绘制单开道岔结构图。

【视野拓展】

一、无缝线路

原来的线路是将每根 12.5 m 或 25 m 长的钢轨连接成轨道,很显然每隔 12.5 m 或 25 m 就会有一个接头。接头之间还有一道轨缝,大约为 6 mm。轨缝不但使列车在运行时产生令人讨厌的"咔哒咔哒"声,更重要的是造成车轮与钢轨的撞击,对二者尤其是车轮的损害相当大,缩短了车轮的使用寿命。因而,无缝线路慢慢诞生。

所谓"无缝线路",就是把不钻孔、不淬火的 25 m 长的钢轨,在基地工厂用气压焊或接触焊的办法,焊成 200~500 m 的长轨,然后运到铺轨地点,再焊接成 1 000~2 000 m 的长度,铺到线路上就成为一段无缝线路。这种彻底消灭轨缝的办法,正在一些主要干道上采用。

但是轨缝消失了,无缝线路的热胀是如何处理的呢?人们在铁路线路上采用强大的线路阻力即高强螺栓、扣板式扣件或弹条扣件等对钢轨进行约束,限制钢轨的自由伸缩。

无缝线路常常是由一对长轨及两端各 2~55 对标准轨组成,即由固定区、伸缩区、缓冲区组成,如图 2-55 所示。

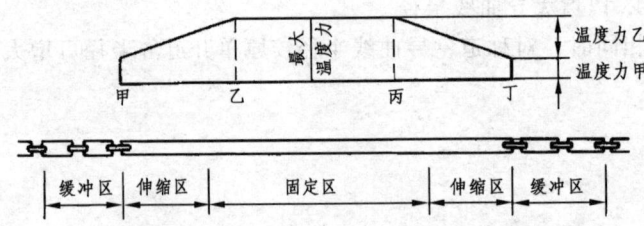

温度力甲——克服接头阻力产生的温度力
温度力乙——克服道床纵向阻力产生的温度力

图 2-55 无缝线路的组成

长钢轨中部,钢轨的自由伸缩已全部被扣件阻力和道床阻力及防爬设备所约束,不能随轨温变化而伸缩,称为无缝线路的固定区或稳定区。长钢轨两端,钢轨所受到的扣件阻力和道床阻力是逐渐增大的,温度力是逐渐被克服的,因此接头处钢轨会有部分伸缩,称为无缝线路伸缩区或呼吸区。为防止长钢轨的胀轨跑道和便于养护维修,在允许的设计锁定轨温范围内,将无缝线路全长的扣件、防爬设备全部松开,使积存在钢轨内部的温度力全部放散掉,这就是设缓冲区的目的。

二、可动心轨

普通道岔一直存在有害空间,有害空间限制了列车的通过速度,并增大了钢轨的磨损。解决道岔有害空间的根本之道,当然是消灭有害空间。既然普通道岔做不到,就必须研制特殊道岔——可动心轨道岔(见图 2-56)。

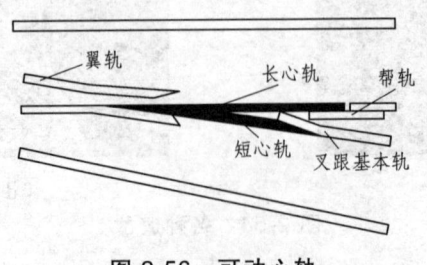

图 2-56 可动心轨

可动心轨的主要特点是辙叉心轨可以扳动。当需要开通某一方向股道时，可动心轨的辙叉心轨就与开通方向一致的翼轨密贴，与另一翼轨分开，这样一来，普通道岔的有害空间就不存在了。实践证明，消灭了道岔有害空间，行车更加平稳，过岔速度限制较小，因而特别适合运量大，需要开行高速列车的线路使用。

三、无砟轨道

常规铁路铺设道床都使用有砟轨道，再在道床上铺设轨枕，最后铺设钢轨，但这种线路不适于列车高速行驶。高速铁路的发展史证明，其基础工程如果使用常规的轨道系统，会造成道砟粉化严重、线路维修频繁的后果，安全性、舒适性、经济性相对较差。

但无砟轨道均克服了上述缺点，是高速铁路工程技术的发展方向。无砟轨道具有平顺性好、稳定性好，使用寿命长，耐久性好，维修工作少，避免了飞溅道砟等特点。

无砟轨道的轨枕本身是混凝土浇灌而成的，而路基也不用碎石，铁轨、轨枕直接铺在混凝土路上。无砟轨道是当今世界先进的轨道技术，可以减少维护、降低粉尘、美化环境，而且列车时速可以达到 200 km 以上。

遂渝铁路无砟轨道试验段在进行实车试验。试验结果显示，动车组时速达到 232 km，其平稳性、舒适度达到优级，测试的各项数据都在安全标准之内。

京沪高铁、京石高铁、石武高铁、广深港高铁、京沈高铁、哈大高铁、沪宁城际均采用 CRTS Ⅰ 或 CRTS Ⅱ 型板式无砟轨道技术。

【头脑风暴】

在本项目的学习中，我们了解了现在使用的无砟轨道优势非常明显，稳定性很好、结构平顺性好、维修量小，适合高速运行列车的需要，但是无砟轨道的排水、散热也非常重要，这些对轨道的使用寿命有直接的关系。现在请你的团队通过查阅资料，总结目前无砟轨道排水、散热的方法。

【习题】

一、选择题

1. 轨距是两股钢轨轨头顶面下（　　）范围内两钢轨作用边之间的最小距离。

　　A. 14 mm　　B. 15 mm　　C. 16 mm　　D. 18 mm

2. 下列哪些国家实行宽轨距（　　）

　　A. 阿根廷　　B. 英国　　C. 日本　　D. 印度

3. 目前我国 60 kg/m 标准钢轨的长度有（　　）两种。

　　A. 4.5 m 和 6 m　　B. 6 m 和 12.5 m　　C. 12.5 m 和 25 m　　D. 6 m 和 25 m

4. 12 号道岔允许的侧向通过速度为（　　）。

　　A. 30 km/h　　B. 45 km/h　　C. 50 km/h　　D. 55 km/h

5. 目前我国铁路线路曲线缩短轨长度有比 12.5 m 标准轨短（　　）三种。

A. 10 mm、20 mm、30 mm　　　　B. 20 mm、45 mm、70 mm
C. 40 mm、80 mm、120 mm　　　 D. 60 mm、90 mm、150 mm

6. 线路上最大轨距（含加宽和偏差）不得超过（　　）。

　　A. 1 440 mm　　　B. 1 450 mm　　　C. 1 456 mm　　　D. 1 460 mm

7. （　　）轨道不属于我国铁路正线轨道。

　　A. 特重型　　　　B. 重型　　　　C. 中型　　　　D. 轻型

8. 在路基地面排水设备中，排水沟用来排除（　　）的水流。

　　A. 地表　　　B. 路堤坡面　　　C. 地表及路堤坡面　　　D. 路堑坡面

9. （　　）不是路堤组成部分。

　　A. 路基面　　　B. 路堤边坡　　　C. 天然护道　　　D. 弃土坑

10. （　　）不能防止线路爬行。

　　A. 增加轨撑　　　B. 拧紧螺栓　　　C. 夯实道床　　　D. 安装防爬设备

二、填空题

1. 接头连接零件是由_____、_____和_____等组成的。
2. 防爬设备包括_____和_____。
3. 我国铁路标准直线轨距为___，曲线部分应_____，加宽的最大值为_____。
4. 我国铁路直线轨道地段的轨底坡规定为___。
5. 辙叉号 N 越大，辙叉角越_____。
6. 道岔辙叉角的____叫辙叉号码或道岔号数。
7. 连接零件分为_____和_____。
8. 道岔的导曲线部分不设_____和_____。
9. 根据《技规》规定，线路设计速度为 200 km/h 路段的路堤两侧不应小于_____m。
10. 我国铁路普通轨枕的一般长度是_____m。

三、名词解释

路肩　　道岔　　跨径　　涵洞

四、简答

1. 请比较路堤式路基和路堑式路基的区别。
2. 路肩的作用是什么？
3. 简述道岔的辙叉号数与其导曲线半径、道岔全长、道岔的辙叉角以及道岔侧向允许通过速度的关系。
4. 钢轨的作用是什么？
5. 小桥和涵洞有哪些区别？

五、实作题

1. 试画出一个 9、12 号道岔。
2. 试画出路堤的横断面图。

项目三　绘制站场图

【案例导入】

1995年3月5日7时05分，某车辆段列检所三班检车员时年32岁，在某站四场一道技检3110次货物列车时，违章侵入邻线二道，被正向二道顶送的3916次列车撞倒轧断左上臂，送医院抢救时截肢，构成重伤。尽管该职工康复出院后，勉强能够生活自理，但由于造成的终身残疾，使他不得不离开他所热爱的工作岗位。

2004年10月4日11时15分，某车务段助理值班员时年35岁，在站内接10385次列车时，因违章侵入临县二道限界，被二道正在溜放的车辆压断右大腿，送医院后其右腿高位截肢。虽然该职工万幸保全了生命，但截肢后已经无法工作，不仅本人承载着巨大的痛苦和精神上的压力，而且还成为其家人精神上的痛苦和生活上的负担。

上述两例事故都是由于铁路职工侵入限界，造成的人身伤害。那么如何保证人身安全呢？除了严格按章办事外，还应该掌握哪些知识呢？本项目将对此一一介绍。

【项目描述】

众所周知，铁路是我国目前主要的运输方式之一，而我国又是个典型的客货共线的国家，不同的列车进入车站后的作业不同，而不同的作业需要在不同的线路上进行，因此，如何识别线路的种类就非常重要。另外线路与线路之间的距离如何设计，才能既减少用地，又保证机车车辆运行的安全。本项目以案例为引导，介绍线路种类、线路间距、限界、线路连接、有效长度等知识。

【学习目标】

本项目参考《技规》和《铁路线路工技能鉴定》，并整理出该项目需要掌握的知识和技能，具体的学习目标如下。

1. 知识目标
① 掌握线路的种类，熟悉股道、道岔的编号。
② 掌握机车车辆限界和建筑接近限界、线路间距。
③ 掌握线路的连接，熟悉车场的类型。
④ 掌握信号机、警冲标的位置，并能推算线路的有效长度。

2. 技能目标
① 识别不同类型的线路，并清楚不同线路的作业。
② 根据示意图，绘制实际站场图。
③ 绘画不同类型的线路连接。

【职业技能需求】

1. 初级线路工

作为一名线路工,应能识别线路的种类,熟悉线路间距,同时,要清楚不同线路的有效长度等知识,以满足工作的需要。

2. 铁路运营相关岗位

铁路运营中的行车调度员、车站值班员、助理值班员、信号员、站务员等岗位都需要认识不同类型的线路,尤其是车站值班员、助理值班员、信号员等铁路职工,作为铁路运营岗位重要的参与者,只有学好这些知识,才能更好地保证列车有序、安全地运行。

【任务驱动】

在铁路行业认识实习中,我们曾经带大家到铁炉车站进行参观,大家也拍下了该车站的平面图,本任务是要求大家根据所拍摄的平面图,利用本项目中所讲的理论知识,按比例画出车站的站场图。

任务一 认识不同种类的线路

【任务描述】

铁路车站是供铁路列车停靠的地方,用于货物的装卸或旅客的乘降。车站一般设有配线,主要办理列车通过、到发及其他技术作业。当一列车到达车站时,车站值班员已经为它排好了进路,当列车从站出发,也需要提前排好进路,那么车站值班员究竟是如何选择接车或发车进路呢?如果列车在该站有其他的技术作业,那么如何为列车选择股道呢?要想更清楚地了解这些问题,就需要对铁路线路中不同种类的线路有全面的掌握和了解。

【任务分析】

我国中间站 6 000 多个,每个车站有大量的线路,不同种类的线路在应用上有不同的区别。如何正确识别线路,如何正确理解线路的使用,这对于铁路工作者来说,都是最基础和最重要的知识。本任务会将常见的各种线路从定义、作用、使用特点等方面进行深入分析。

【相关知识】

一、车站线路的种类

铁路线路分为正线、站线、段管线、岔线及特别用途线。下面我们将详细讲述。

(一)正 线

如图 3-1 所示,正线是连接车站并贯穿或直股伸入车站的线路(或者说,直接与区间连通的线路)。

项目三 绘制站场图

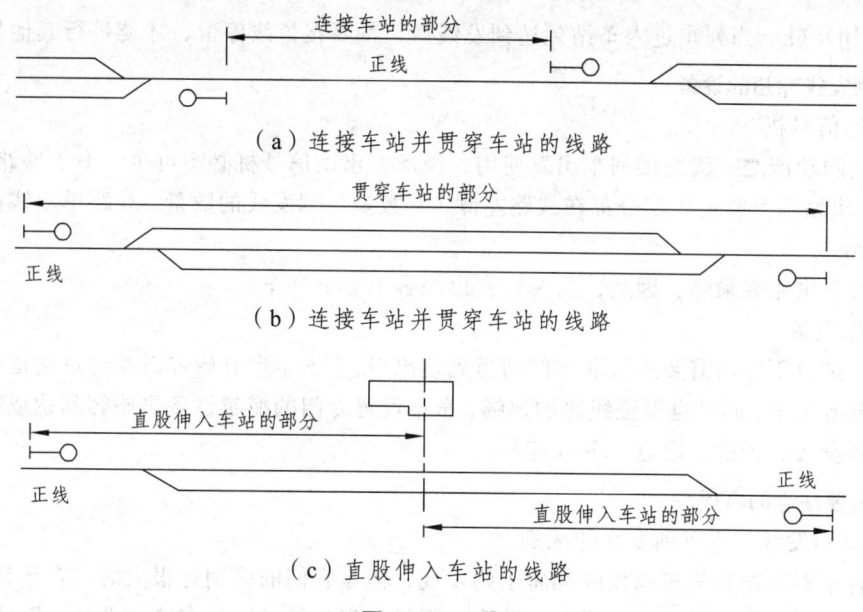

（a）连接车站并贯穿车站的线路

（b）连接车站并贯穿车站的线路

（c）直股伸入车站的线路

图 3-1 正线

1. 正线的作用

正线主要作用是通行列车。目前既有线中主要是供货物列车、客运列车通过使用的，客专正线仅供客运列车使用。正线在通过型车站比较好辨认：其一，由于它贯穿车站，通过列车多，所以通常很光亮，磨损也很大；其二，它直接与站外区间线路连接，一般不用道岔。

2. 正线的类型

正线可以分为区间正线［见图 3-1（a）］和站内正线［见图 3-2（b）、（c）］。连接车站的部分为区间正线，它贯穿车站与相邻车站。区间正线一般是供列车通过使用的。直股深入车站的部分为站内正线。站内正线一般也是供列车通过使用的。在个别的中间站，如果未设牵出线，可占用正线进行牵入牵出，不过，这势必会影响车站的通过能力，因此，这种情况一般出现在行车密度不大，牵出线使用频率不高的车站。

思考问题一：站内正线属于正线吗？

（二）站 线

站线是指车站内除正线以外的线路。下面将常见的几种站线进行详细的分析。

1. 到发线

到发线是供接发旅客和货物列车的线路。

（1）到发线的作用

到发线是每个车站必不可少的线路，也是站线中最常见、最重要的线路。它是站内专门办理列车到达或出发使用的线路。主要用来办理旅客、货物列车的到达及发送。

（2）到发线的特点

① 设置位置特殊。它设置在站内，供列车进入或发出使用。

② 线路是专用的。它主要接、发旅客或货物列车。区间的列车只有接到站内到发线才能接到其他线，同样，在站内的列车，只有先牵到到发线才能发往区间。这一点是非常重要的。

③ 使用特殊。当列车进入车站到达到发线后，都要在该线停留，才能进行其他技术作业。

（3）到发线专用的设备

a. 出站信号机

到发线的功能之一就是供列车出发使用，因此，出站信号机必不可少。由于铁路实行左行制，因此，出站信号机绝大部分都在线路左侧，其数量与到发线的数量、线路单双线都有关系。

b. 站台

由于列车供旅客乘降，因此，需要站台供旅客上、下列车。

c. 横越设备

旅客在站台下车后需要经过既定的通道到达出口，另外，也有旅客需要经过通道到达站台，为了保证旅客安全，同时也保证线路的通畅，车站设置专门的横越设备供旅客到达或离开站台。常见的横越设备有天桥、地道、平过道等。

（4）需要注意的事项

a. 客车到发线与货车到发线的区别

虽然客车到发线和货车到发线都属于到发线，但是它们的区别是很大的。客车到发线由于供旅客乘降，因此，需要站台、雨棚等设施，而货车到发线可以没有这些设施，因此，一般认为客车到发线可以作货车到发线，而货车到发线不能作为客车到发线。

b. 对到发线有效长度的要求

到发线有效长度是指能满足该区段旅客列车最大编组辆数的长度，一般车站为 650～1 000 m。

c. 到发线可以单独设立

到发线可以设置成到达线、出发线，还可以按上下行以及到发线的数量将其进行分类。

2. 调车线

调车线是用来集结车辆、解编列车和停放本站作业车及其他车辆的线路。

（1）调车线的作用

主要用于货物列车解体、集结、编组、停放本站车辆等使用。

（2）影响调车线数量和长度的因素

调车线的数量、有效长及总容车量与车站作业效率、车站改编能力以及到发线能力能否充分发挥有密切关系。影响调车线数量和长度的主要因素有衔接线路方向数、有调作业车的数量及性质、列车编组计划、调车作业方法等。

3. 牵出线

牵出线是站线的一种，主要供调车机车牵出车列进行解体、编组等调车作业。

（1）牵出线的作用

方便调车机车牵出列车，进行解体、编组及转线使用的。

（2）牵出线的特点

① 布置特殊。牵出线一般按尽头式布置。为保证调车作业安全，在牵出线和车场或货场的咽喉区线路连接处外方，设有调车信号机，在牵出线尽头处设有车挡和标志。

② 连接到发线。由于牵出线主要用于车列转线，而车列大部分来自于到发线，因此，牵出线一端必然与到发线相连。

（3）牵出线的数量

牵出线的数量根据衔接区间正线数、行车密度大小、车站调车作业量以及货场设置位置等因素确定。具体的数量将在项目四有关中间站部分进行详述，这里不再细述。

思考问题二：牵出线与调车线的区别在哪里？

4．货物线

（1）货物线的作用

货物线是指专门办理货物装卸作业的线路。为了满足办理货物装卸作业的需要，车站应铺设 1~2 条货物线，长度应满足平均一次来车的长度，此外，还应保证两侧有足够的货位。

（2）货物线的分类

货物线的布置有通过式和尽头式两种。

通过式货物线主要是指线路两端连通到发线，如图 3-2 和图 3-3 所示。通过式取送车、调车都很方便，对列车摘挂作业有利，一般应优先采用。

尽头式货物线如图 3-4 所示，该种布置能节省工程量，地方搬运可少跨越线路，货物线有效利用率高，作业比较安全。

混合式货物线是指通过式货物线与尽端式货物线相结合的布置。在地形困难或有大量牲畜、散装粗杂货物装卸的车站，可采用尽头式或混合式布置（仓库站台线为通过式，装卸牲畜或散装粗杂货物的线路为尽头式）。

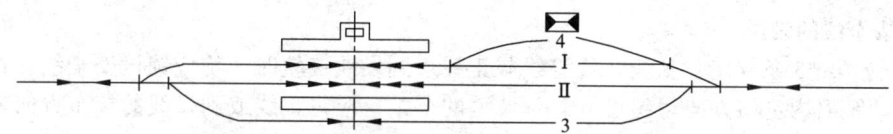

图 3-2　单线铁路中间站通过式货物线布置图

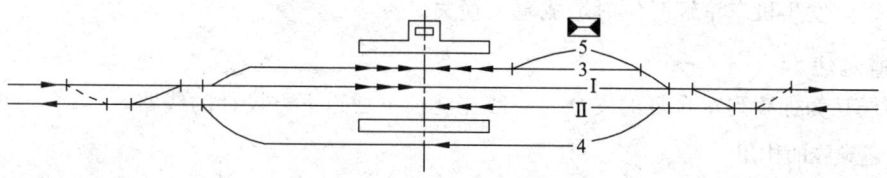

图 3-3　双线铁路中间站通过式货物线布置图

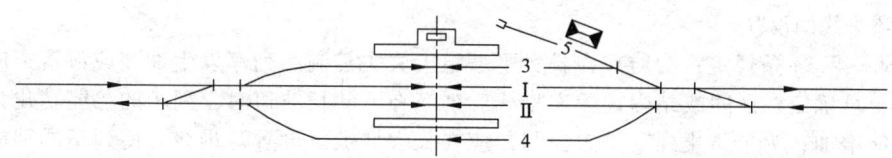

图 3-4　中间站尽头式货物线布置图

5．机走线

机走线即机车走行线，是指铁路车站站场内用于机车转场或折返的股道。一些尽头站（例如青岛站）设置有机走线，供终到旅客列车的牵引机车返回机务段。机走线主要在编组站为方便机车更好地进入机务段及折返段。

6. 机待线

机待线是指机车在库内等待检修（或等待出、入库）的线路。机待线一般设在到发线附近。机走线、机待线的详细内容将在区段中介绍。

7. 整备线

整备线是用于列车整备作业工作的铁路线路。机车整备作业指的是机车运行前的整备和准备工作，包括机车的各项检修、转向、给油、检查、擦拭以及乘务员交接班等工作。

除了上述的线路外，还有加冰线、换装线、站修线等线路，但到发线、调车线、牵出线等线路是常用和非常重要的，是需要深刻理解和掌握的。

（三）特殊用途线

特殊用途线主要是指为保证行车安全而设置的安全线、避难线。在本次任务中只是简单地介绍这些线路，在项目四再作详细介绍。

1. 安全线

（1）安全线作用

安全线为进路隔开设备之一，是防止列车或机车车辆进入另一列车或机车车辆进路的一种安全设备，保证其他线路的安全。

（2）安全线有效长度

其有效长一般应不小于 50 m。坡度宜设计为平道或面向车挡的上坡道。

（3）安全线的设置

《技规》第 53 条规定：岔线、段管线与正线、到发线接轨时，均应铺设安全线。在进站信号机外制动距离内进站方向为超过 6‰ 下坡道的车站，应在正线或到发线的接车方向末端设置安全线。安全线向车挡方向不应采用下坡道，其有效长度一般不小于 50 m。

另外，需注意的是，设置安全线时，应尽量避免将其尽端设在高填方、桥头或设备及建筑物附近，以防发生机车车辆脱轨时造成更大损失。

2. 避难线

避难线是为保障列车自身的安全，一般在陡长下坡道下方设计的线路。

（1）避难线的作用

避难线主要设在山岳或丘陵陡峻地区，是为防止列车在陡长坡道上失去控制发生冲突或颠覆而设计的线路。

（2）避难线的设置

《技规》第 54 条规定：为防止在长大下坡道上失去控制的列车发生冲突或颠覆，应根据线路情况，计算确定在区间或站内设置避难线。列车在下陡长坡道时，列车的势能转化为动能，列车的动能增加，为了防止列车失去控制，应在长大坡道下设置避难线，使列车的动能转化为热能或者势能，从而使列车停止。

（3）避难线的种类

避难线的种类很多，各有优势，具体有三种：尽端式避难线、环形避难线、砂道（套线式）避难线。

a. 尽端式避难线

如图 3-5 所示。依靠逐步升高的坡度来抵消失控列车的动能，迫使其停车。其主要优点是线路建筑长度较短，结构简单，易于养护，安全性能好；缺点是失控列车在较陡的避难线上停车后，可能发生倒溜，因而易造成区间堵塞影响线路能力。

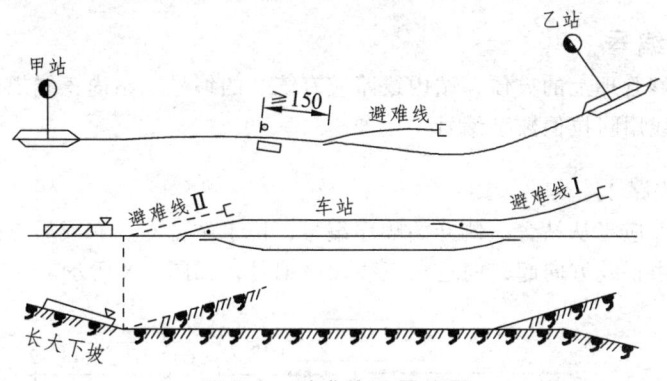

图 3-5　避难线设置位置

b. 环形避难线

如图 3-6 所示。装有弹簧道岔的圆形线路，依靠线路曲线阻力来抵消失控列车的动能，失控列车在圆形线路内运行，直至完全停车。其主要优点是可适应较平坦的地形，失控列车进入环线不堵塞区间，因而不影响线路通过能力；缺点是线路建筑长度较长，且曲线半径小，列车速度高，安全性较差。

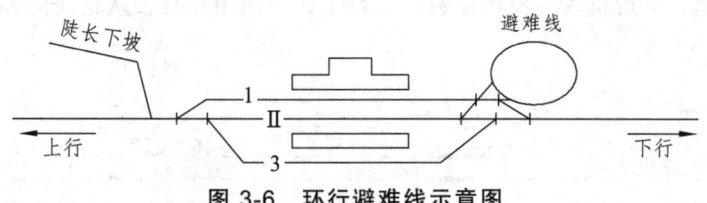

图 3-6　环行避难线示意图

c. 砂道（套线式）避难线

如图 3-7 所示。依靠砂道阻力来抵消失控列车的动能，其主要优点是造价低；缺点是对线路通过能力或到发线的使用影响较大，维修养护困难。

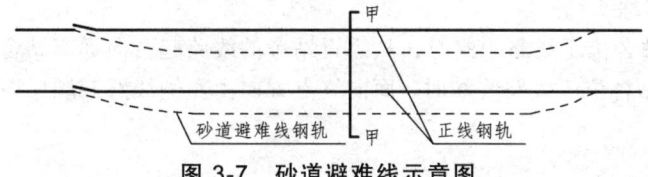

图 3-7　砂道避难线示意图

总体来说，由于尽端式避难线的优点显著，被各国铁路普遍使用。

（四）段管线

段管线是指由机务、车辆、工务、电务、供电等段专用并由其管理的线路。如机务段的机车准备线、机车转头用的三角线、转盘线、卸油线；车辆段内车辆检修作业用的线路和工务、电务、供电段内停留轨道车、作业车及其他车辆用的线路。

（五）岔　线

岔线是指在区间或站内与铁路接轨，通往路内外单位（厂矿企业、砂石场、港口、码头、货物仓库)的专用线路。岔线直接为厂矿企业服务,一般不设车站;有的岔线为了取送车方便,也设了车站,有的按调车办理,有的还需办理闭塞。

二、线路的编号

为了作业和维修管理上的方便,站内线路应有统一的编号。站内正线规定用罗马数字编号(Ⅰ、Ⅱ、…),站线用阿拉伯数字编号(1、2、3、…)。

(一)在单线铁路上

在单线铁路上,应当从站舍一侧开始顺序编号;位于站舍左、右或后方的线路,在站舍前的线路编完后,再由正线方向起,向远离正线顺序编号,如图3-8所示。

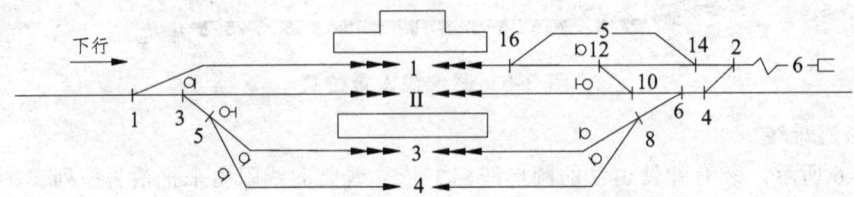

图3-8 单线铁路车站线路、道岔编号

(二)在复线铁路上

在复线铁路上,下行正线一侧用单数,上行正线一侧用双数,从正线向外顺序编号,如下图3-9所示。

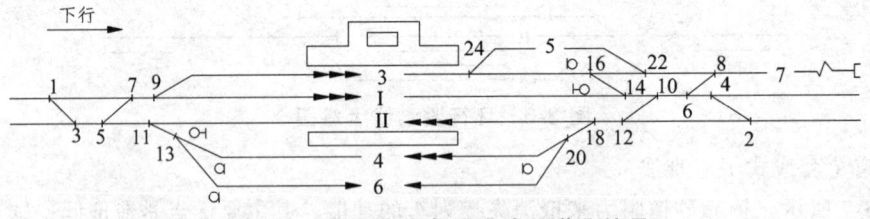

图3-9 双线铁路车站线路、道岔编号

(三)尽头式车站

尽头式车站,站舍位于线路一侧时,从靠近站舍的线路起,向远离站舍方向顺序编号,如图3-10(a)所示。站舍位于线路终端时,面向终点方向由左侧线路起顺序向右编号,如图3-10(b)所示。

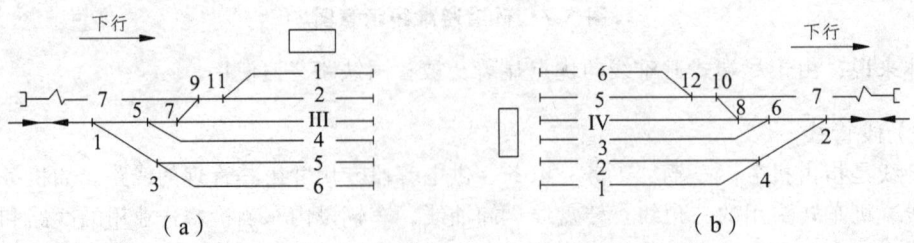

图3-10 尽头式车站线路、道岔编号

(四)在划分车场的车站

在划分车场的车站,股道较多,应按车场各自编号。车场股道的编号亦应从靠近站舍(信号楼)

的股道起,向远离站舍(信号楼)方向顺序编号。股道编号用阿拉伯数字,在股道编号前冠以罗马数字表示车场,如二场三股道,应为Ⅱ3股道。对无站舍(信号楼)的车场,应顺公里标方向从左向右编号。

三、道岔的编号

道岔进行编号时,应该注意总的编码规则:上行咽喉编双号,下行咽喉编单号。上下行咽喉的区分,一般说法是列车从北京出发,先到达的咽喉,为下行咽喉。但具体各条线路和各个站场不同,以设计图纸为准。号码从站外往股道编,从小到大。联动道岔,要连接编号。比如,上行咽喉,2/4#,代表这是进站信号机内方前两组道岔,而且是一组联动。但2号和6号绝对不会是联动道岔。所以在具体设计的时候,个别的道岔,大号码偏站外,这也是常见现象,以设计为准。

具体的原则如下:

① 用阿拉伯数字从车站两端由外向内,由主而次依次编号,上行列车到达端用双数,下行列车到达端用单数。

② 如车站一端衔接两个方向以上(有上行、也有下行),道岔应按主要方向编号。

③ 每一道岔均应编以单独的号码,渡线道岔,交叉渡线道岔及交分道岔等处的联动道岔,应编为连续的单数或双数。

④ 站内道岔,一般以信号楼中心线或车站中心线作为划分单数号与双数号的分界线。

⑤ 当车站有几个车场时,每一车场的道岔必须单独编号,此时道岔号码应使用三位数字,百位数字表示车场号码,个位和十位数字分别表示道岔号码。应当避免在同一车站内有相同的道岔号码。

任务二　线路线间距

【任务描述】

我们应该注意到铁路线路附近有许多的设备、建筑物,那么如何保证机车车辆运行中不会与这些设备、建筑物发生侧撞呢?机车车辆本身都存在一定的宽度和高度,相邻的线路上同时有机车车辆运行时,如何保证它们不会发生侧撞呢?这些问题都涉及线间距,哪些会影响线间距呢?这些问题将在本任务中为大家揭秘。

【任务分析】

线路和线路之间的距离如果太小,就不能保证机车车辆在运行时不与临近的设备、建筑物发生碰撞,但是,如果过大,将会增大车站或区间的宽度,增加铁路修建的成本。因此,如何合理确定线路与线路之间的距离就显得尤其重要。要确定线间距呢?就需要对对机车车辆、建筑设备与相邻线路中心线的距离有深入的了解,本任务将会对这些问题进行详细的分析。

【相关知识】

相邻线路中心线间的距离为线路间距。线路间距应保证行车和站内作业的安全,满足通过超限列车和设置行车及客货运设备的需要。因此,它通常由机车车辆限界、建筑接近限界、超限货物装载限界、线间设备计算宽度和线间办理作业性质需要的安全量等因素确定。为了更好地学习线路间距,应重点掌握限界,下面我们将一一阐述。

一、限 界

（一）限界的定义

为了确保机车车辆在铁路线路上运行的安全，防止机车车辆撞击邻近线路的建筑物和设备，而对机车车辆和接近线路的建筑物、设备所规定的不允许超越的轮廓尺寸线，称为限界。铁路部门为超限货物运输而制定的超限限界图以及站场设计与限界有关的规定，都以铁路限界为依据。

（二）限界的分类

铁路限界是与线路纵向中心线垂直的横断面轮廓。铁路限界主要分为机车车辆限界和建筑接近限界。

1. 机车车辆限界

（1）机车车辆限界的定义

机车车辆限界是一个和线路中心线垂直的极限横断面轮廓，是限制机车车辆横断面最大容许尺寸的轮廓。《技规》规定：机车、车辆无论空重状态，均不得超出机车车辆限界。

我国铁路在按铁路限界设计制造新车（生产后未经运用）时，垂直面内上部最大尺寸，在空载状态下可用到限界最大尺寸；垂直面内下部最小尺寸，须计入静载下（或整备状态下）的弹簧下沉量以及各部最大磨耗量。在确定最大容许制造宽度时，须计入制造公差，但不考虑在曲线运行时由机车车辆走行部分的最大磨耗带来的横向偏移量。机车车辆限界上部限界如图3-11所示，机车车辆限界下部限界如图3-12所示。

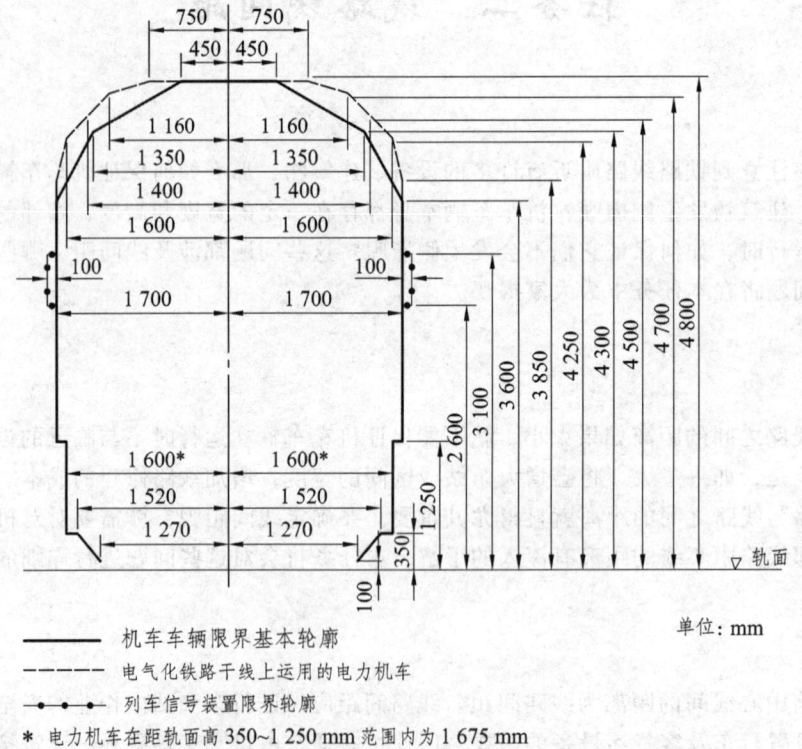

图 3-11 机车车辆上部限界（$v < 200$ km/h）

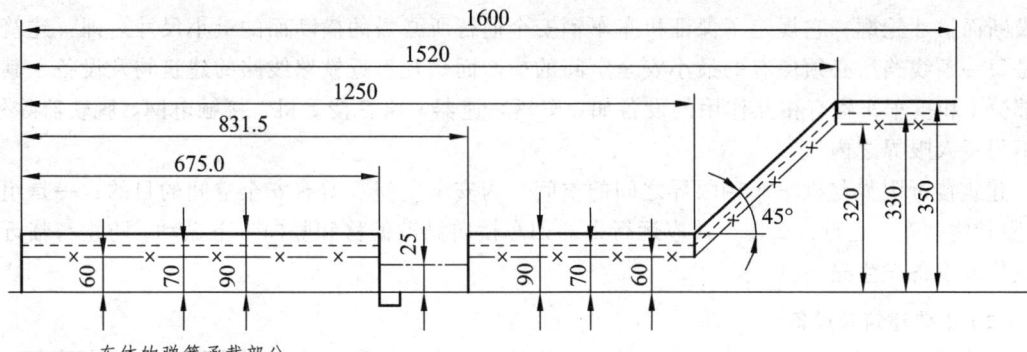

―――― 车体的弹簧承载部分。
------ 转向架上的弹簧承载部分。
—×—×— 非弹簧承载部分。
—·—·— 机车闸瓦、撒砂管、喷油嘴最低轮廓。

图 3-12 机车车辆下部限界（$v < 200$ km/h）

（2）机车车辆限界的作用

机车车辆限界规定了机车车辆不同部位的宽度、高度的最大尺寸和底部零件至轨面的最小距离。它的轮廓尺寸就如一个无形的门，为此机车车辆停在水平直线上、沿车身所有一切突出部分和悬挂部分（无论空重状态），除升起的受电弓外均在轮廓线内。当机车车辆在满载状态下运行时，也不会因产生摇晃、偏移等现象而与线路上其他设备相接触，以保证行车安全。

（3）机车车辆限界部分尺寸说明

① 机车车辆的中部最大高度，限界规定为 4 800 mm，因此机车车辆顶部的任何装置，如高烟囱、放置防火罩或天窗的开度等，均应保持在 4 800 mm 以内，防止机车车辆顶部与桥梁、隧道上部相撞。

② 机车车辆在钢轨水平面上部 1 250～3 600 mm 范围内，其宽度规定为 3 400 mm，但为了安装路签授受机及悬挂列车侧灯，允许左右各加宽 100 mm。

③ 在钢轨水平面上 1 250 mm 高度以下，机车车辆宽度应逐渐缩减，因为在这个范围内，建筑物和设备较多，如站台、道岔转辙器、电气装置等，为防止与这些设备接触，所以规定不同的限界要求。

④ 距钢轨水平面 350 mm，是机车脚蹬板及客车车梯距轨面的限界。

⑤ 机车车辆限界的半宽为 1 700 mm。

⑥ 距钢轨水平面 250 mm，是轴箱底部距轨面的限界。

⑦ 距线路中心线 1 450 mm，是机车车辆同一车轴两轴箱外侧，距线路中心线的限界。

⑧ 距线路中心线 1 290 mm，是机车车辆下部距线路中心线的限界。

⑨ 距钢轨水平 110 mm，是机车排除故障器距轨面的限界。

⑩ 在钢轨附近限界规定了几种距轨面最低的标准尺寸。25 mm 的限界要求，是指撒砂管端口、机车车辆闸瓦在轮箍最薄和车架弹簧下沉最低的情况下距离轨面的尺寸，目的是避免与轨面接触，造成脱轨事故；38 mm 是指机车车辆在两轨间的底部悬挂物（如制动拉杆、安全托等）距离轨面的要求；50 mm 是指机车排障器距轨面的要求。

2. 建筑接近限界

（1）建筑接近限界的定义

建筑接近限界是邻近线路的建筑物或设备（机车车辆相互作用的设备除外）不得侵入的最

小横断面尺寸轮廓,它规定了保证机车车辆安全通行所必需的横断面的最小尺寸。即:建筑限界是每一条线路所必须保有的最小安全空间的横断面。凡靠近铁路线路的建筑物及设备,其任何部分(和机车车辆有相互作用的设备如:车辆减速器、路签授受机、接触电网、脱轨器除外)都不得侵入限界之内。

建筑接近限界与机车车辆限界之间的空间,为安全空间。留有安全空间的目的:一是组织"超限货物列车"运行;二是为适应运行中的列车横向晃动偏移和竖向上下振动,防止与临近的建筑物或设备发生碰撞。

(2)主要建筑及设备

铁路线路附近主要的建筑和设备是指:信号机、水鹤、警冲标、货物站台、旅客站台、站房、电力照明支柱等。这些设备在设置时,必须收纳在限界中,以保证列车静态或动态时不会与周边的建筑设备发生冲撞。

(3)限界的要求

铁路线路附近的建筑和设备距相邻的线路中心线有一定的距离,以保证列车安全、人身安全同时不影响办理规定的作业。

(4)直线部分建筑接近限界

客货共线铁路建筑限界($v \leqslant 160$ km/h),如图 3-13 所示。

客运专线铁路建筑限界(200 km/h $\leqslant v \leqslant 350$ km/h),如图 3-14 所示。

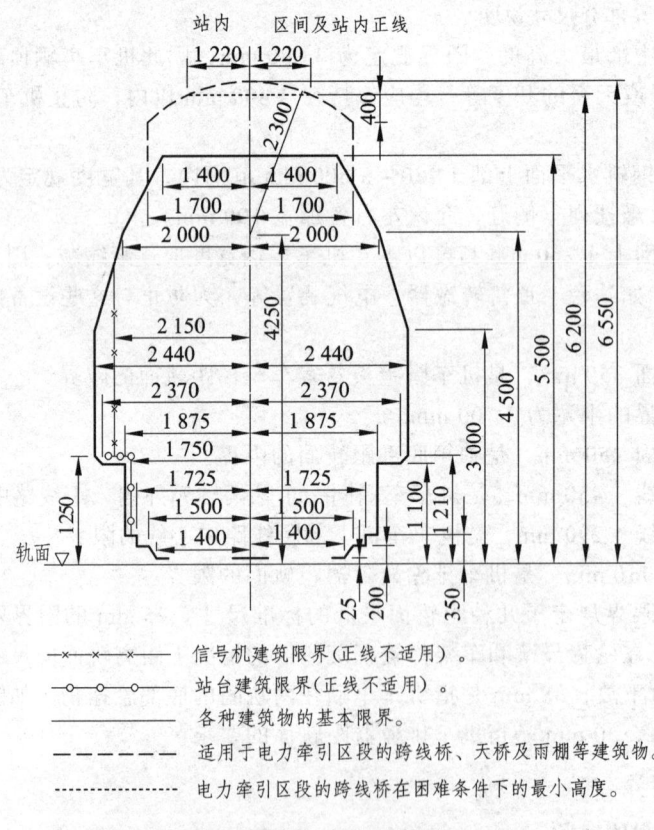

图 3-13 客货共线铁路建筑限界($v \leqslant 160$ km/h)

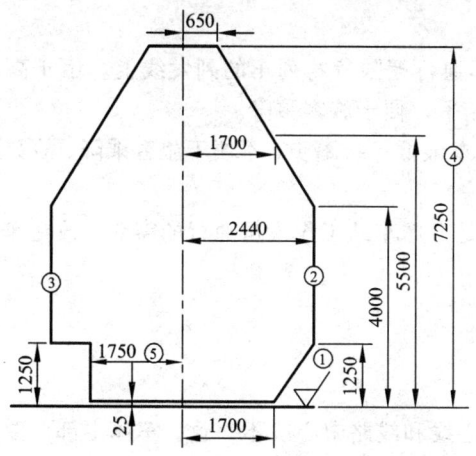

① 轨面高程
② 区间及站内正线（无站台）建筑限界
③ 有站台时建筑限界
④ 轨面以上最大高度
⑤ 站内侧线股道中心至站台边缘的宽度

图 3-14　客运专线铁路建筑限界（200 km/h≤v≤350 km/h）

从上图中，我们可以看到旅客站台上柱类建筑物离站台边缘至少 1 500 mm，建筑物离站台边缘至少 2 000 mm。旅客站台分为低站台、高站台，低站台高度为 300 mm、500 mm，高站台高度 1 250 mm。货物站台的高度为 1 100 mm。在非电气化区段的车站上，车辆调动频繁的站场内，天桥的高度不得少于 5 800 mm。货物高站台边缘（只适合于线路的一侧）在高出轨面距离 1 100～4 800 mm 间，距线路中心线距离可按 1 850 mm 设计。

按建筑接近限界的规定，直线地段的各种主要建筑物或设备至线路中心线的距离应符合表 3-1 的要求。

表 3-1　主要建筑物和设备至线路中心线的距离（v≤160 km/h）

序号	建筑物和设备名称		高出轨面距离（mm）	至线路中心线的距离（mm）
1	信号机、水鹤、跨线桥、天桥、雨棚（距正线与通行超限货物列车的站线）		1 100 以上	2 440
2	接触网、电力照明等支柱内缘（距正线与通行超限货物列车的站线）		1 100 以上	2 440
3	信号机、水鹤（距不通行超限货物列车的站线）		1 100 以上	2 150
4	货物高站台边缘（只适合于线路的一侧）		1 100～4 800	1 850
5	一般货物站台边缘		1 100	1 750
6	旅客站台边缘	高站台	1 100	1 750
		一般旅客站台	500	1 750
		邻靠正线及通行超限货物列车线路旁侧的旅客站台	300	1 750
7	车库门、转盘、洗车驾、轨道衡、专用煤水线、洗罐线、机车走行线上的建筑物、高出轨顶 4 800 mm 以上的跨越式漏斗仓的边缘等		1 100 以上	2 000

对部分数据进行解释:

① 高出轨面 500 mm 的旅客站台适用于不通行超限货物列车的到发线上。由于高出轨面 500 mm 的站台面基本上与客车最低一级踏步相平,便于旅客乘降。

② 高出轨面 300 mm 的旅客站台面低于客车最低一级踏步,不便于旅客乘降,故只适用于正线或通行超限货物列车的站线一侧站台。

③ 围墙外缘距线路中心不小于 3 500 mm 是考虑车站工作人员通行的需要。改建车站,在困难条件下,该距离可不小于 3 000 mm。

(三) 曲线上建筑接近限界加宽

1. 曲线上建筑接近限界加宽的原因

机车车辆通过曲线线路时,其车体纵向中心线和线路中心线不一致,车体中部向曲线内侧偏移($W_平$),车体端部向曲线外侧偏移($W_外$),如图 3-15 所示,车体与建筑限界之间的安全空间减小。同时,由于曲线地段的外轨超高使车体向曲线内侧倾斜($W_立$),如图 3-16 所示,也使车体与建筑限界之间的安全空间减小。为了排除偏移所造成的障碍,可以按照偏移的程度将附近建筑物挪远,使机车车辆处于运行在直线线路上的状态,这种方法称作建筑限界的曲线加宽。

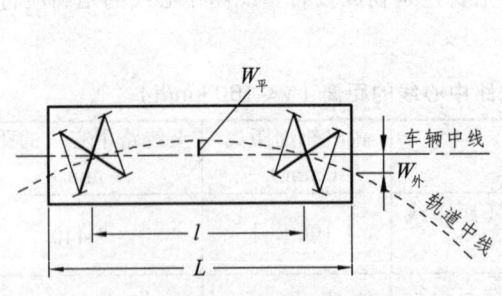

图 3-15 曲线地段车体偏移

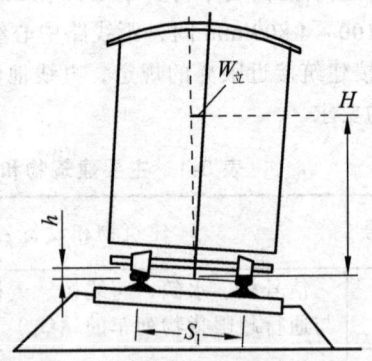

图 3-16 曲线地段车体立面偏移

2. 曲线内外侧限界加宽

根据上述曲线建筑接近限界加宽的原因,可以发现曲线内侧和外侧均需加宽。

(1) 曲线上建筑接近限界内侧加宽

曲线内侧限界加宽($W_内$)由车体中心向轨道中心内侧的平面偏移($W_平$)和车体内侧的立面偏移($W_立$)两部分构成。

从图 3-17 中可知,车体中心线向轨道中心内侧的平面偏移主要取决于车体转向架中心销之间的距离 l 和曲线半径 R 的大小,如果 l 大 R 小,车体偏入曲线内侧的距离 $W_平$ 就越大。

根据相交弦定理:

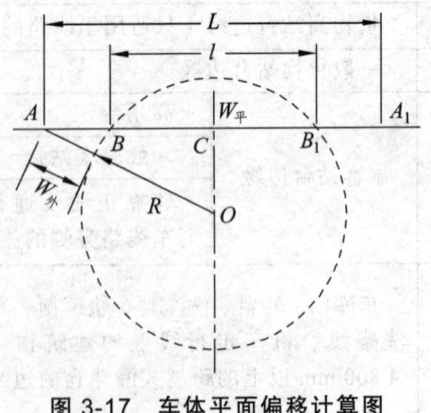

图 3-17 车体平面偏移计算图

$$(2R - W_{平}) \times W_{平} = \frac{l}{2} \times \frac{l}{2}$$

展开后，由于 $W_{平}^2$ 数值很小，略去后得：

$$W_{平} = \frac{l^2}{8R}$$

为满足各种车辆的需要，我国采用车体长 $L = 26$ m、$l = 18$ m 的大型车体作为计算车辆，将 l 的值带入上式得：

$$W_{平} = \frac{40\,500}{R} \text{（mm）}$$

从图 3-16 看，因曲线外轨设置超高而引起的车体内侧的立面偏移 $W_{立}$ 有如下特征：

$$\frac{W_{立}}{H} = \frac{h}{S'}$$

式中：H 为轨面至计算点的高度，当建筑物或设备的高度大于或等于车体突出点的高度 3 850 mm 时，H 值采用车体突出点的高度 3 850 mm，当建筑物或设备的高度小于车体突出点的高度时，H 值采用建筑物或设备的高度；S' 为内外侧钢轨中心间的距离，采用 1 500 mm。

因此

$$W_{立} = \frac{H}{1\,500} \times h \text{（mm）}$$

综上所述：

$$W_{内} = W_{平} + W_{立} = \frac{40\,500}{R} + \frac{H}{1\,500} \times h \text{（mm）}$$

（2）曲线上外侧限界加宽

曲线外侧限界加宽（$W_{外}$）是由车体端部向曲线外侧偏移（$W_{外}$）形成的。

从图 3-17 中看出，$W_{外}$ 的计算可根据勾股定理来确定，即：

$$(R + W_{外})^2 = \left(\frac{L}{2}\right)^2 + (R - W_{平})^2$$

展开后略去 $W_{外}^2$ 和 $W_{平}^2$，将 $L = 26$ m 带入，则得：

$$W_{外} = \frac{L^2}{8R} - W_{平} = \frac{44\,000}{R} \text{（mm）}$$

各加宽量的计算，通常整成 5 mm 的整数倍。

例 1 某单线车站如图 3-18 所示，1 道、Ⅱ 道之间设有宽度为 410 mm 的高柱信号机，1 道、Ⅱ 道的曲线半径分别为 1 000 m，其中 1 道外轨超高 40 mm，Ⅱ 道外轨超高为 60 mm。Ⅱ 道、3 道间的中间站台长、宽、高为 400 m、5 m、0.3 m。试确定 Ⅱ 道上下行方向出站信号机边缘和中间站台边缘至 Ⅱ 道线路中心线的最小距离。

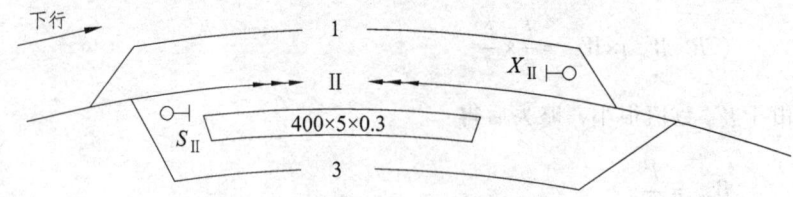

图 3-18 位于曲线上的某单线车站

解 X_{II} 位于曲线外侧，X_{II} 边缘离开 II 道线路中心线的最小距离为：

$$2\,440 + W_{外} = 2\,440 + \frac{44\,000}{1\,000} = 2\,484 \approx 2\,485\,(\text{mm})$$

S_{II} 位于曲线的内侧，S_{II} 边缘离开 II 道线路中心线的最小距离为：

$$2\,440 + W_{内} = 2\,440 + W_{平} + W_{立} = 2\,440 + \frac{40\,500}{R} + \frac{H}{1\,500} \times h$$

$$= 2\,440 + \frac{40\,500}{1\,000} + \frac{3\,850}{1\,500} \times 60 = 2\,634.5 \approx 2\,635\,(\text{mm})$$

中间站台位于曲线内侧，中间站台边缘离开 II 道线路中心线的最小距离为：

$$1\,750 + \frac{40\,500}{R} + \frac{H}{1\,500} \times h = 1\,750 + \frac{40\,500}{1\,000} + \frac{2\,300}{1\,500} \times 60$$

$$= 1\,802.5 \approx 1\,805\,(\text{mm})$$

答：II 道上行方向的出站信号机边缘最小距离是 2 635 mm，II 道下行方向的出站信号机边缘最小距离是 2 485 mm，中间站台边缘至 II 道线路中心线的最小距离是 1 805 mm。

总结：本例子主要是练习曲线上限界加宽问题。遇到这种问题，通常，首先找到我们所求的建筑、设备，然后判断建筑、设备在所求线路中心线的内侧还是外侧，最后根据曲线加宽的公式进行计算即可。值得注意的是，我们一般计算的结果都不是 5 的整数，我们需要将其整成为 5 mm 的整数倍。

二、线路间距

（一）直线间线路间距

1. 线路间距要求

在车站上，相邻两线路中心线间的距离，一方面要保证行车安全，作业安全及便利，另一方面还要考虑通行超限货物列车和两线间装设行车设备的需要。

2. 决定线间距的因素

① 机车车辆限界。

② 建筑限界。

③ 超限货物装载限界。货物装车后，车辆停留在水平直线上，货物的任何部位超出机车车辆限界基本轮廓者或车辆行经半径为 300 m 的曲线时，货物的计算宽度超出机车车辆限界基本轮廓者，均为超限货物。因此，超限货物限界大于机车车辆限界。

④ 设置在相邻线路间有关设备的计算宽度。设置在线路之间的设备主要是出站信号机、

站台等。一般情况下,中间站台常用的计算宽度为 8 m、9 m、12 m 等,具体在项目四中有详细的说明。出站信号机的计算宽度为 380 mm 和 410 mm。

⑤ 在相邻线路间办理作业的性质。工作人员在线路之间进行不同的作业,所需的安全余量也不同。比如:两线路之间无作业、无设备时,两侧灯之间保证不停车、不会车的安全宽度为 400 mm;当牵出线上有调车作业时,调车作业的安全余量为 1 500 mm,等等。

3. 直线地段线间距的确定

在线路的直线地段上,站内两相邻线路中心线的线间距应符合表 3-2 中的规定。客运专线铁路线间距如表 3-3 所示。

表 3-2 客货共线铁路线路间距

顺序	名　称			线间最小距离（mm）
1	区间双线	$v \leq 120$ km/h		4 000
		120 km/h$<v \leq$160 km/h		4 200
		160 km/h$<v \leq$200 km/h		4 400
2	三线及四线区间的第二线与第三线			5 300
3	站内正线			5 000
4	站内正线与相邻到发线	无列检作业		5 000
		有列检作业或上水作业	$v \leq 120$ km/h	一般	5 500
				改建特别困难	5 000
			120 km/h$<v \leq$160 km/h	一般	6 000
				改建特别困难	5 500
			160 km/h$<v \leq$200 km/h	一般	6 500
				改建特别困难	5 500
5	到发线与相邻到发线			5 000
6	站内相邻两线均通行超限货物列车			5 300
7	站内相邻两线只有一条通行超限货物列车			5 000
8	铺设列检小车轨道的两到发线			5 500
9	换装线			3 600
10	编组站、区段站的站修线与相邻一条线			8 000
11	牵出线与其相邻线	调车作业繁忙车站		6 500
		改建困难或仅办理摘挂取送作业		5 000
12	站内中间设有接触网支柱的相邻线			6 500
13	线间设有融雪设备的相邻线			5 800
14	安全线与其他线路			5 000
15	其他站线			4 600

表 3-3 客运专线铁路线间距

顺序	名　称		线间设施	线间最小距离（mm）
1	区间正线、站内正线	200 km/h		4 400
		200 km/h<v≤250 km/h		4 600
		250 km/h<v≤300 km/h		4 800
		300 km/h<v≤350 km/h		5 000
2	正线与相邻到发线		无	5 000
			声屏障	5 940 + 结构宽
			接触网支柱	5 200 + 结构宽
			雨棚柱	4 590 + 结构宽
			有站台	3 530 + 结构宽
3	到发线间或到发线与其他线		无	5 000
			有站台	3 500 + 结构宽
			接触网支柱	5 000 + + 结构宽
			雨棚柱	4 300 + 结构宽
4	正线与其他线			5 000

站内正线须保证超限货物列车通过。此外，在编组站、区段站及区段内选定的 3~5 个中间站上，单线铁路应另有一条线路，双线铁路上、下行各另有一条线路，须能通行超限货物列车。

（二）曲线地段线间距的确定

在曲线地段，为了保证列车运行安全，使曲线地段两列车间的净空等于直线地段两列车间的净空，曲线地段线路间距应适当加宽，其加宽量与曲线地段建筑物限界加宽量相同。

1. 曲线段相邻两线之间有建筑物或设备

曲线内侧加宽值：

$$W_{内} = W_{平} + W_{立} = \frac{40\,500}{R} + \frac{H}{1\,500} \times h \quad (\text{mm})$$

曲线外侧加宽值：

$$W_{外} = \frac{L^2}{8R} - W_{平} = \frac{44\,000}{R} \quad (\text{mm})$$

式中：R 为曲线半径（m）；H 为计算点自轨面算起的机车车辆限界计算点的高度（mm）；h 为外轨超高（mm）。

例 2 试计算图 3-18 中 Ⅰ 道与 Ⅱ 道的线路间距。

解 $X_Ⅱ$ 位于 Ⅱ 道外侧，$X_Ⅱ$ 边缘离开 Ⅱ 道线路中心线的最小距离为：

$$2\,440 + W_外 = 2\,440 + \frac{44\,000}{1\,000} = 2\,484 \approx 2\,485\,(\text{mm})$$

$X_Ⅱ$位于1道内侧，$X_Ⅱ$边缘离开1道线路中心线的最小距离为：

$$2\,440 + W_内 = 2\,440 + W_平 + W_立 = 2\,440 + \frac{40\,500}{R} + \frac{H}{1\,500} \times h$$

$$= 2\,440 + \frac{40\,500}{1\,000} + \frac{3\,850}{1\,500} \times 40 = 2\,583 \approx 2\,585\,(\text{mm})$$

1道与Ⅱ道之间的线路间距为：

$$2\,485 + 2\,585 + 410 = 5\,480\,(\text{mm})$$

答：1道与Ⅱ道之间的线路间距为5 480 mm。

总结：若曲线地段相邻两线间设有建筑物或设备，相邻线间距应考虑曲线地段的建筑限界内外侧加宽量，分别计算出建筑物或设备边缘距线路中心线的距离，再加上建筑物或设备的宽度。

2. 曲线段相邻两线无建筑物或设备

若曲线地段相邻两线路之间无建筑物或设备，两曲线半径相同，最小线路间距可按下列两种情况计算确定：

① 当外侧线路外轨超高大于内侧线路超高时，由于外侧线路车体内倾，在立面上车体上部空间减少了两线间的净空，而内侧线路上的车体，又增加了两线间的净空。因此，在计算曲线内侧加宽时，应减去内侧曲线超高造成的净空增加值，即

$$S_曲 = S_直 + \frac{84\,500}{R} + \frac{H}{1\,500} \times (h_外 - h_内)\,(\text{mm})$$

② 当内侧线路外轨超高大于或等于外侧线路的超高时，内侧线路上的车体内倾加大，增大了车体上部两线间的净空，即

$$S_曲 = S_直 + \frac{84\,500}{R}\,(\text{mm})$$

任务三　线路连接

【任务描述】

机车车辆或列车需要进行不同的作业，而作业的过程离不开下部轨道的引导，也就是列车需要在线路之间进行移动，因此，需要线路不仅能保证列车顺利转线，而且要保证某些线路之间有一定的连接通道，这就是我们本任务要学习的重点知识。

【任务分析】

线路的种类很多，不同线路之间需要进行连接，连接形式有哪些？这些线路之间究竟如何连接，才能在尽量降低工程费用的情况下，保证机车车辆安全运营呢？这些都是在进行线路设计中必然要用到的知识，在本任务中，将会对其进行详细的分析。

【相关知识】

一、相邻道岔中心间的距离确定

设计车站时,为了缩短车站咽喉长度以及机车车辆站内走行距离,节省工程投资及运营费用,相邻道岔应力求排列紧凑。但如果两岔心间距离太短,则会影响行车的安全、平稳及道岔使用年限。为此,有关规章规定了两相邻道岔间的最小距离。该距离与道岔配列的形式及其办理的作业性质有关。

(一)相邻两道岔中心间的距离设计要求
① 使整个咽喉长度达到最短。
② 尽量节省工程费和运营费。
③ 保证必要的行车速度和作业安全。

(二)道岔在线路的位置

1. 道岔在线路的同、异侧

① 道岔在线路的同侧(如图 3-19 所示)。

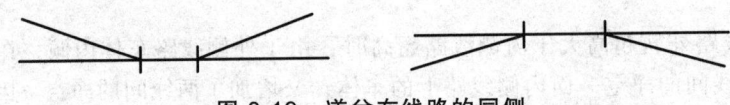

图 3-19　道岔在线路的同侧

② 道岔在线路的异侧(如图 3-20 所示)。

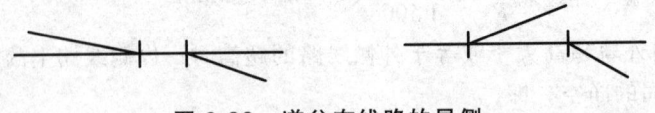

图 3-20　道岔在线路的异侧

2. 道岔与相邻道岔对向、顺向、背向

① 道岔与相邻道岔对向(如图 3-21 所示)。

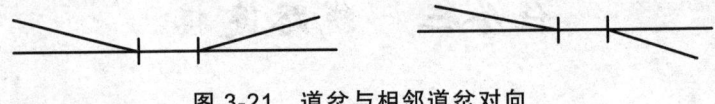

图 3-21　道岔与相邻道岔对向

② 道岔与相邻道岔顺向(如图 3-22 所示)。
③ 道岔与相邻道岔背向(如图 3-23 所示)。

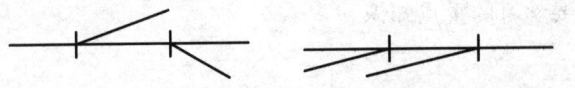 

图 3-22　道岔与相邻道岔顺向　　　图 3-23　道岔与相邻道岔背向

(三)道岔组合配列形式

道岔组合配列形式如图 3-24 所示。

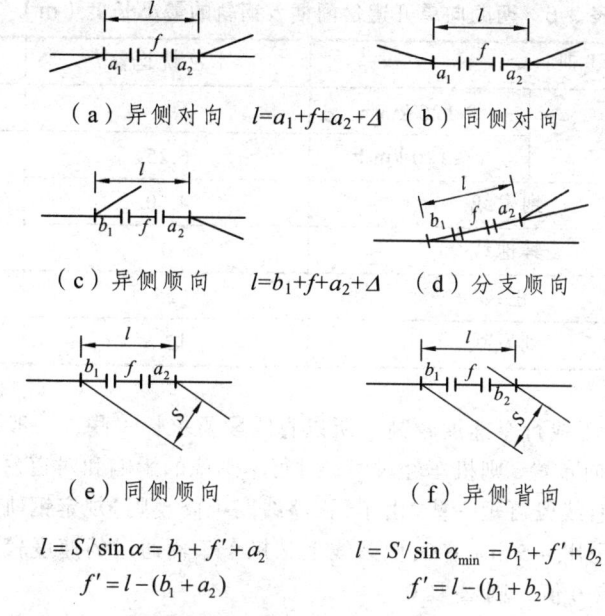

图 3-24 道岔组合配列形式

图中，a、b 值在项目二中已经讲述，S 为相邻线路的最小容许间距，f 为两相邻道岔间插入钢轨的最小长度，Δ 为轨缝宽度（按 8 mm 计）。$\sin\alpha$ 为道岔辙叉角的正弦值。

（四）相邻道岔间插入钢轨的最小长度

根据《铁路车站及枢纽设计规范》规定，f 取值如表 3-4、表 3-5 所示。

① 两对向单开道岔间插入钢轨的最小长度如表 3-4 所示。

表 3-4 两对向单开道岔间插入钢轨的最小长度（m）

线别		f（有列车由一侧线进入另一侧线时）		线别		f（无列车由一侧线进入另一侧线时）
		一般情况	困难情况			
普通铁路	正线 $v>120$ km/h	12.5	12.5	普通铁路	正线 $v>120$ km/h	12.5
	正线 $v\leqslant120$ km/h	12.5	6.25		正线 $v\leqslant120$ km/h	6.25
	到发线	6.25	6.25		到发线	0
	其他线	0	0		其他线	0
高速铁路	正线	50	33	高速铁路	正线	25
	到发线	25	25		到发线	25

② 两顺向单开道岔间插入钢轨的最小长度如表 3-5 所示。

表 3-5　两顺向单开道岔间插入钢轨的最小长度（m）

线别			木岔枕道岔	混凝土岔枕道岔
普通铁路	正线	$v>120$ km/h	—	12.5
		$v\leqslant 120$ km/h	6.25	8.0
	到发线		4.50	
	其他线		0	
高速铁路	正线		25	25
	到发线		12.5	12.5

表 3-4、表 3-5 中正线行车速度较高，所以直线段要求长一些，一般取 12.5 m（一根钢轨的长度）。如两道岔顺向布置，则机车经过时，对行车平稳的影响和对道岔损害程度没有对向布置的严重，因此，插入直线段可短一些。由于《铁路线路维修规则》规定钢轨最短不能小于 4.5 m，所以在困难情况下可采用 4.5 m。在其他站线上，机车车辆通过的速度较低，直线插入段可以不设，则 $f=0$。若 f 取 0 值，则 Δ 取 0。

因混凝土岔枕结构需要，不论何种线路条件，均采用不小于 6.25 m。

当相邻两组道岔为不同种类的岔枕连接时，由于其间插入钢轨的最小长度站线不宜小于 12.5 m，正线上需满足道岔两端各有 50 根同种类轨枕过渡的要求，故两道岔间的距离较长，既影响投资，也使咽喉结构松散，因此宜采用同种类岔枕的道岔相连接。

例 3　图 3-25 所示为某站一端咽喉区布置示意图，已知该站道岔直向通过速度为 $v=120$ km/h，木岔枕道岔，试确定各种道岔配列形式两相邻岔心间的距离。

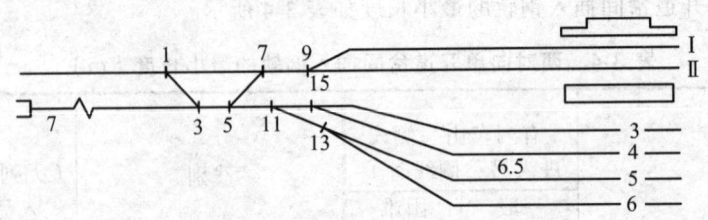

图 3-25　某站一端咽喉区布置

解　① 确定各道岔的辙叉号数：根据《技规》的规定，图中 1、3、9 道岔应为 12 号辙叉，其余为 9 号辙叉。

② 确定各种道岔配列形式两相邻岔心间的距离：

3~5 号道岔为同侧对向配列形式：

$$l = a_1 + f + a_2 + \Delta = 16.853 + 0 + 13.839 + 0 = 30.692 \text{（m）}$$

7~9 号道岔为异侧对向配列形式：

$$l = a_1 + f + a_2 + \Delta = 13.839 + 6.25 + 16.853 + 0.008 = 36.950 \text{（m）}$$

5~11 号道岔为异侧顺向配列形式：

$$l = b_1 + f + a_2 + \Delta = 15.009 + 4.5 + 13.839 + 0.008 = 33.356 \text{（m）}$$

11~13 号道岔为分支顺向配列形式：

$$l = b_1 + f + a_2 + \Delta = 15.009 + 0 + 13.839 + 0 = 28.848 \text{ (m)}$$

11~15 号道岔为同侧顺向配列形式：

$$l = S/\sin\alpha = 6.5/\sin 6°20'25'' = 6.5/0.110433 = 58.850 \text{ (m)}$$

答：3~5 号道岔岔心距离为 30.692 m，7~9 号道岔岔心距离为 36.950 m，5~11 号道岔岔心距离为 33.356 m，11~13 号道岔岔心距离为 28.848 m，11~15 号道岔岔心距离为 58.850 m。

总结：首先确定线路种类，其次确定道岔的码数，再次，在前者基础上确定插入直线的值，最后，根据道岔的配列确定相邻岔心的距离。

二、线路的连接形式

车站线路连接主要有线路终端连接、渡线连接、梯线连接及线路平行错移连接。

（一）线路终端连接

1. 终端连接的组成

在站场设计中，将相邻两平行线路中的一条线路终端与另一条线路连接起来，便构成最常见的普通式线路终端连接，称为终端连接，如图 3-26 所示。

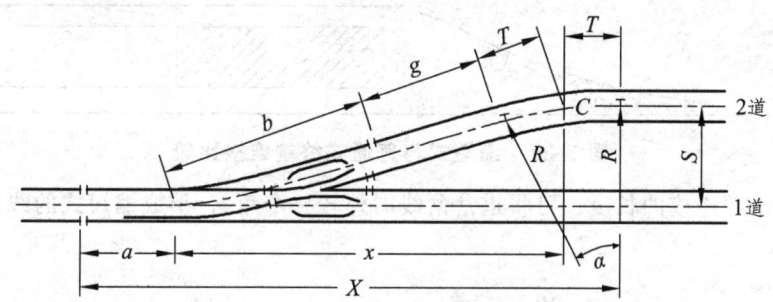

图 3-26 普通线路终端连接

从图 3-26 中可以看出，它是由一副单开道岔、一段连接曲线及道岔与曲线间的直线段组成。

2. 各部分长度的计算

为了标定曲线及全部连接长度，应确定角顶 C 的坐标，即：

$$x = (b + g + T)\cos\alpha$$
$$y = (b + g + T)\sin\alpha = S$$

全部连接长度在水平方向的投影为：

$$X = a + x + T$$

连接曲线切线长度为：

$$T = R\tan(\alpha/2)$$

式中，R 为连接曲线半径，其值不应小于连接道岔的导曲线半径，根据道岔辙叉号码不同，分别选用 200 m、300 m 和 400 m。其中最常使用的 R 为 400 m。

道岔与连接曲线间的直线段 g 的长度为：

$$g = S/\sin\alpha - (b + T)$$

直线段 g 的长度除应满足线间距离的要求外，其最小长度还应满足道岔前后曲线轨距加宽的要求。曲线轨距加宽值及夹直线长度如表 3-6 所示。

表 3-6　道岔与其连接曲线间夹直线最小长度

圆曲线半径（m）	轨距加宽值（mm）	岔前夹直线最小长度（m）	岔后夹直线最小长度（m）
$R \geq 350$	0	0	2
$300 \leq R < 350$	5	2	4
$R < 300$	15	5	7

注：① 道岔前后两端连接曲线设有缓和曲线时，可不插入直线段；
　　② 道岔采用混凝土岔枕时，岔后直线段长应为道岔跟端至末根岔枕的距离与轨距加宽递减所得长度之和；
　　③ 连接曲线需设超高时，应按超高顺坡设直线段。

3. 缩短式线路终端连接

当两平行线路的线间距很大时（如机务段、货场、车辆段等地），如按上述方式连接，则全部连接的长度就很长，如图 3-27 所示。

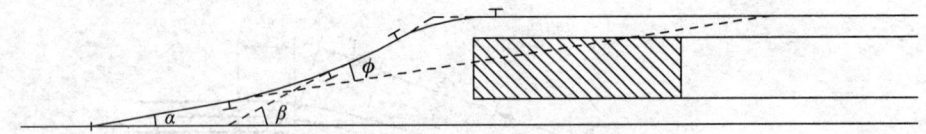

图 3-27　缩短式与普通式终端连接比较

为了缩短全部连接的长度，可将道岔岔线向外转一个角 ϕ，形成缩短式的线路终端连接，如图 3-28 所示。

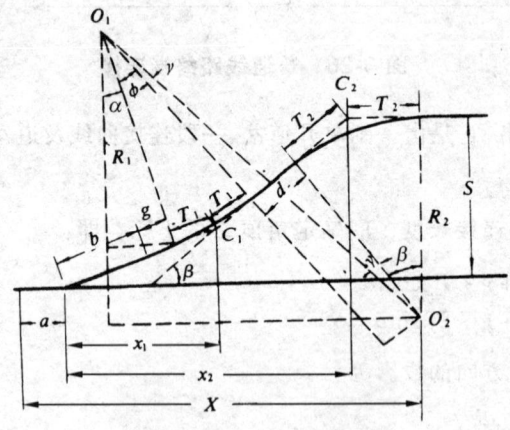

图 3-28　缩短式终端连接

这种线路连接方式需要铺设一根附加曲线，并在道岔终点与附加曲线起点间设置直线段 g，在反向曲线间设置直线段 d。直线段 g 应根据连接曲线对轨距加宽的要求确定。直线段 d 在通行正规列车的线路上应不短于 20 m，不通行正规列车的站线上应不短于 15 m，在困难条件下，亦不能短于 10 m。

（二）渡线连接

为了使机车车辆能从一条线路进入另一条线路，应设置渡线。

1. 普通渡线

普通渡线设在两平行线路之间，由两副辙叉号数相同的单开道岔及两道岔间的直线段组成。图3-29所示是最常见的一种渡线。

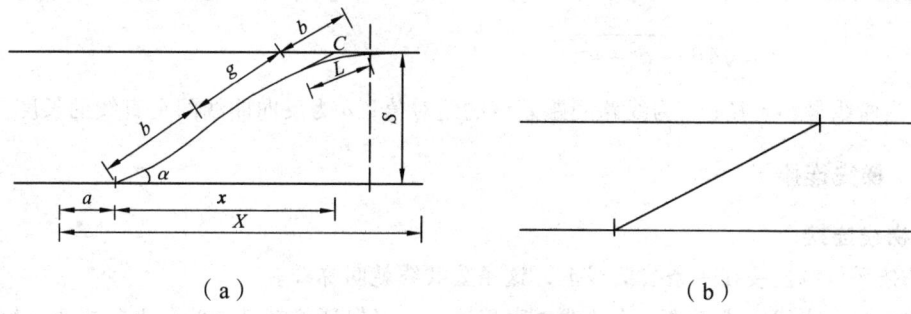

图 3-29　普通渡线

若两道岔的辙叉号码已经选定，线间距 S 为已知，则渡线在水平和垂直方向的投影为：

$$x = (2b + f + \Delta)\cos\alpha = S/\tan\alpha \approx SN$$

$$y = (2b + f + \Delta)\sin\alpha = S$$

$$f = S/\sin\alpha - 2b - \Delta$$

全部连接长度在水平方向的投影为：

$$X = 2a + x$$

2. 交叉渡线

交叉渡线由四副辙叉号数相同的单开道岔和一副菱形交叉组成。在需要连续铺设两条相反的普通渡线而受地面长度限制时，可采用这种渡线，如图3-30所示。

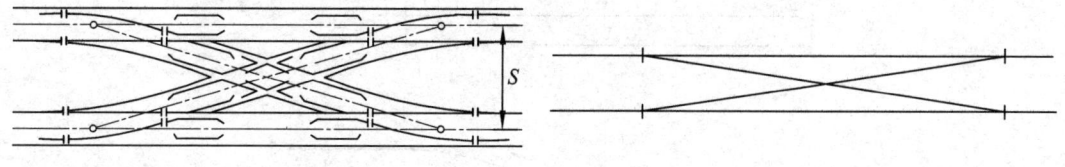

图 3-30　交叉渡线

交叉渡线的计算与普通渡线相同，在这里不再讲述。

（三）线路平行错移连接

在车站两平行线路间需要修建站台或其他建筑物即为某种作业需要而变更线间距离时，其中一条线路要平行移动，移动后的线路与原线路之间用反向曲线连接，这种连接形式称为线路平行错移，如图3-31所示。

在站内正线设置反向曲线时，其半径应根据铁路等级，结合旅客列车速度及地方条件比选确定，但不应小于规定的数值。在站线上，曲线半径一般应不小于 250 m。站内正线两反向曲线的缓和曲线间应设置夹直线，其最小长度不能低于规定的数值。站线反向曲线间的夹直线长度 d 与缩短式终端连接的要求相同。

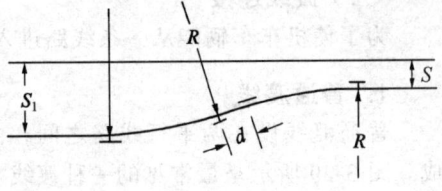

图 3-31　线路平行错移

反向曲线在水平方向的投影长度为：

$$X = \sqrt{4Ru + d^2 - u^2}$$

式中：R 为曲线最小半径；u 为线路间距差值的绝对值；d 为反向曲线间夹直线的长度。

（四）梯线连接

1. 梯线连接

将几条平行线连接在一条公共线上，这条公共线就叫梯线。

梯线应与牵出线（或正线、连接线）直接连通，以保证停在某一线路上的机车车辆能够转线到其他任一线路上去。

2. 梯线连接的分类

梯线按各道岔布置的不同，可分为直线梯线、缩短梯线及复式梯线三种。

（1）直线梯线

直线梯线的特点是各道岔依次排列在一条直线上，见图 3-32。

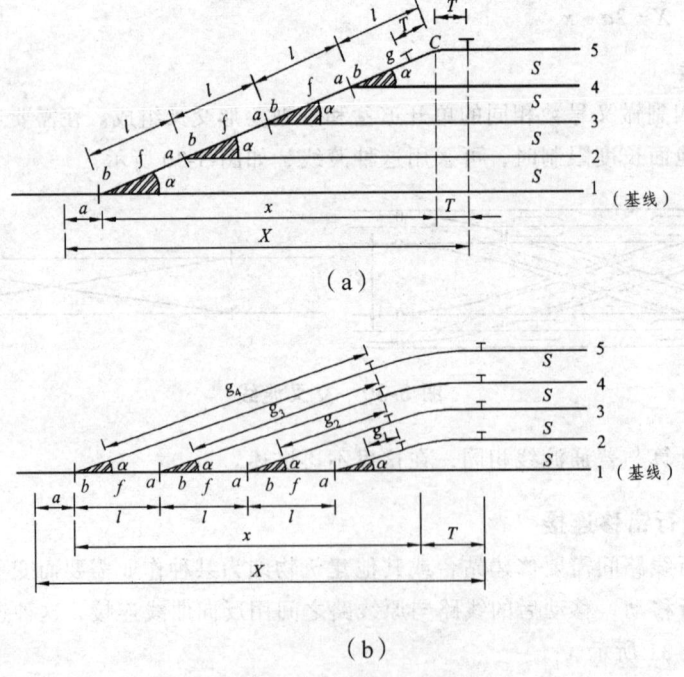

(a)

(b)

图 3-32　直线梯线

图 3-32（a）所示是常见的梯线，该梯线与各平行线路的倾角均为道岔角 α，各道岔的辙叉号码相同时，其全长投影 X 为：

$$X = a + (n-1)/\cos\alpha + T$$

式中：n 为平行线路数；l 为两相邻道岔中心距离。

在图 3-32（b）中，梯线与 1 道的延长线重合。如各道岔的辙叉号码相同，各线路间距相等，各连接曲线半径也一样，则各部分都是平行的。曲线前的各直线段 g_{n-1} 为：

$$g_{n-1} = \frac{S(n-1)}{\sin\alpha} - (b+T)$$

梯线的全长投影为：

$$X = a + (n-2)l + (b + g_1 + T)\cos\alpha + T$$

直线梯线的优点是扳道员扳道时不需跨越线路，比较安全，瞭望条件好，便于作业上的联系。它的缺点是当线路较多时，其梯线较长，各线经过的道岔数也不均匀，影响调车作业效率。同时，内外侧两条线路长度相差很大，比如 1 道与 5 道之间的长度相差很大，因此，这种梯线仅适用于线路较少的到发场与调车场。

（2）缩短梯线

当平行线路间距较大时，为了缩短梯线的长度，将梯线在与平行线路成一道岔角的基础上再转一个 α 角，而与平行线路成 β 角（$\beta > \alpha$），这样就形成缩短式梯线，如图 3-33 所示。

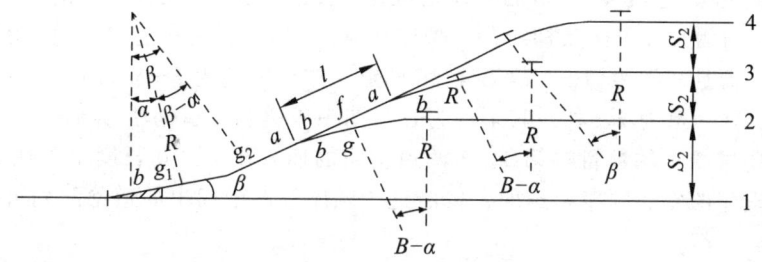

图 3-33 缩短式梯线

这种梯线的主要优点是缩短了梯线的连接长度，使内外线路长度相差悬殊的情况得到改善。线路间距较大时，还能提高土地有效使用面积，另外还可保持直线梯线扳道员扳道时不跨越线路的优点。其缺点是连接曲线较多，对调车不利，同时由于 β 角受到一定限制，连接线路多时，缩短梯线连接长度的优点不显著。故这种梯线仅适用于需要线路较少且线间距较大的地方（如货场、车辆段及机务段燃料场等处）。

（3）复式梯线

将几条与基线成不同倾斜角的梯线组合起来，连接较多的平行线路，既可缩短梯线的长度，又可使各平行线的长度均匀，这种连接方法叫复式梯线连接，如图 3-34 所示。

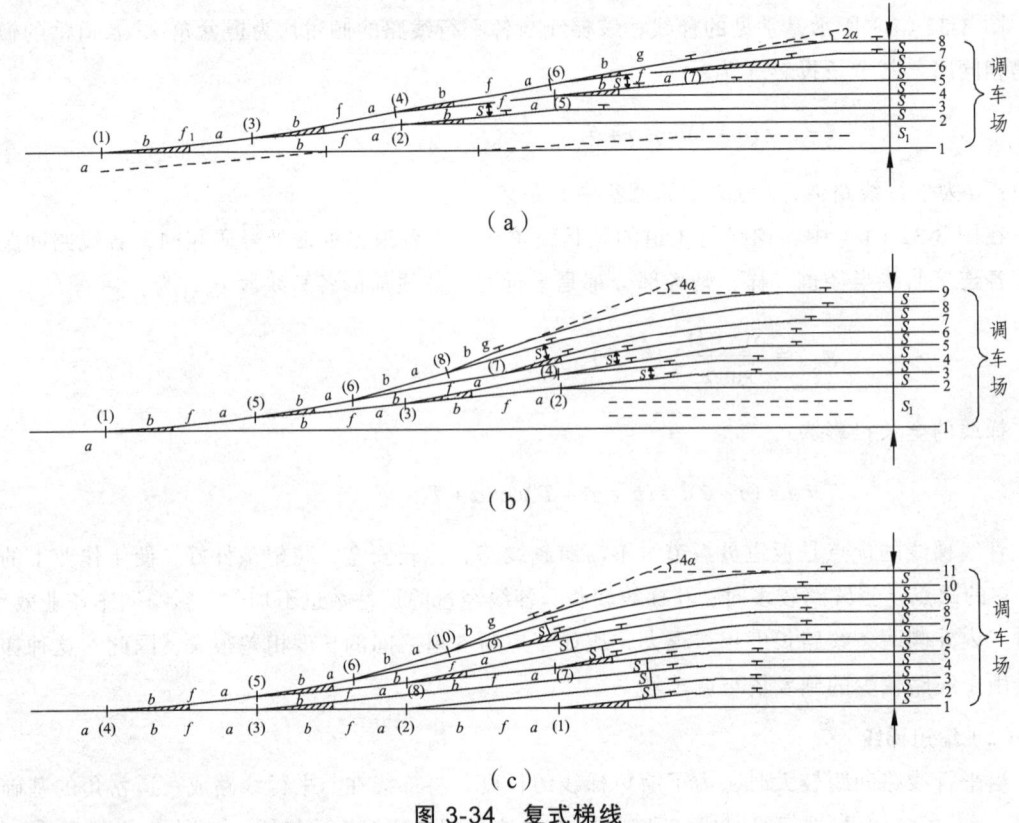

图 3-34 复式梯线

图 3-34（a）中，连接 4、8 道的梯线是从连接 1、3 道的梯线外侧分出去的，所以它与 1 道成 2α 角。它内侧又分出两条梯线，一条连接 4、5 道，另一条连接 6、7 道。由于这两条梯线相互平行，而且线间距为 S，故第 4、6 两道岔中心距离为 $l = S/\sin\alpha = a+b+f$。各有关线路曲线转角，除 8 道为 2α 外，其余均为 α。图中 1 道和 2 道间距 $S_1 > S$，S_1 的大小决定于加铺线路（图中虚线）的数目；第 1、3 两道岔间的插入段 f_1，其长度主要视 S_1 而定。图中各道岔编号是按作图先后顺序编排的，按照这个顺序及图中标出的道岔配列可以很快地将复式梯线画出来。

图 3-34（b）中，复式梯线的构造特点是 8 条调车线每两条为一组，车辆进入各条线路（1 道除外）所经过的道岔数相等（都是 4 个）。从图中可以看出，3、4 道，5、6 道，7、8 道及 9 道的连接曲线的转角分别为 α、2α、3α 及 4α。图中 1 道和加铺线路（两虚线）可以是调车线或到发线。如是到发线时，$S_1 = 6.5 + 2 \times 5 = 16.5$ m。

由图 3-34（c）可以看出，线路分组有一定的变化规律：11 条线路分为 4 组，4+3+2+(1+1)=11。如果是 16 条线路则可分为 5 组，5+4+3+2+(1+1)=16，其余类推。车场内线路很多时，可采这种复式梯线。

与直线梯线相比，复式梯线的优点是缩短了梯线的长度，可使进入各条线路的车辆经过道岔数目相等或相差不多，可根据需要适当变化梯线结构，以调整各条线路有效长。它的缺点是曲线多且长，道岔布置分散，当道岔非集中操纵时，扳道员扳道要跨越线路，安全性较差。

当调车线数较多时，常用复式梯线连接。有时，调车线数不多，但用直线连接不能保证各条线路需要的有效长时，也可采用复式梯线。

三、车　场

将办理同一种作业的线路两端用梯线连接起来,便成为车场。

车场按其用途可分为到发场、到达场、出发场及调车场等。按其形状可分为梯形车场、异腰梯形车场、平行四边形车场及梭形车场。下面我们重点按照形状进行的分类。

(一) 梯形车场

如图 3-35 所示,其中,图 3-35(a)中梯形车场两端用直线梯线连接,具有直线梯线的种种优点,在线路数目少的情况下可用作到发场或调车场。但这种车场也有缺点,如线路数目较多时,道岔区较长,各条线路有效长不均匀,除最外侧两条线路相同外,其余的两相邻线路有效长都相差 $2NS$,使整个车场占地很长,进入不同线路的车辆经过的道岔数也不相同,车辆进入 1 道只经过一个道岔,而进入 5 道却要经过 5 个道岔。

图 3-35(b)所示为两端用复式梯线连接的梯形车场,道岔区长度大为缩短,各条线路的有效长及进入各条线路的道岔数接近相等,车辆进入任何一条线路所受的阻力大致相等,但增加了曲线,对运营不利,所以这种车场仅适用于无正规列车运行的调车场。

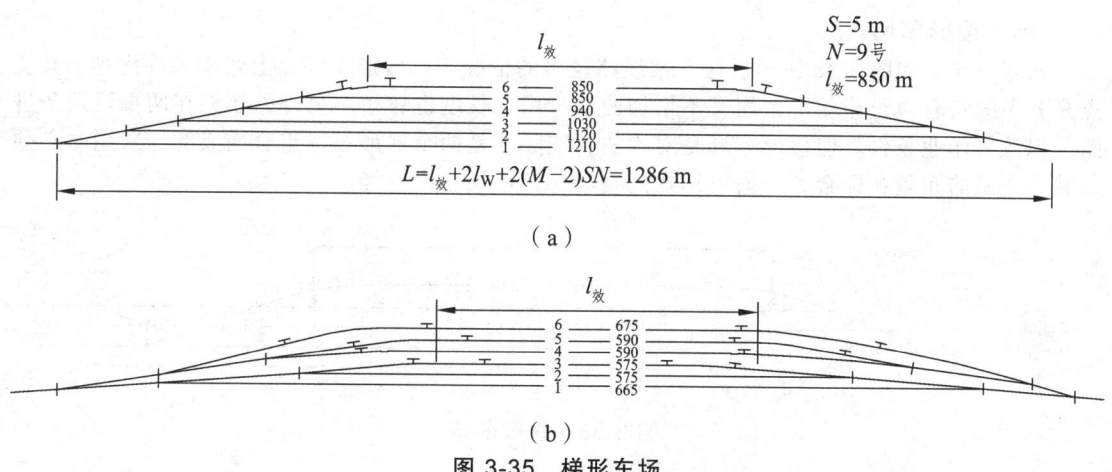

图 3-35　梯形车场

(二) 异腰梯形车场

异腰梯形车场克服了上述梯形车场的缺点,如图 3-36 所示,从图中可以看出,不论线路多少,各线路有效长除外侧两条稍长一些外,其余各条线路都是相同的。比较图 3-35(a)与图 3-36,可以看出,在占用地面长度方面,异腰梯形车场比梯形车场大约短 $(M-3)SN$(M 为线路数目)。但从运营观点来看,异腰梯形车场也有缺点。由于在线路有效长范围内设有曲线,瞭望条件不好,用作到发场及调车场,对接发列车及调车作业都不利,线路越多,这个缺点越突出。因此,这种车场只有在用地长度受限制且要保证各线路具有必要的有效长时方宜采用,一般用在线路数量不多的到发场及调车场。

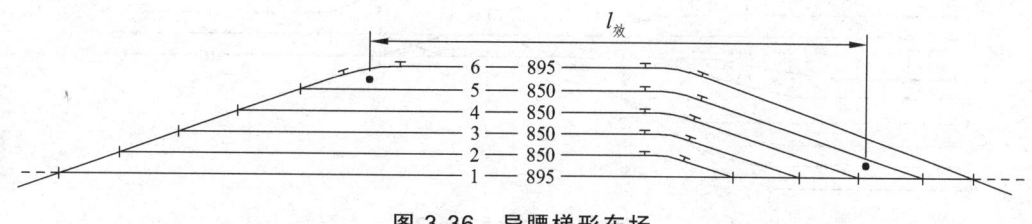

图 3-36　异腰梯形车场

（三）平行四边形车场

平行四边形车场，如图3-37所示，这种车场具有异腰梯形车场的上述优点而没有其缺点。从车场本身看，这种车场是比较好的。但车场是车站的一个组成部分，从整个车站的布置来考虑，由于这种车场两端的出入口不在一条直线上，对不停站列车的通过作业有不利影响，对调车作业亦不方便。因此，平行四边形车场只适用于特殊地形，一般不宜用在到发场或调车场，但用作客车整备场是合适的。

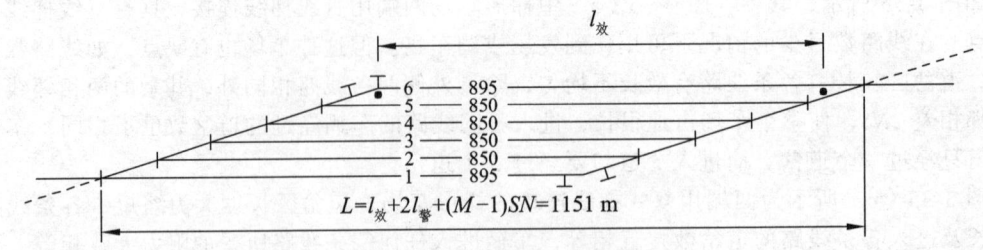

图3-37 平行四边形车场

（四）梭形车场

梭形车场，如图3-38所示，在车站线路较多的情况下，梭形车场比上述车场都优越。其优点是各条线路有效长相差不大而又不增加曲线，用地长度也较短。另外，还能在两端设两条进路，以改善作业条件。但梭形车场是对称的，实际上是两个梯形车场组合而成的，采用时必须与整个车站的布置相配合，一般可用在到发场、到达场、出发场。

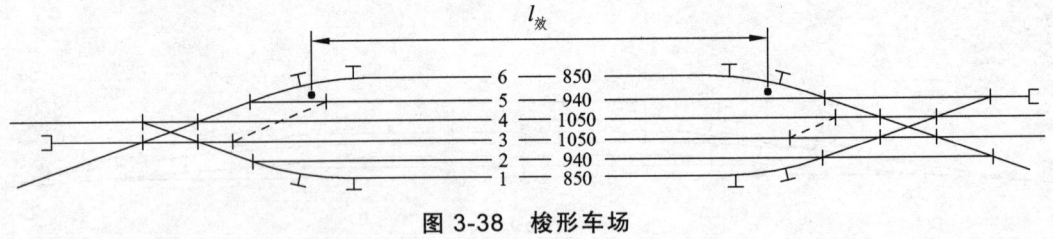

图3-38 梭形车场

上述各种车场都有其特点，选用时应根据车场的用途、线路数目、车站地形及整个车站的布置等因素来决定。

四、站场咽喉

车场或车站两端道岔汇聚的地方，是各种作业（列车到发、机车走行、调车和车辆取送作业等）必经之地，故可称为车场或车站的咽喉区，简称咽喉区，如图3-39所示。

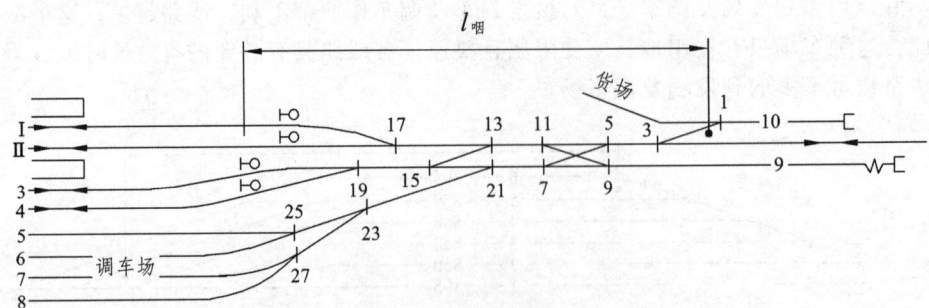

图3-39 车站咽喉图

自进站最外方道岔基本轨始端（或警冲标）至最内方出站信号机（或警冲标）的距离为车站咽喉长度，如图 3-39 中的 $l_{咽}$ 所示。

在车站或车场咽喉区要办理行车和调车作业，每项作业的运行径路叫做作业进路，简称进路。互不妨碍的两条进路，叫做平行进路——两项作业可以同时办理；互相妨碍的两条进路叫做敌对进路（或称交叉进路）——两项作业不能同时办理。

车站或车场咽喉区是行车和调车作业繁忙的地方。它的布置是否合理，对作业安全和效率影响很大，对工程费及运营费也有影响，所以咽喉区的布置必须符合保证安全、提高效率和节约费用的原则。

为保证有关作业能够同时办理，应根据需要设置平行进路。例如，图 3-39 中的渡线 13/15 可保证 3 或 4 道发车（或接车）与牵出线调车作业平行进行。同时，15 及 21 两道岔的距离必须符合道岔配列有关规定才能保证安全。

为了节省费用，咽喉区不应有多余的道岔，各道岔辙叉号码亦应按规定选用。从图中可以看出，除 13、15 及 17 三组道岔用 12 号外，其余均为 9 号。

任务四 线路有效长

【任务描述】

当列车进站前，车站值班员已安排好接车进路，列车被接入到发线，那么到发线的有效长度究竟多长才能既保证列车安全又减少线路投资呢？其他线路的有效长度又应是多少呢？这些问题在本任务中将会一一详述。

【任务分析】

线路有效长度是站场设计的重要依据，那么，线路的有效长度如何确定呢？影响它的因素有哪些？如何确定线路的控制点，并计算其长度呢？本任务就以上问题进行分析。

【相关知识】

一、车站线路的全长及有效长

（一）线路全长

全长是指车站线路一端的道岔基本轨接头至另一端道岔基本轨接头的长度。如为尽头式线路，则指道岔基本轨接头至车挡的长度（见图 3-40）。线路全长减去该线路上所有道岔的长度，叫做铺轨长度。确定线路全长，主要是为了设计时便于估算工程造价，比较设计方案。站内正线铺轨长已在区间正线合并计算，故不另计全长。

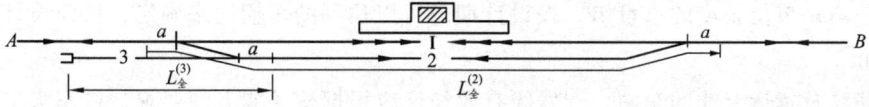

图 3-40　线路全长的确定

（二）线路有效长

1. 有效长的定义

有效长是指在线路全长范围内可以停留机车车辆而不妨碍邻线行车的部分。下面我们就有效长度的相关知识进行介绍。

2. 有效长起止点的影响因素

根据车站有效长度的定义再结合实际线路设计的情况，综合来看，线路有效长度起止点的影响因素主要有：

① 警冲标。

② 道岔的尖轨始端（无轨道电路时）或道岔基本轨接头处的钢轨绝缘（有轨道电路时）。

③ 出站信号机（或调车信号机）。

④ 车挡（尽头式线路时）。

⑤ 车辆减速器。

根据有效长度的影响因素，判断线路有效长度起止范围，如图 3-41 所示。

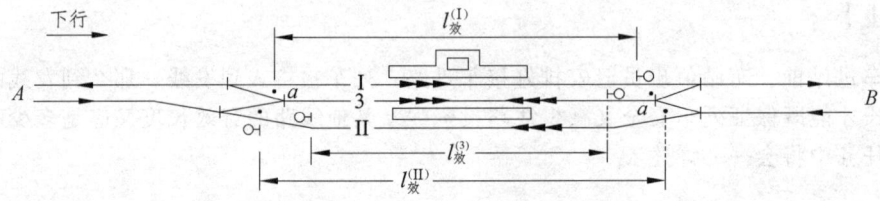

图 3-41 线路的有效长度

3. 有效长的确定

确定线路的有效长，主要视线路的用途和连接形式而定。

客货共线车站到发线的有效长，应根据规定的列车长度及列车停车时的附加距离等因素确定。其计算公式为：

$$l_{效} = l_{机} + \frac{Q - Q_{守}}{W} + l_{守} + l_{附}$$

式中：$l_{效}$ 为计算的线路有效长（m）；$l_{机}$ 为机车长度（m）；Q 为重车方向的货物列车牵引重量（t）；$Q_{守}$ 为守车重量（t）；W 为列车平均每单位长度的重量（t/m）；$l_{守}$ 为守车长度（m）（从 1985 年开始已经取消守车，新建的车站在确定线路有效长时不再增加守车长度了）；$l_{附}$ 为列车停车时的附加距离，规定为 30 m。

列车平均每单位长度的重量 W，按设计期内可以达到的车辆比来确定，目前设计时一般采用 5.677 t/m。

客货共线及货运专线的车站，到发线有效长度应根据输送能力的要求、机车类型及所牵引列车的长度，结合地形条件，并与相邻各铁路到发线有效长相配合等因素确定。

我国铁路采用的货物列车到发线有效长，在Ⅰ、Ⅱ级铁路上为 1050 m、850 m、750 m 及 650 m，在Ⅲ级铁路上为 850 m、750 m、650 m 及 550 m，有特殊需要时也可选用 1050 m。采用何种有效长，应根据开行组合列车为主的铁路可采用大于 1050 m 的到发线有效长。

二、警冲标、信号机位置确定

为了确定线路有效长，必须先确定影响有效长各因素的具体位置。

（一）警冲标的位置

警冲标安设在两汇合线路中心线间，距两侧线路垂直距离为 2 m 处。按照上述规定，当警冲标内方停有机车车辆时，列车或机车车辆可沿邻线安全通过。4 m 是根据机车车辆限界再加一些富余间隙确定的［见图 3-42（a）］。

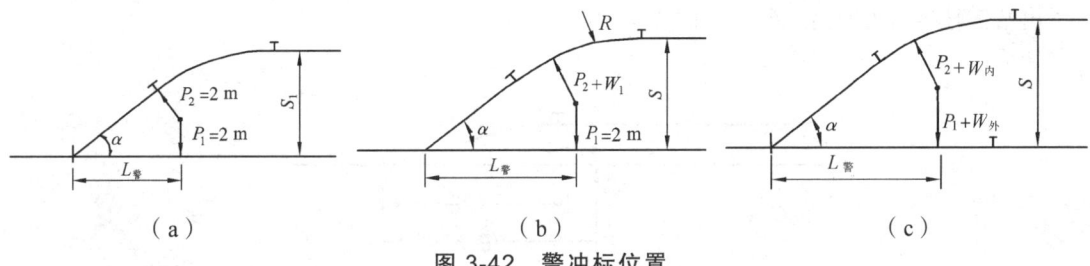

图 3-42 警冲标位置

当警冲标位于两直线之间时，如图 3-42（a）所示，警冲标至线路中心线的垂直距离为 $P_1 = P_2 = 2$ m。当警冲标位于直线与曲线（包括道岔导曲线）之间时，如图 3-42（b）所示，警冲标与直线的距离仍为 $P_1 = 2$ m，与曲线的距离则为 $P_2 + W_1$（W_1 为曲线内侧加宽值），道岔中心至警冲标的水平投影距离 $l_警$ 与辙叉角 α、线间距离 S 及连接曲线半径 R 等因素有关。

当警冲标位于道岔后分歧线路的曲线间时，要考虑外侧内加宽和内侧外加宽，如图 3-42(c) 所示。警冲标至道岔中心的距离可通过查表得到。

（二）出站信号机的位置

出站信号机位于线路的左侧，有高柱出站信号机［见图 3-43（a）］和矮柱出站信号机［见图 3-43（b）］。

出站信号机的位置除应满足限界要求外，还决定于信号机处道岔的方向（逆向或顺向）、信号机的类型及有无轨道电路等。

（a）

（b）

图 3-43 出站信号机

1. 信号机处的道岔方向

(1) 出站信号机前为逆向道岔

如无轨道电路时,信号机应与逆向道岔尖轨尖端平列,如图 3-44(a) 所示。
如有轨道电路时,可将信号机安设在基本轨接头绝缘节处,如图 3-44(b) 所示。

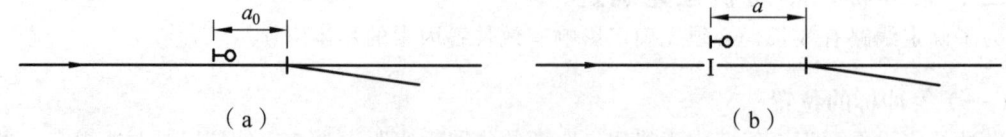

图 3-44 出站信号机位置(前为逆向道岔)

(2) 出站信号机前为顺向道岔

出站信号机前为顺向道岔,如图 3-45 所示。

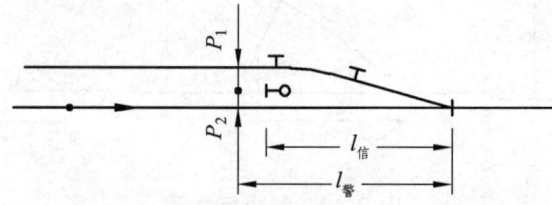

图 3-45 出站信号机位置(前为顺向道岔)

2. 出站信号机的位置确定

出站信号机至道岔中心的距离 $l_{信}$ 的计算方法与 $l_{警}$ 相同,但确定信号机中心与两侧线的最小垂距时,要考虑下述因素:

① 信号机的基本宽度。我国采用的高柱信号机的基本宽度为 380 mm;透镜式矮型一机构色灯信号机中心至线路中心距为 2 029 mm;矮型双机构色灯信号机基础中心至线路中心距离为 2 199 mm。

② 信号机相邻线路是否通行超限货物列车。如通行超限货物列车时,直线建筑限界应为 2 440 mm,不通行时则为 2 150 mm。

图 3-45 中信号机中心至两侧线路中心的最小允许垂直距离 P_1 与 P_2,如表 3-7 所示。

表 3-7 信号机中心至两侧线路中心最小允许垂直距离

名 称	条 件	垂距	
		P_1(mm)	P_2(mm)
高柱信号机	两线均需通行超限货物列车	2 630	2 630
	只有一线通行超限货物列车	2 630	2 340
	两线均不通行超限货物列车	2 340	2 340
矮柱信号机	一机构	2 029	2 029
	二、三显示并列	2 199	2 199

注:超限货物只对高柱信号机位置有影响。

③ 由于线路间距、道岔辙叉号码和连接曲线半径不同，信号机至道岔中心的距离也不一样。其具体数据需查表得到。

（三）出站信号机、钢轨绝缘与警冲标的相互位置

当信号机处设有轨道电路时，还应考虑出站信号机、钢轨绝缘与警冲标的相互位置。其设置原则如下：

① 信号机处的钢轨绝缘节位置，原则上应与信号机设在同一坐标处，如图3-46（a）所示。为了避免在安装信号机时造成串轨、换轨或锯轨等，钢轨绝缘允许设置在出站信号机前方1 m，如图3-46（b）所示，或后方6.5 m的范围内，如图3-46（c）所示。

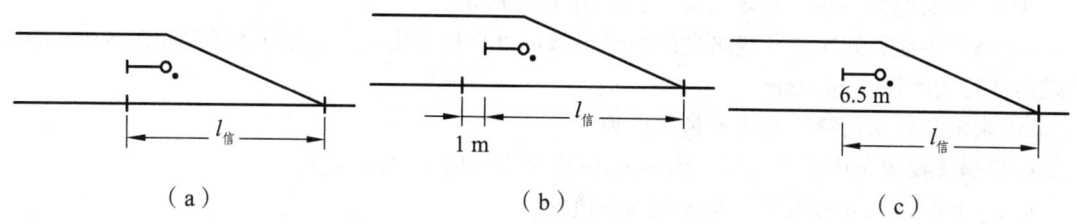

图 3-46　信号机位置与钢轨绝缘缝的关系示意图

② 警冲标与钢轨绝缘节的距离，取为3～4 m，如图3-47所示，这样可保证车轮停在该钢轨绝缘节内方时，车钩不致越过警冲标。

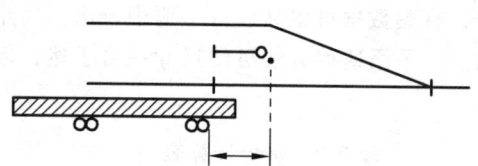

图 3-47　警冲标与钢轨绝缘的距离示意图

在确定出站信号机、钢轨绝缘和警冲标的位置时，首先应考虑在不影响到发线有效长的条件下，按现有的钢轨接缝设绝缘节和信号机的安设位置，然后再将警冲标移设至距钢轨绝缘3～4 m的距离。如现有的钢轨接缝安装绝缘不能保证到发线有效长或不宜设置信号机时，应以短轨拼凑等办法安装绝缘节，以满足各方面的要求。

三、线路实际有效长的推算

设计车站线路时，在平面图上要计算各有关点的坐标，并确定各线路的实际有效长。现举例说明其计算过程。

例 4　已知：中间站 A 共有四条线路，均铺设轨道电路，如图3-48所示。正线直向通过速度不大于120 km/h，采用混凝土岔枕，正线兼到发线Ⅱ道通行超限货物列车，安全线有效长为50 m，中间站台宽4 m。出站信号机采用基本宽度为380 mm的高柱色灯信号机。

要求：① 标出各道岔中心、警冲标及信号机坐标；② 确定各到发线的实际有效长，其中最短一条线路的有效长为规定有效长850 m。

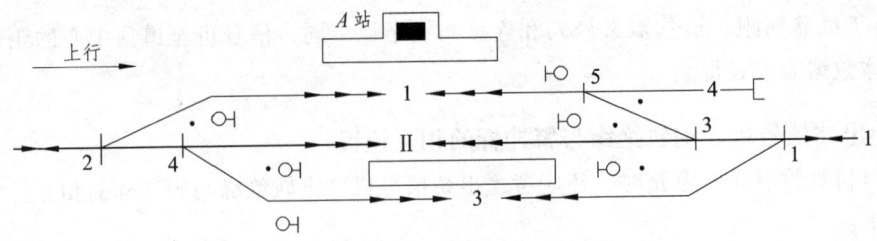

图 3-48 中间站示意图

解 具体的计算过程如下：
1. 计算各有关点的坐标
① 线路及道岔编号。具体的编号，如图 3-38 所示。
② 确定各线路间距。各线路之间的间距都可以直接算出来，1 道与 Ⅱ 道线间距 5 000 mm，Ⅱ 道与 3 道线间距 7 500 mm。
③ 确定各道岔的辙叉号码及道岔配列。
- 根据《技规》中道岔选择，图 3-38 中道岔均采用 12 号道岔；
- 1~3 号、2~4 号道岔均是异侧顺向道岔。

④ 确定各连接曲线半径。根据连接曲线半径不应小于连接道岔的导曲线半径的要求，各股道的连接曲线半径均采用 R 为 400 m。
⑤ 推算各点坐标。以车站两端正线上的最外方道岔中心为原点，由外向内按表 3-8 的格式逐一算出各道岔中心、警冲标及出站信号机等的 x 坐标。y 坐标一般不计算。

有效长度在计算过程中，有关数据可以从设计手册中查出。线路数目不多的区段站和中间站可将计算结果标在布置图上。采用这种方法可使尺寸一目了然，但线路多且构造复杂时，因坐标点太多，应另列坐标表。

表 3-8 坐标计算表 （单位：m）

基点	计算说明	坐标	基点	计算说明	坐标
2	原点	0	1	原点	0
4	查表	43.073	3	查表	43.073
X_1	查表	82.5	5	60+43.073	103.073
$X_{Ⅱ}$	59.8+43.073	102.873	S_1	103.073+16.853	119.926
X_3	59.8+43.073	102.873	$S_{Ⅱ}$	43.073+78.9	121.973
②	查表	78.5	S_3	查表	59.8
④	54+43.073	97.073	①	查表	54
			③	43.073+72.3	115.373
			⑤	103.073-49.574	53.499
			车挡	53.499-50	3.499

注：1 表示各道岔岔心；① 代表 1 号道岔的警冲标的位置；S_1 表示 1 道上行方向出站信号机；X_1 表示 1 道下行方向出站信号机。

2. 推算各条线路实际有效长

将各条线路有效长控制点（信号机及警冲标）的 x 坐标填入表 3-9 中的 3、4 栏内，这两栏数字相加得第 5 栏。第 5 栏中数值最大者就是有效长度最短的线路（即控制有效长最大的线路），其有效长度按规定的标准有效长度 850 m 设计。其他各线路的实际有效长根据与该线路有效长的差额确定。具体推算见表 3-9。

表 3-9 有效长度推算表 （单位：m）

线路编号	运行方向	线路有效长度控制点 x 坐标		共计	各线路有效长之差	各线路有效长
		左端	右端			
1	2	3	4	5	6	7
1	上行	78.5	119.926	198.426	20.62	870
	下行	119.926	82.5	202.426	16.62	867
II	上行	97.073	121.973	219.046	0	850
	下行	115.373	102.873	218.246	0.8	850
3	上行	97.073	59.8	156.873	62.173	913
	下行	54	102.873	156.873	62.173	913

根据推算出的各坐标，很容易绘出车站平面比例尺图。

总结：从上述的计算过程中，我们可以看到，线路有效长度的推算涉及的知识点很多。在计算过程中，首先应识别线路，选择道岔码数，线路间距，其次判断线路的连接形式，判断 R 的值，再次，根据查表，得到控制点的坐标，最终推算出其他线路的有效长度。

【技能训练】

识别图 3-49 线路的种类，并判断各道岔的码数及线间距。

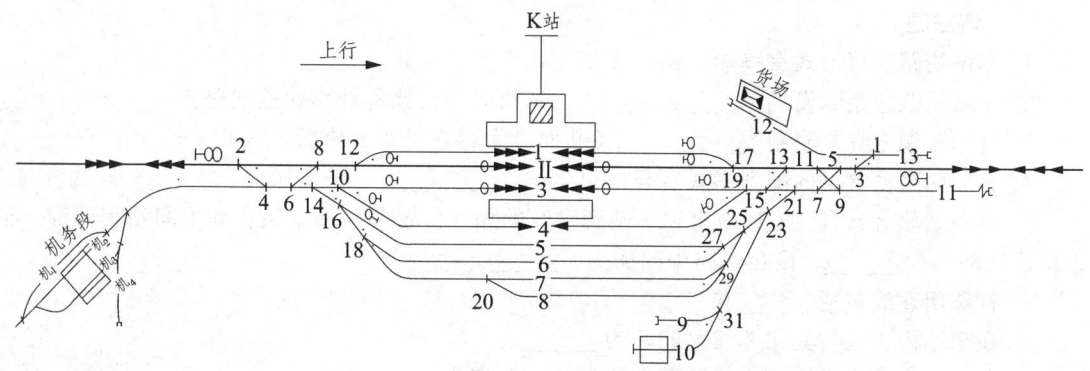

图 3-49 线路种类

【视野拓展】

目前，客运专线的建设如火如荼，现在我们了解客运专线有效长度的计算。

客运专线车站有效长计算：

$$l_{效} = l_{列} + 2l_{安} + 2l_{附}$$

式中：$l_{效}$ 为计算的线路有效长（m）；$l_{列}$ 为动车组长度（m）；$l_{安}$ 为动车组进站的安全过走距离；$l_{附}$ 为动车组停车时的停车余量。

客运专线铁路的运输组织模式采用本线列车和跨线列车共线运行的客运专线模式，跨线旅客列车均采用动车组。到发线有效长度必须满足该线路最长到发列车停车的需要。根据有关分析研究和对日本、德国、法国的咨询，到发线有效长度处满足列车长度要求外，还需要另考虑安全过走距离的要求。按旅客列车最大编组辆数为 16 辆，列车长度为 16×26＝416 m，取 420 m，另每侧考虑 15 m 的安全停车余量，确定到发线有效停车长度 450 m。根据北京全路通信信号研究设计院的研究成果，当紧急制动时，曲线的过岔速度为 80 km/h，开口速度采用 35 km/h 时，列车测速和测距误差均为 1%，列车车载设备触发常用制动和紧急制动模式曲线的延误时间为 0.6 s，计算的列车安全保护距离为每侧 125 m，客运专线车站到发线有效长度采用 450＋2×125＝700 m。

考虑到有些车站为尽头式车站，到发线可按单进路设计，故可减少一端的安全过走距离 125 m，到发线有效长度采用 450＋125＝575 m。

当客运专线引入既有客运站，为避免对既有车站的大量改建，经技术经济比较，到发线有效长可采用既有到发线的有效长度。

客运专线的车站，到发线有效长度为 700 m，困难条件下，单方向使用的到发线有效长度可采用 575 m。开行城际客运列车的车站，根据列车编组辆数计算确定，到发线有效长一般可选用 700 m、450 m。

【头脑风暴】

假如你是一名铁路设计院的工作人员，某站由于发展需要，现要将单线铁路改为复线铁路，假如该站的站场如图 3-49 所示，请你和你的团队共同设计并绘制改建后的站场图。

【习题】

一、填空题

1. 车站线路连接形式有终端连接、渡线连接、_____ 和 _____。
2. 车站站线包括到发线、_____、_____、货物线和其他各种作业的线路。
3. 机车车辆限界是限制 _____、_____ 横断面最大容许尺寸的轮廓。
4. 相邻两道岔常见的配列形式有异侧对向、_____、_____、分支顺向、_____、异侧背向。
5. 中间站旅客站台，按其站房和车站到发线的相互位置分为基本站台和中间站台两种。靠近站房一侧的为 _____、设在线路中间的为 _____。
6. 特殊用途线包括 _____ 和 _____。
7. 在车站内正线与其相邻线路间距为 _____ m。
8. 警冲标应安设在两汇合线路中心线间垂直距离为 _____ m 处。
9. 辙叉号 N 越大，辙叉角越 _____。
10. 牵出线与其相邻的线路中心线的距离为 _____。

二、选择题

1. 机车车辆在钢轨水平面上部 1 250～3 600 mm 范围内最大半宽为（　　）。
   A. 1 700 mm　　B. 2 440 mm　　C. 3 400 mm　　D. 2 150 mm
2. 旅客站台边缘距线路中心线的距离为（　　）。
   A. 2 m　　B. 3 m　　C. 1.5 m　　D. 1.75 m
3. 道岔的全长等于（　　）。
   A. $a-b$　　B. $a+b$　　C. $a \times b$　　D. a/b
4. 相邻两到发线均通行超限货物列车，线间设有高柱信号机时，其线间距应为下列哪种（　　）？
   A. 5 m　　B. 4 m　　C. 4.6 m　　D. 5.3 m
5. 当调车场线数较多时，一般采用（　　）连接。
   A. 复式梯线　　B. 缩短梯线　　C. 直线梯线　　D. 线路平行错移
6. 正线上相邻两道岔顺向布置在基线异侧，列车直向通过速度 160 km/h，道岔轨枕使用钢筋混凝土枕，两道岔间插入直线段的最小长度采用（　　）。
   A. 12.5 m　　B. 6.5 m　　C. 6.25 m　　D. 8.0 m
7. 用于侧向接发停车货物列车的单开道岔，辙叉号不得小于（　　）号。
   A. 6　　B. 7　　C. 9　　D. 12
8. 当两条平行线之间的线间距较大时可采用（　　）连接，来增加线路的有效长度。
   A. 普通渡线　　B. 缩短式渡线　　C. 交叉渡线　　D. 任意线路
9. 安全线的有效长不小于下列哪种条件（　　）
   A. 60 m　　B. 70 m　　C. 80 m　　D. 50 m
10. 装有高柱信号机，两通行超限货物列车的到发线间距一般取（　　）。
    A. 5 m　　B. 5.3 m　　C. 5.5 m　　D. 站台宽 + 3.5 m

三、判断题

1. 线间距要保证行车安全及车站工作人员，进行有关作业的安全及便利。（　　）
2. 交叉渡线由四副辙叉号数相同的单开道岔和一副菱形交叉组成。（　　）
3. 侧向接发停车旅客列车的单开道岔，不小于 12 号。（　　）
4. 站内正线属于站线。（　　）
5. 牵出线与其相邻线路间距为 5.3 m。（　　）
6. 设在到发线之间所有设备的宽度，都对线间距有影响。（　　）
7. 车站正线必须保证通行超限列车。（　　）
8. 线路编号规定正线用阿拉伯数字、到发线用罗马数字。（　　）
9. 铁路线路按用途分为正线、到发线、调车线、禁溜线、牵出线和货物线。（　　）
10. 由于中间站有摘挂列车作业，所以必须设牵出线。（　　）

四、名词解释

警冲标　　线路终端连接　　限界　　线间距

五、简答

1. 请说出直线梯线的优缺点。
2. 线路有效长起止点的影响因素是什么？

六、实作题

画出出站信号机的位置。

项目四 中间站

【案例导入】

在新建铁路的设计中，为满足设计年度运量要求，可以提出不同的站场设计方案。由于铁路站场工程占地面积大，工程艰巨复杂，涉及面广，研究方案时，需要从与城市规划的协调、既有设备的利用、环境的影响程度、路网发展的适用性以及工程实施的可能性多个方面进行综合分析。在此基础上，选择出合理的设计方案，可以节省大量的工程投资。

长荆铁路为湖北省与铁道部合资修建的湖北省第一条地方铁路，整个工程投资共18.5亿元，工程投资控制十分成功。长荆铁路位于湖北省中部、江汉平原北缘，东起汉丹铁路长江埠车站，西至焦枝铁路荆门车站，途经应城市、天门市、京山县、钟祥市、荆门市，全长181.2 km（不含原长江埠到下辛店站之间的老汉丹线），其中正线176.92 km，荆门站联络线4.28 km。初期设应城东、应城、天门、京山、东桥、钟祥、冷水铺7个中间站。近期增开永兴、孙桥、牌楼3站，远期预留龙集、曹武、官桥、袁家湾、九里、钟祥西6站。由此可见，中间站站场设计方案的合理选择与优化，对控制长荆铁路工程投资也有着重要的意义。

中间站设计虽然不存在大的方案问题，在满足区间通过能力和车站作业要求的条件下，通过对中间站数量和车站规模的合理设计，可以有效降低工程投资。长荆铁路初期开设7个中间站，主要位于沿线经济发展水平相对较高的县市和村镇。考虑到本线初期各站运量不大，为降低工程投资，在施工图设计阶段，对车站方案进行了一系列设计优化，核减了一些车站初期规模：天门、京山、钟祥3站在原设计的基础上减少到发线、货物线各1条，改为预留；取消各站旅客天桥、地道和货场内龙门吊等客货运设备。在初步设计中，天门、京山站填方工程数量较大，通过调整天门站正线纵坡、京山站站房改为线下式等设计优化，两站土方数量大幅度减少。全线中间站经过设计优化后，节省了大量的工程与投资。

由此可见，车站规模切忌"一步到位"。无论是区段站还是中间站，初期规模都不宜过大、过全，新线铁路运量的增长有一个过程，随着国家经济政策的调整而变化，盲目过大，势必产生"晒太阳"工程，浪费了国家基础建设投资。

【项目描述】

中间站设备规模虽然较小，但是数量很多，它遍布全国铁路沿线中、小城镇和农村，在发展地方工农业生产，沟通城乡物资交流中起着重要作用。中间站的设置位置，既要符合线路通过能力的要求，又要适当满足地方工农业生产发展的需要，并应考虑地形、地质等自然条件。本项目将对中间站的业务、设备、布置图和改建措施展开介绍。

项目四 中间站

【学习目标】

1. 知识目标
① 熟悉会让站、越行站的作业、设备和布置图。
② 掌握中间站的作业。
③ 熟悉中间站到发线、牵出线和货物线设置的有关规定；熟悉中间站到发线单、双进路，超限货物列车到发线的有关规定；熟悉中间站客、货设备的合理布置；熟悉安全线和避难线的作用和设置位置。
④ 熟悉中间站的合理布置图形。
⑤ 了解中间站的改建措施。
2. 技能目标
① 分析中间站各类布置图的优缺点。
② 针对既有站形图提出改进措施。
③ 根据中间站性质设置货场位置。

【职业技能要求】

中间站是各类车站中数量最多的一种，铁路运营部门各岗位均需了解中间站的基本知识，只有清楚中间站的实际情况才能更好地协助完成站内各项作业，提高铁路区段通过能力，保证行车安全。

【任务驱动】

中间站是为沿线城乡人民及工农业生产服务、提高铁路区段通过能力、保证行车安全而设的车站。随着行车量的增加，车站的规模不能满足现有业务量的需求，急需改建。假如你是一名车站管理人员，请你提出一套该车站的改建方案。

任务一 会让站、越行站

【任务描述】

在我国铁路上，还有数量不多的主要用来提高线路通过能力而设置的车站，称为会让站和越行站。根据《铁路技术管理规程》规定，会让站和越行站均包括在中间站之内。本任务将对会让站、越行站的作业、设备和布置图进行详细介绍。

【任务分析】

先到的列车在本站停车，等待反方向的列车到达本站，两个列车互相交会，叫做会车；先到的列车在本站停车，等待后一个同方向的列车通过本站或到达本站停车后先开，叫做越行。会让站设在单线铁路上，主要办理列车的到发和会让，也办理少量的客货运业务，既可以实现会车，也可以实现越行。越行站设在复线铁路上，主要办理同方向列车的越行业务。那么，会让站、越行站应分别包含哪些设备呢，车站布置图又该如何选择呢？本任务将围绕这两个问题展开介绍。

【相关知识】

一、会让站

（一）会让站的作业和设备

会让站设置在单线铁路上，主要办理列车的到发、会让，有的站也办理少量的客、货运业务。因此，会让站应铺设到发线并设置通信、信号及旅客乘降、办公房屋等设备。

（二）会让站布置图

会让站布置图按其到发线的相互位置可分为以下两类。

1. 横列式会让站

横列式是许多会让站采取的一种布置图形式。其优点如下：① 横列式布置图站坪长度短，工程费用小，在紧迫导线地段可缩短线路；② 车站值班员对两端咽喉有较好的瞭望条件，便于管理；③ 无中部咽喉，可减少扳道人员；④ 到发线使用灵活，站场布置紧凑。

图4-1所示为《站规》推荐的横列式会让站布置图。

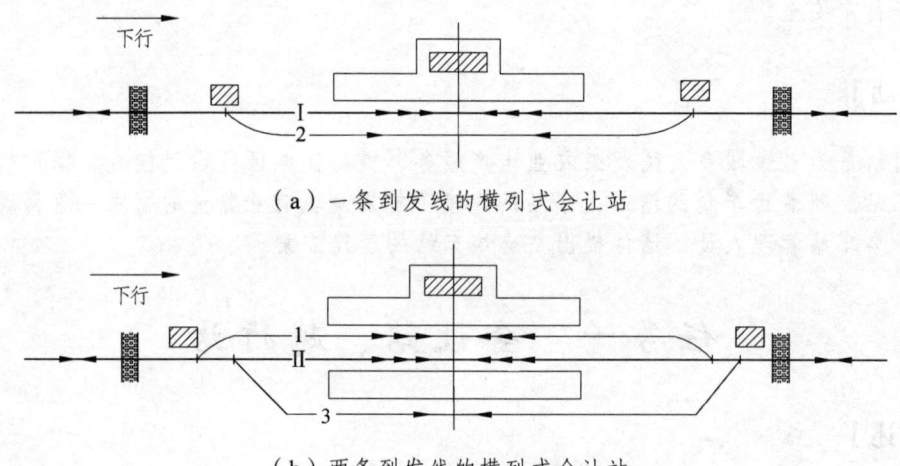

(a) 一条到发线的横列式会让站

(b) 两条到发线的横列式会让站

图 4-1 横列式会让站布置图

为了满足三交会的条件，同时适应水槽车、机械化养路的工程车和轨道车等特殊车辆停留的需要，会让站的到发线一般应设两条。当列车对数较少（一般平行运行图不超过12对，远期也无发展）时，仅为提高通过能力办理列车会让的车站，可仅设一条到发线。为了保证运输秩序出现异常情况时影响范围不致过大，便于运行调整，仅有一条到发线的会让站不应连续布置。

如横列式会让站只设一条到发线，则到发线一般应设在站房对侧[见图4-1(a)]。其优点是：① 便于利用正线接发通过列车，车站值班员可不跨越线路，也不会被停留在到发线上的其他列车隔开，在基本站台上就可办理正线列车通过作业；② 经由正线接发的旅客列车可停靠基本站台而不经过侧向道岔，列车运行平稳，旅客比较舒适。其缺点是：旅客列车办理作业时影响正线通过，不利于远期发展。因此，如旅客列车较多，且有交会通过列车或铺设第二条到发线为期较短时，则宜将到发线设在站房同侧，以保证旅客列车停靠基本站台，同时摘挂列车停靠基本站台时，可不影响正线接发通过列车，并避免在铺设第二条正线时拆迁站台等造成废弃工程。

横列式会让站设两条到发线时，以两条到发线分设正线两侧布置为宜［见图4-1（b）］。其优点是正线顺直，接发通过列车方便，便于组织三交会，上、下行旅客列车都可停靠基本站台，不影响正线通过作业。两条到发线分设正线两侧较设于一侧时站坪长度短，土石方工程量小，在单线发展为双线时，拆迁工程也较少，适用于行车量较大的会让站。

会让站一般不设中间站台。若旅客乘降较多且远期有发展时，可设中间站台，其位置应设在旅客站房对侧到发线与正线之间。这样布置使站台使用率高，除供正线停靠旅客列车外，还可供另一条到发线停靠旅客列车，且应在站台间加设两条线路，使工务维修抽换枕木方便。

2. 纵列式会让站

纵列式会让站是将两到发线纵向排列，并向逆运行方向错移一个货物列车到发线的有效长度（见图4-2）。因此，纵列式会让站具有如下缺点：① 需要较长的站坪，工程费用大；② 车长与值班员联系时，走行距离长；列车在站会车不灵活，特别是在三交会的情况下，有可能造成客车不能停靠基本站台，先到的列车不能先开，应通过的列车不能通过等情况，增加列车的停站时间；③ 在人工扳道非集中联锁的情况下，车站值班员瞭望信号不便，确认进路困难，道岔分设在三处，增加了车站定员，运营管理不便。其优点是：在山区地形陡峭狭窄的情况下，可以减少工程量，便于车站值班员与司机交接行车凭证，适应重载列车会车的需要。因此，只有线路通过地势陡峭狭窄地段，按照横列式布置会引起巨大工程、且对运营不利的情况下才采用纵列式布置图。

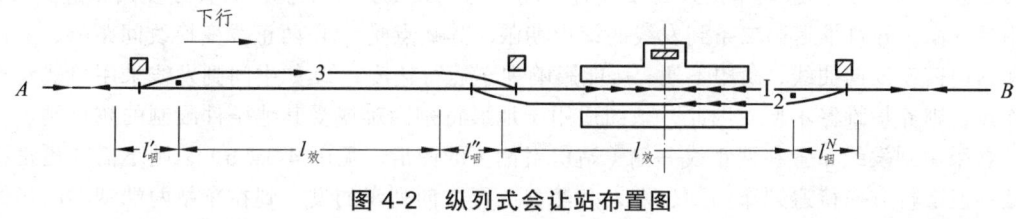

图4-2　纵列式会让站布置图

二、越行站

（一）越行站的作业和设备

越行站设置在双线铁路上，主要办理同方向列车的越行，必要时办理反方向列车的转线，有的站也办理少量的客、货运业务。因此，越行站应铺设到发线并设置通信、信号及旅客乘降、办公房屋等设备。

（二）越行站布置图

越行站一般应采用横列式布置（见图4-3）。其主要优点是：① 站坪长度短，工程费用小；② 车站值班员对两端咽喉有较好的瞭望条件，便于管理；③ 无中部咽喉，可减少扳道人员；④ 到发线使用灵活，站场布置紧凑等。据调查，我国仅有某些单线铁路上的个别车站为纵列式或半纵列式布置，而双线及绝大部分单线上的车站都是横列式。

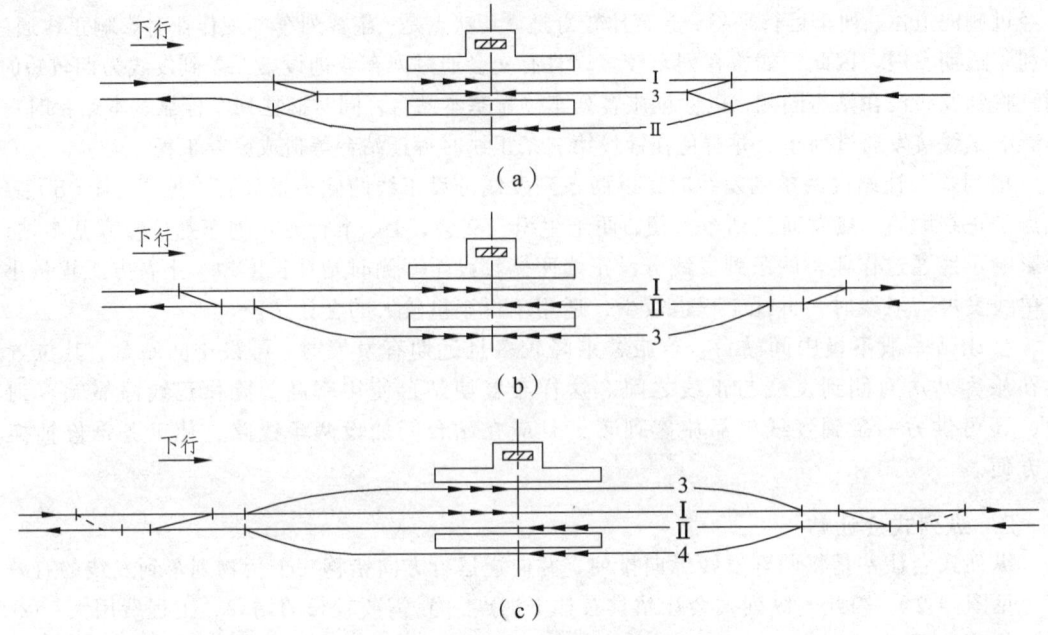

图 4-3 横列式越行站布置图

越行站一般应设两条到发线,以便双方向列车都有同时待避的机会。若上、下行无同时待避列车,地方客、货运量极少,或地形困难以及其他条件限制的个别越行站,也可采用一条到发线。

如横列式越行站仅设一条到发线,则到发线一般应设于两正线中间[见图 4-3(a)]。其优点是:① 上、下行停站旅客列车一般接入正线,列车运行平稳,旅客感觉舒适,且不需扳动道岔,有利于行车安全;② 车站值班员接发下行通过列车时,办理作业方便,且不会被待避列车阻挡;③ 任何一方待避列车接入到发线时,均不与正线的列车干扰,而且接发列车进路灵活,使用效率高,并可推迟第二条到发线的铺设期限。其缺点是:① 两正线变换线间距时,上行正线在站内需设反向曲线,瞭望不便,可能影响列车运行速度;② 如中间到发线采用单式对称道岔连接,则养护维修不便。因此,该图适用于地形特别困难或受其他条件限制的越行站。

若采用到发线布置在两正线一侧(站房对侧)的图形[见图 4-3(b)],则不需变更正线的间距,但下行方向待避列车的到、发,必然与上行方向列车的发、到在车站两端咽喉的正线上交叉,降低了区间通过能力,危及行车安全,此种布置图缺点显著,一般不宜采用。

横列式越行站设两条到发线时,两条到发线一般分设于正线两侧[见图 4-3(c)],保证上下行列车同时待避。其优点是:① 正线顺直,接发通过列车方便;② 上、下行旅客列车作业或有待避列车时,不影响正线的通过;③ 便于远期发展。若两到发线布置在正线同一侧,则一个方向待避列车在到发线接、发时,存在着与另一方向列车发、接交叉,不仅影响行车安全,而且还会降低区间通过能力。因此,新建或改建越行站时,宜采用两到发线设于正线两侧的布置图。

为保证上、下行旅客列车分别停靠,应设置中间站台。越行站的中间站台一般应设在站房对侧的正线和到发线之间。其优点是:旅客在中间站台上候车较安全,列车待避条件好,正线顺直以及中间站台加宽时改、扩建工程少。但在改建有困难时,为充分利用既有设备,个别车站也可采用中间站台设在两正线间或到发线外侧的布置形式。

在越行站上,为满足转线和反方向接发列车的需要,或因区间线路施工维修、电气化接触网线检修、线路临时发生故障及其他情况下采取运行调整措施,必须使一条线路上运行的列车转入另一条线上运行，车站两端咽喉区的正线间应设置渡线。在繁忙干线及电气化线路上，每端应各设 2 条渡线，在一般线路上可先设 1 条，预留 1 条。两端各设两条渡线时，以"八"字形为好。采用交叉渡线会给养护维修带来不便，故仅在站坪长度受限制时采用。每端各设一条渡线时，渡线应朝向站房，如图 4-3（c）中实线所示。其优点是：① 可增加客车停靠基本站台的机会；② 站房同侧发展货场时，上行摘挂列车车组经由渡线向货场取送时，占用出发方向正线，而不占用到达方向正线。有条件时每端可再预留 1 条渡线，如图 4-3（c）中虚线所示。

任务二　中间站的业务和设备

【任务描述】

在铁路区段内，为满足区间通过能力及客货运业务需要而设有配线的分界点称为中间站。根据中间站性质、业务以及在路网中的位置和作用不同，中间站设备的数量、要求也不尽相同。本任务将对中间站办理的业务及相关设备进行详细介绍。

【任务分析】

车站在铁路运输中有两大作用：对外，它是铁路的大门，是铁路运输过程与产销过程或其他运输过程的联系点；对内，它是铁路运输的一个主要生产车间。中间站作为数量最多的一种车站类型，它办理哪些业务，主要设备包括什么，各类设备又如何设置呢？本任务将主要从这几方面对中间站进行详细介绍。

【相关知识】

一、中间站的业务

① 行车作业：列车的通过、会让和越行，在双线铁路上还办理调整反方向运行列车的转线作业；
② 客运业务：旅客乘降和行李、包裹的收发与保管；
③ 货运业务：货物的承运、装卸、保管与交付；
④ 调车业务：摘挂列车的车辆摘挂和向货场甩挂车辆或专用线取送车辆；
⑤ 其他：有的中间站如与工业企业线接轨或者加力牵引起、终点以及机车折返站时，还需办理工业企业线的取送车，以及补机的摘挂、待班和机车整备、转向等作业。另外，在客货运量较大的个别中间站，还有始发、终到旅客列车及编组始发货物列车的作业。

二、中间站的设备

（一）车站线路

1. 到发线

（1）到发线数量

中间站的到发线数量不仅与列车对数有关，而且与车站性质和本站作业量有密切关系。
单线铁路中间站应设两条到发线，以使车站具有三交会的条件。这样可以保持良好的运行秩序，对提高作业效率和加速车辆周转都是必要的，也能适应某些特殊车辆（如水槽车、机械化养路的工程车和轨道车以及不能继续运行而必须摘下的车辆）停留的需要。

双线铁路中间站应设两条到发线，以使双方向列车有同时待避的机会。但作业量大（例如地、县所在地或较大的物资集散地）的车站，摘挂列车的作业时间一般较长，可设三条到发线。

此外，下列中间站的到发线数量可根据车站性质及作业需要酌情增加：

① 枢纽前方站、铁路局局界站是调度区的分界处，列车易产生不均衡到达的情况，为便于调整列车运行秩序，协调好两调度区的工作，可在枢纽前方站和局界站上，在进入枢纽或进入邻局方向的一侧增设一条到发线。

在双机牵引的始、终点站和长大下坡的列车技术检查站上，由于列车需要进行摘挂补机和凉闸及自动制动机试验等技术作业，停站时间较长、交会机会较多，可增加一条到发线。

② 有两个方向以上的线路引入或有工业企业线接轨并有大量本站作业的中间站，由于各方向列车交会的需要，作业复杂，停留车辆多，线路占用时间长，应根据与车站接轨的线路和工业企业线的作业量及作业性质增设到发线，必要时亦可增设调车线或存车线。

③ 在采用长交路的区段，摘挂列车经过在一些中间站甩挂作业后，需要在中途中间站上进行整编作业。因此，在这些中间站上应根据整编作业量的大小增加到发线和调车线。

当某站同时具备上述两项及以上的作业时，其线路数量应根据作业情况综合考虑，不必逐项增加。

（2）到发线进路

中间站的到发线可设计为单进路或双进路。单进路是指到发线固定供一个运行方向的列车（上行或下行）使用，而双进路的到发线却可供上、下行两个方向的列车使用。到发线按双进路设计，机动性大，但需增加信号联锁设备。

单线铁路到发线一般均应按双进路设计，以使列车办理运行调整有更大的灵活性。双线铁路原则上应按上下行分别设计为单进路，但有时为增加在调整列车运行上的灵活性以及方便摘挂列车作业，个别到发线也可按双进路设计。

（3）通行超限货物列车到发线

站内正线应保证通行超限货物列车。此外，在区段内选定三至五个（其中包括补机站、终点站和凉闸站等）满足超限货物列车会让与越行要求的中间站。上述车站除正线外，单线铁路应另有一条线路，双线铁路上、下行应各有一条线路能通行超限货物列车。在中间站上选定能通行超限货物列车的到发线，一般应是靠近中间站台或货物线的线路，如图4-4所示。

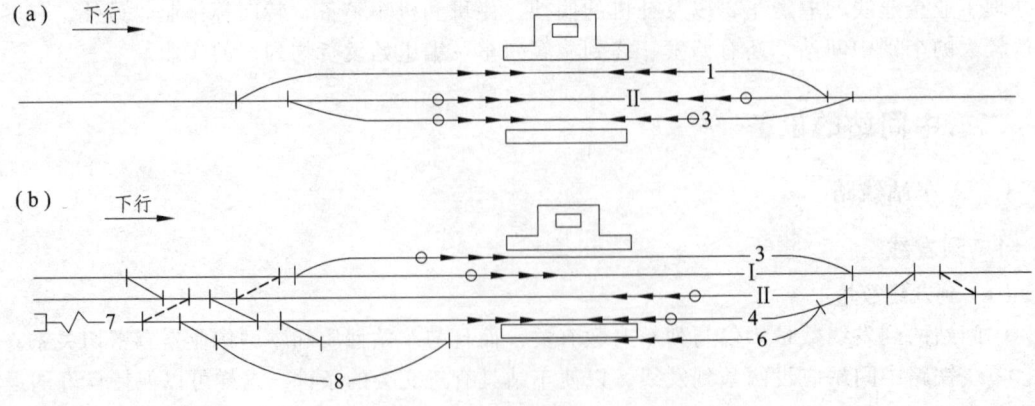

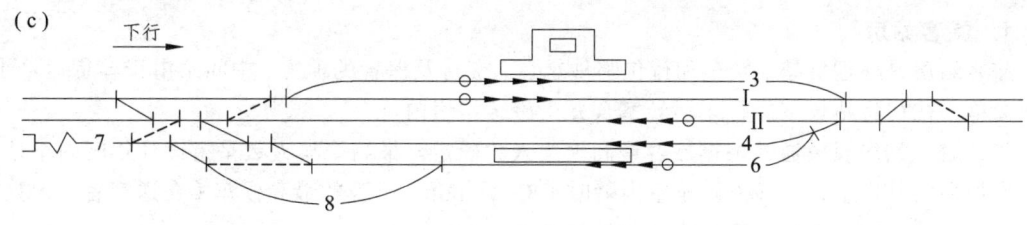

图 4-4 超限货物列车的到发线布置图

2. 牵出线

(1) 牵出线设置条件

中间站是否设置牵出线,应根据衔接区间正线数、行车密度大小、车站调车作业量以及货场设置位置等因素确定。

当区间行车量单线铁路平行运行图列车对数在 24 对以上,双线采用半自动闭塞在 54 对以上或采用自动闭塞在 66 对以上,且车站调车作业量较大而又无工业专用线可利用时,一般均应设牵出线。当中间站行车量虽低于上述规定,但调车作业量很大(单线年到发货运量在 20 万 t 以上或日均装卸车 15 辆左右,双线年到发货运量在 30 万 t 以上或日均装卸车 20 辆左右),且货物品种复杂,还需办理捣钩、对货位等作业时,仍应根据实际需要设置牵出线。

行车量不大或本站作业量较小的单、双线铁路中间站,可利用正线、支线或工业专用线进行调车作业,但其平、纵断面及视线等条件应适合调车作业的要求。为避免调车作业越出站界,进站信号机可适当外移,外移距离应满足调车作业的需要,但不应超过 400 m。在困难条件下,曲线半径不应小于 300 m,坡度不应陡于 6‰。在特别困难条件下,坡度不应陡于正线的限制坡度,且不得超过 12‰。

(2) 牵出线有效长度设计要求

牵出线的有效长应满足摘挂列车一次牵出车列长度的需要,一般不短于该区段运行货物列车长度的一半。当受地形限制或本站作业量不大时,至少应满足每次能牵出 10 辆,有效长不小于 200 m 的要求。

3. 货物线

(1) 货物线的数量、长度

为了办理货物的装卸作业,中间站应铺设货物线,货物线数目和长度与货物装卸量有关,应根据需要确定。

为了便于车站的正常运营工作,中间站的货物线一般铺设 1~2 条,其长度除应满足平均一次来车的长度外,还应保证货物线两侧有足够的货位。

(2) 线间距设计

中间站货物线与到发线间无装卸作业时,其间距一般不小于 6.5 m;线间有装卸作业时,一般不小于 15 m。

集装箱、长大笨重货物、散堆装货物装卸线的间距,应根据装卸机械类型、货位的布置、通道的宽度以及相邻线路的作业性质等因素确定。

(二) 客运业务设备

为了保证安全、迅速地输送旅客,中间站应设有旅客站房、旅客站台、站台间的跨线设备及雨棚等。

1. 旅客站房

旅客站房是办理售票、候车和行包邮件承运、交付及保管的地方。中间站由于客货运量小，作业简单，往往将站长室、行车运转室合并于旅客站房内。

设计时，站房规模通常根据旅客最高聚集人数确定。最高聚集人数是指设计年度内车站上车旅客最多的月份中，一昼夜候车室内瞬时（8~10 min）出现的最高候车（含送客者）人数的平均值。设计年度一般取运营后十年的运量。

中间站站房属于中、小型站房，其最高聚集人数：中型站房可达 400~2 000 人，小型站房在 400 人以下。小型站房约占铁路站房的 70%，一般采用标准设计。小型站房布局通常采用候车与营业合一的综合候车室形式。图 4-5 所示为一中间站站房平面布置示例。

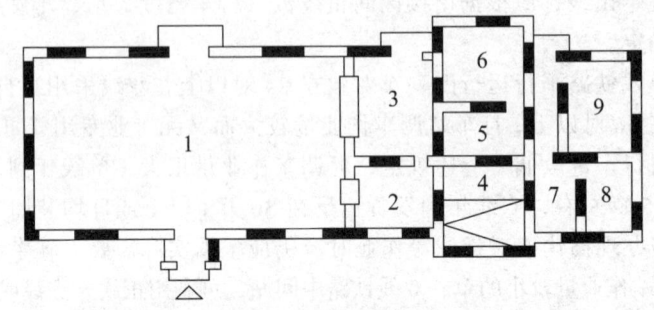

图 4-5　中间站站房平面布置图

1—综合候车室；2—售票室；3—行包室；4—间休室；5—继电器室；
6—运转室；7—开水间；8—仓库；9—站长室

2. 旅客站台

（1）站台的类型

为便于旅客上、下车及行李的装卸，应修建旅客站台。旅客站台按其与站房和车站到发线的相互位置，可分为基本站台和中间站台两种。靠近站房一侧的为基本站台，设在线路中间的为中间站台。

不论是单线铁路还是双线铁路，中间站均应设置基本站台，以便于旅客乘降和车站值班员接发列车作业。一般在客流量较大、旅客乘降较多（如地、县所在地）或有旅客列车进行技术作业（如给水、试风、凉闸等）的中间站，由于旅客列车会让或旅客列车与摘挂列车同时停站的机会较多，因此应设置中间站台。当旅客列车和摘挂列车对数不多、客流量又不大时，可视其远期发展情况，适当设置中间站台或预留其位置。

双线铁路中间站因行车是按上、下行分开运行，且所经地区一般人口稠密，旅客乘降较多，为保证上、下行旅客列车分别停靠站台和方便车站值班员接发列车作业，均应设置中间站台。

单线铁路中间站的中间站台设在旅客站房对侧到发线与正线之间（一般与基本站台间夹两条线路），其主要优点是站台利用率高（除供正线停靠旅客列车外，还可供另一条到发线停靠旅客列车），且工务维修抽换枕木方便。双线铁路中间站的中间站台设在站房对侧的正线与到发线之间，其优点是旅客在中间站台上候车较安全，接发列车在站作业方便，列车待避条件好，站内正线顺直以及中间站台加宽时改、扩建工程少。

由于既有单线铁路中间站的布置形式、设备位置、车站作业性质和两端线路条件不同，因此在改、扩建为双线铁路中间站时，若地方客货运量不大，为充分利用既有设备，个别车站也可采用中间站台设在两正线间或到发线外侧的布置形式。

（2）站台的尺寸设计

旅客站台的长度应根据旅客列车长度情况确定，一般不短于 300 m，约有 11 辆车厢能停靠站台。在人烟稀少的地区或客流量较小的车站，站台长度可适当缩短。

旅客站台的宽度应根据同时在站台上乘降的旅客人数、行包运送方式及在站台上设置的各项设备等因素确定。基本站台的宽度在旅客站房范围以内不应小于 8 m，困难条件下不应小于 6 m。中间站台的宽度单线铁路不应小于 4 m，双线铁路不应小于 5 m。

旅客站台的高度，有高出轨面 0.3 m、0.5 m 和 1.1 m 三种。高 0.3 m 的站台，造价低，便于列检和不摘车检修作业，不影响超限货物列车和高速旅客列车的通行；但旅客上、下车很不方便，特别是由于线路养护时常抬道，造成站台高度往往还不足 0.3 m。高 1.1 m 的旅客站台与客车车厢底面基本等高，便于旅客上、下车，但车站工作人员跨越线路及列检不便，且邻靠站台的线路不能通过超限货物列车，旅客列车也不能以高速行驶。因此，在中间站上，旅客站台高度一般应高出轨面 0.5 m，邻靠正线及通行超限货物列车线路旁侧的站台应高出轨面 0.3 m，仅在特殊情况下方可采用高出轨面 1.1 m 的高站台。

3. 站台间的跨线设备

站台间的跨线设备一般有天桥、地道、平过道三种。

（1）平过道

中间站一般多采用平过道。在不设中间站台的车站宜设一处平过道。设有中间站台的车站，中间站台与基本站台间应设置两处平过道相连接，其中一处设在车站中部，另一处设在站台端部；当客运量较大时，在站中部及站台两端均应设置平过道。

平过道的宽度，应根据其使用情况确定。专供车站工作人员行走时，可采用 1.5 m；通行非机动车辆时，可采用 2.5 m；通行机动车辆时，不应小于 3.5 m；运送行李、邮包时，宜采用 4 m。

（2）天桥、地道

在双线区段，地县所在地或一次上、下车旅客人数在 400 人以上（或日均发送人数在 1 500 人以上）的车站，以及一次上、下车旅客人数在 200 人以上的技术作业站上，可设天桥或地道。单线区段客车对数在 10 对以上，一次上、下车旅客人数在 400 人以上的车站，可设地道或天桥。

中间站一般只设一座天桥或地道。由于天桥遮挡行车视线，占用站台面积较多，因此一般优先选用地道。天桥、地道为双向出入口时其宽度不应小于 2.5 m，为单向出入口时其宽度不应小于 3 m。横越设备宜设在站台的中部、进出站检票口之间，供上下车旅客共同使用。在设有天桥或地道的车站上，在中间站台中部应设一个平过道，以便行车人员通行和行包搬运。

4. 雨棚

中间站一般可修建 200~300 m 长的雨棚，单线铁路先在基本站台上设置，双线铁路在基本站台和中间站台上均可设置。

（三）货运业务设备

为了办理货物作业，应在中间站设置货场（包括仓库、货物线、货物站台、货物堆放场和货运办公房屋等）。

1. 货物仓库

中间站小型货场货物仓库宽度一般采用 9~12 m，长度根据需要堆积货物的面积计算确定。为方便装卸作业，仓库应设在货物站台上。仓库墙壁外侧至站台边缘的宽度，在铁路一侧一般不小于 3 m，在场地一侧一般不小于 2 m。

2. 货物站台

中间站货物站台一般高出轨面 1.1 m。如有仓库，货物站台的宽度，按仓库要求加两边走道考虑；如无仓库，一般不宜小于 12 m。站台长度按需要计算确定。当有人力架子车上站台时，站台端部斜道坡度，不宜陡于 1:10。

3. 堆放场

堆放场主要用于堆积长大、散堆装和粗杂货物。堆放场地面一般与路基面平，有时也可做成与枕木顶平。为了便于装卸，货位一般与装卸线平行布置。货堆之间的通道宽度为 0.5~0.7 m，货堆边缘距公路边缘的安全距离为 0.5 m，距装卸线钢轨外侧在有装车时不少于 2 m，仅卸车时不少于 1.5 m。

任务三　中间站布置图

【任务描述】

按照到发线的相互位置，中间站布置图可以分为横列式和纵列式两类。本任务主要分析几种常见的横列式单、双线中间站布置图特点，并介绍货源、货流方向等因素对货场位置选择的影响。

【任务分析】

纵列式布置图的特点是到发线纵向排列，并向逆行方向错移一个货物列车到发线有效长度。纵列式车站需要较长的站坪，具有工程费用大、运营管理不便等缺点，其优点在于能够适应山区陡峻狭窄的地形。那么横列式布置图有怎样的优缺点呢，中间站采用哪一类布置图更为合理呢？中间站的货场应该如何设置呢？本任务将对此一一介绍。

【相关知识】

一、单、双线中间站布置图

中间站布置图一般都采用横列式布置图。横列式布置的优点是：① 站坪长度短，工程投资少，在紧迫导线地段可缩短线路长度；② 车站值班员对两端咽喉有较好的瞭望条件，便于管理；③ 无中部咽喉，减少扳道人员；④ 零摘、摘挂列车调车时车辆走行距离短，节省运营费；⑤ 到发线使用灵活，站场布置紧凑。

图 4-6 所示为单线横列式中间站布置图。图 4-7 所示为双线横列式中间站布置图。这两种图型具有保证旅客安全、零担货物装卸和车辆摘挂作业方便、列车待避条件好、有利于工务养护和方便改、扩建等优点。图 4-6（a）和图 4-7（a）适用于正线平、纵断面条件适合于办理调车作业，且零摘、摘挂列车在站的调车作业时间不长，利用正线调车不致影响接发列车作业的中间站。采用此种布置图时，尚应考虑预留铺设牵出线的条件。

图 4-6（b）和图 4-7（b）、（c）布置图到发线较多且设有牵出线，适用于地方作业量较大（如地、县所在地或较大的物资集散地）且零摘、摘挂列车在站的调车作业时间长，或有其他作业的中间站。

在双线铁路中间站上，由于要满足调车作业、列车反方向运行以及双方向接发列车的需要，或因区间线路大修、线路临时发生故障和其他情况下采取运行调整措施，必须使一条正线上运行的列车转入另一条正线上继续运行，因此在车站两咽喉区的正线间应各设两条渡线。渡线布置形式以"八"字形的渡线为好。交叉渡线给养护维修带来不便，故仅在站坪长度受限制时采用。

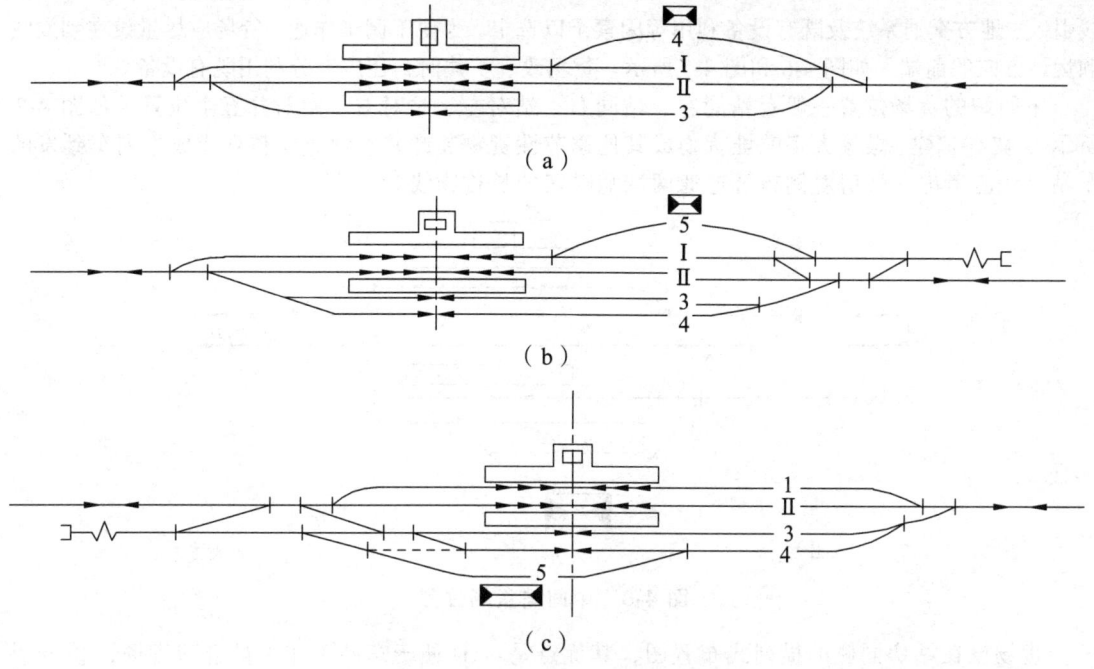

图 4-6 单线横列式中间站布置图

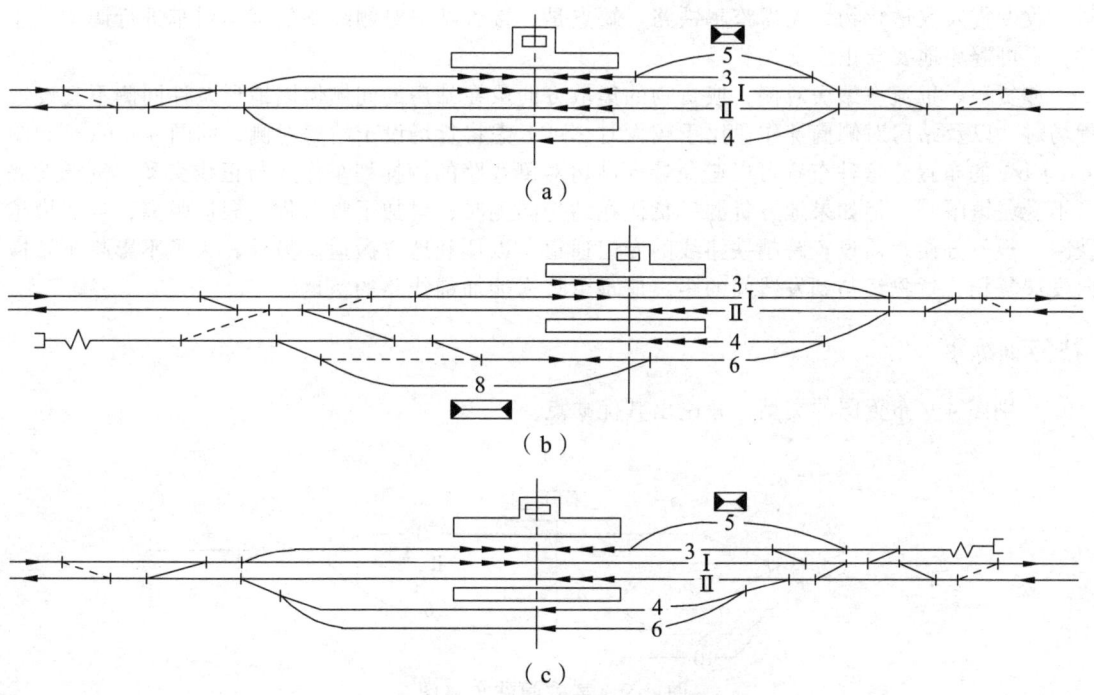

图 4-7 双线横列式中间站布置图

二、中间站货场设置

货场是联系产、运、销的重要环节，是促进工农业生产、为地方服务的重要设施。中间站的货场位置应根据货源、货流方向、环境保护、城市规划、当地地形、地质条件、有无工业企业线或支线引入、地方交通系统及既有设备利用等因素予以选定。为便于调车作业，货场应尽量设在到发线顺运转方向的前端，如图4-6和图4-7所示。货场改、扩建时，还应充分利用既有设备。

中间站的货场位置一般有站同左、站同右、站对左、站对右、站对并五个位置（如图4-8所示）。在有矿建、煤等大宗散堆货物或其他季节性货物装卸并经常组织整列或成组列车到发的车站上，应考虑在站房对侧布置连通两端咽喉区的长货物线。

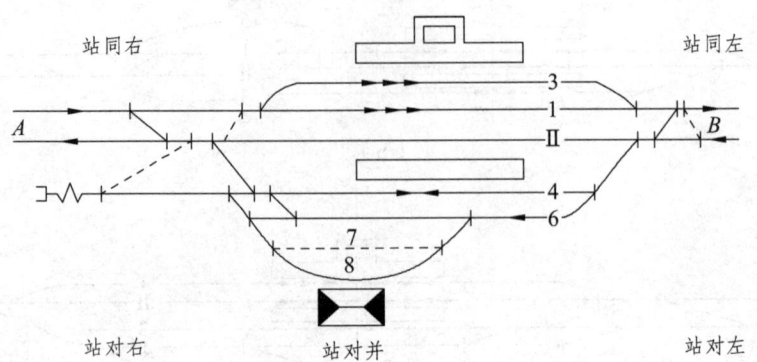

图4-8 中间站货场位置

货场设在站房同侧的横列式布置图，其优点是：① 便于车站工作人员管理货场；② 车站线路向站房对侧发展不受限制；③ 如地方货源、货流在站房同侧（大多数情况是这样），还有利于收发货人取送货物，无需跨越铁路。缺点是：接入站房对侧线路的摘挂列车进行调车作业时，不可避免地要与正线交叉。

如货源、货流在站房对侧，或货物的集散方向虽在站房的同侧但因地形条件同侧不宜设置货场时，以及站房对侧摘挂作业比重较大时，可考虑将货场设于站房对侧，如图4-6（c）和图4-7（b）的布置。这种布置可以避免接入站房对侧线路的摘挂列车作业与正线交叉，货场发展又不受城镇限制。但如果地方货源、货流在站房同侧时，增加了收发货人搬运距离，且需横越铁路，很不方便。需设置跨越铁路线的专门通道，以便利地方搬运。另外，为了不影响车站横向发展货场，货物线与到发线间的距离应预留将来能加铺线路的空地。

【技能训练】

识别图4-9布置图的类型，并说出其优缺点。

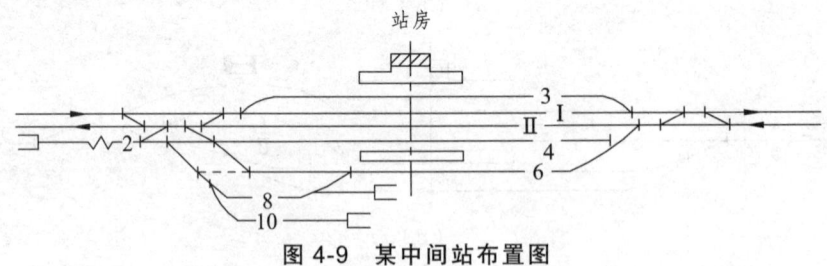

图4-9 某中间站布置图

【视野拓展】

中间站的改建

车站的改建要在调查研究的基础上进行。首先，要研究现有车站及其所在地区的技术经济特征和现有车站设备在运行工作中存在的问题。然后，根据车流的数量、性质和方向，结合当地条件，做出各种方案进行全面比较。在确定改建方案的同时，还要研究车站改建的施工步骤，编制工程预算及车站工作组织方案。

一、中间站改建的几种情况

1. 增加线路

列车对数增加、车站装卸作业量增多或有专用线与车站接轨时，都有可能需要增加到发线或货物线。加铺到发线时，应尽可能向站房对侧发展（见图4-10），避免在站房同侧加铺到发线，更不宜绕过站房加铺线路。

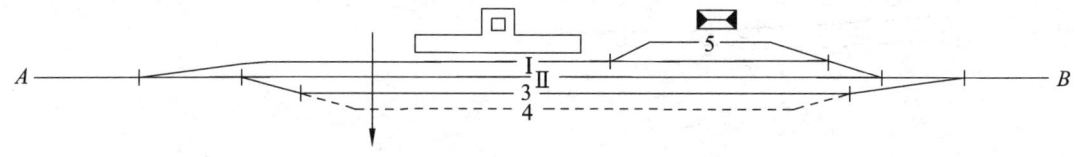

图4-10 中间站改建示意图（增铺线路）

2. 铺设第二正线

由于行车量增长，单线铁路的通过能力不能满足要求时，应铺设双线，这时车站往往也需要增加线路，进行相应改建。在站内第二正线的位置与区间引入的位置不相矛盾的情况下，一般应在站房对侧引入[见图4-11（a）]，不宜在站房和原有正线之间引入[见图4-11（b）]。因为在图4-11（b）中，接发下行方向待避列车时将与上行正线交叉干扰。

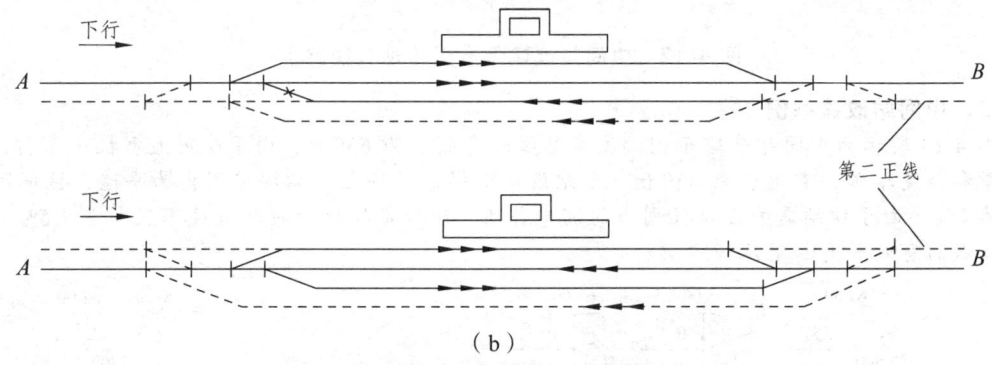

（b）

图4-11 中间站改建示意图（增设第二正线）

3. 延长线路

当采用大型机车，列车重量和长度有所增加时，就有必要延长到发线。延长到发线时，应注意以下几点：

① 应考虑车站两端相邻区间的长度，最好是向运转时分较长的一端延长线路。

② 尽量向车站的一端（最好是咽喉简单的一端）延长站线，避免拆动两端咽喉，以减少工程量和对行车作业的干扰。

③ 应注意车站两端进站线路平、纵断面的技术条件以及有无大型桥涵等建筑物。尽可能向进出站线路比较平直、没有桥涵等大型建筑物的一端延长线路，以减少工程量。如需要向站外有大半径曲线的进站线路一端延长线路，可以将原有曲线半径适当改小（仍在允许范围之内），如图4-12（a）所示，或改为两个较小半径的曲线，如图4-12（b）所示，以便使车站咽喉设在直线上，避免在曲线上铺设道岔。

4. 改变纵断面

由于区间纵断面的改造或由于延长站坪等原因可引起站内线路纵断面的部分甚至全部改变。改变后的纵断面应保证列车停车后能够再行起动和车辆在线路上的停留安全。当纵断面条件许可且标高变更不大时，应尽可能采用填方的办法改变线路纵断面。一般用填道砟的办法解决，但道砟的厚度不应超过 1 m。如采用挖方的办法改变线路纵断面或填方较大时，必须拆除原有线路的上部建筑，进行填方或挖方后，再重新铺设，工程量较大。施工时，要妥善组织，采取借用线路，甚至修建临时便线等措施，以保证正常的运营。

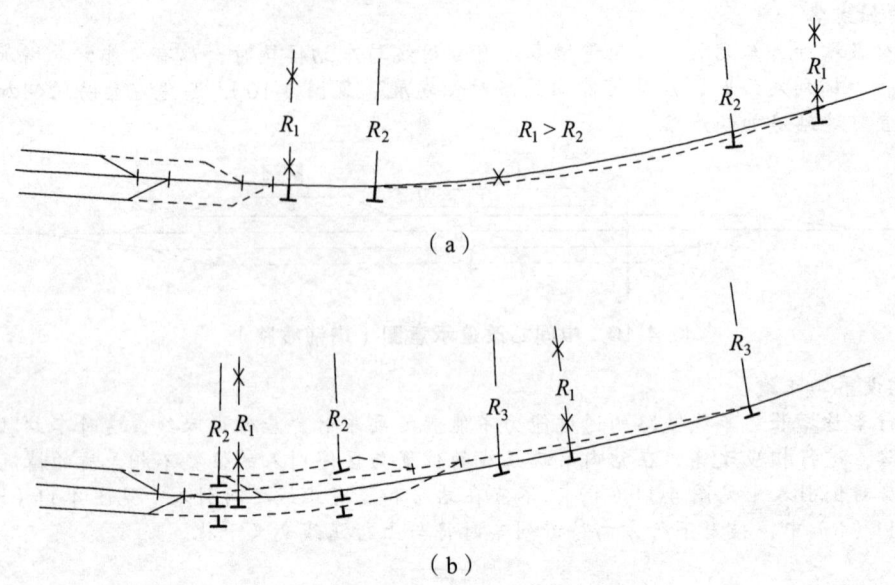

图 4-12 中间站改建示意图（延长线路）

二、中间站改建举例

图 4-13 所示为中间站改建示例。原车站线路有效长为 650 m，由于改用大型机车牵引，列车重量和长度增加，需延长至 850 m。车站设在阶梯形站坪上，站坪范围内为平道，区间限制坡度为 8‰。由于该站需办理摘挂列车的调车作业，按规定线路的实际坡度不应大于 1.5‰。延长到发线的有效长有如下几种方案：

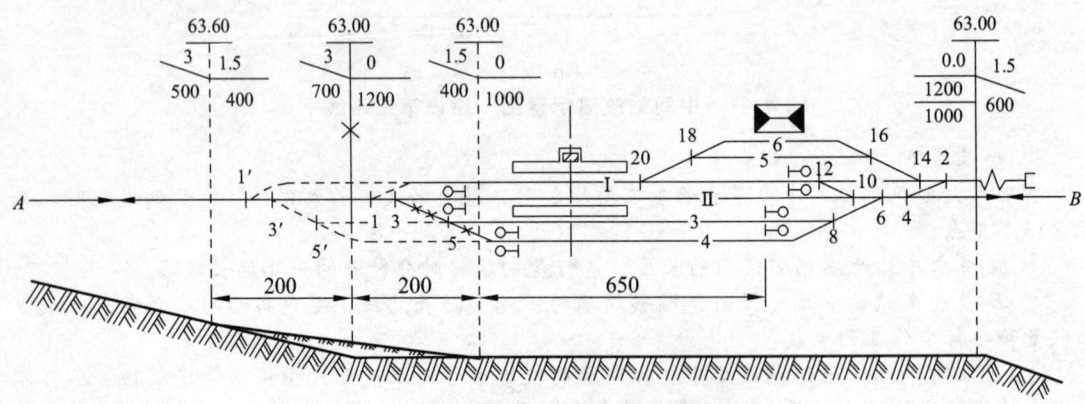

图 4-13 中间站改建示意图（改变纵断面）

方案 I 是向右端延长，站外坡度为 1.5‰，符合到发线设计技术条件和要求。因此，可以不改变进出站线路的纵断面。但这一方案有一系列缺点，如拆迁道岔 10 组，站房中心偏于一端，管理不便，并且现有货场建筑物也要改建。

方案 II 是考虑到避免方案 I 的缺点，将到发线向左端延长。这样就必须改建现有线路纵断面，将车站左端一部分平道和进站线路上 3‰ 的一段坡道一并拉成 1.5‰ 的坡道，使之符合设计技术条件，共拆迁 3 组道岔。

项目四 中间站

【头脑风暴】

如图 4-14 所示，由于采用大型机车牵引及行车量和地方作业量的增加，需要将车站线路有效长延长 200 m，并增加一条到发线、一条货物线和牵出线，请设计出改建后的车站平面及纵断面图。

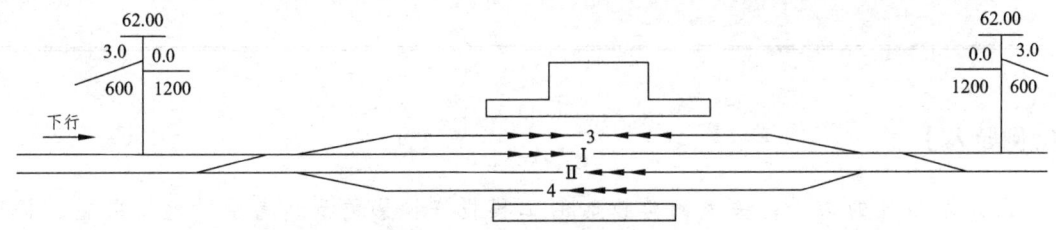

图 4-14 某中间站改建前示意图

【习题】

一、填空

1. 单线中间站一般应设_____条到发线，以便车站具有三交会的条件。
2. 中间站是否设置牵出线，应根据衔接_____、_____、_____以及_____等因素确定。
3. 货物线的布置形式有_____和_____两种形式。
4. 单线铁路中间站的中间站台一般设在_____与_____之间，一般与基本站台间夹_____条线路。
5. 站台间的跨越设备一般有_____、_____和_____三种。
6. 安全线有效长一般应不小于_____m。
7. 避难线的类型有三类：_____、_____、_____。
8. 中间站一般采用_____布置图。
9. 中间站的货场位置一般有_____、_____、_____、_____四个位置。
10. 中间站常见的改建形式有_____、_____、_____、_____。

二、判断题

1. 中间站不办理旅客乘降业务。　　　　　　　　　　　　　　　　　　　　　　（　　）
2. 双线铁路中间站至少应设两条到发线。　　　　　　　　　　　　　　　　　　（　　）
3. 货物线数目和长度与货物装卸量有关，应根据需要确定。　　　　　　　　　　（　　）
4. 不论是单线铁路还是双线铁路，中间站均应设置中间站台。　　　　　　　　　（　　）
5. 在区间内各级铁路线、岔线与正线接轨时应设置安全线。　　　　　　　　　　（　　）
6. 环形避难线结构简单，易于养护，安全性能好。　　　　　　　　　　　　　　（　　）
7. 渡线布置形式以"八"字形的渡线为好。　　　　　　　　　　　　　　　　　（　　）
8. 如站房对侧摘挂作业比重较大时，可考虑将货场设于站房对侧。　　　　　　　（　　）
9. 加铺到发线时，应尽可能向站房同侧发展。　　　　　　　　　　　　　　　　（　　）
10. 当纵断面条件许可且标高变更不大时，应采用填方的办法改变线路纵断面。　（　　）

三、名词解释

越行　　中间站　　最高聚集人数　　安全线

四、简答题

1. 会让站、越行站分别办理哪些作业？
2. 天桥和地道两种跨越设备，各自的优缺点是什么？
3. 哪些地方应设置安全线？
4. 避难线有几种类型，各自的优缺点是什么？
5. 分析货场位置的选择条件。
6. 延长到发线时应注意哪些问题？

项目五　区　段　站

【案例导入】

　　区段站站址的选择，关系到建设时的工程投资，影响到运营后的经济效益，因此区段站选址方案的制订是十分重要的。石长铁路西起焦柳线上新增设的石门县北站，经常德、益阳、长沙，至京广线上的捞刀河站，全长 264 km。石长铁路在路网中构成焦柳、京广两大铁路干线的联络线，对强化路网骨架、增强路网机动性具有十分重要的作用。

　　早在石长铁路初步设计之时，就提出了在德山和益阳设区段站的两个方案。无论是在德山设区段站，还是在益阳设区段站，两者差不多是将石长铁路分三等分，德山偏西，益阳偏东，在机车运用和运输管理上，都没有太大的差别，故在初步设计鉴定时便将区段站站址确定在德山，这便是德山方案的由来。

　　石长铁路在 1993 年开工建设后，石长公司作为独立合资公司的管理模式逐步得到确定。此时，洛湛铁路通道的建设也日益临近。洛湛铁路通道在湖南境内将局部利用石长铁路，结合这一情况进行统一考虑，石长铁路的区段站究竟是设在德山、还是设在益阳的问题，就有重新研究论证的必要。

　　从经营管理上看，石长公司机关设在长沙，益阳距长沙较近，因此益阳较德山方案更便于运输组织和调度指挥，更有利于发挥合资公司的管理职能。且益阳站址距益阳市中心较近，有利于改善职工的生产、生活条件，更有利于今后的生产发展和稳定职工队伍。

　　从路网规划上看，益阳必将成为石长铁路与洛湛铁路通道益娄段的交汇点，因而在益阳设区段站是完全符合路网规划的。而德山方案则因其并不处在两条铁路的交汇点上，在路网中不能发挥足够的作用，无法避免今后在益阳重复建设区段站的局面。

　　从行车组织、机车交路、工程投资等方面看，益阳方案也都优于德山方案。

　　益阳方案唯一的缺点在于其地理位置。益阳站址初步条件设计时确定在刘家大屋，该站址仅考虑了车站的规模，虽距市区较近，但地形起伏很大，场地狭窄，工程艰巨，无发展余地，这也是初步设计鉴定时将区段站定在德山的重要原因之一。后来，考虑到益阳有发展成为大站的可能，将益阳站址由刘家大屋调整到了麻益坡，这样便与德山站址同属洞庭湖边缘的低山丘陵区，地形均较平坦、开阔，车站所征用的土地均以山地为主，有利于保护耕地，同时站址附近均有一级公路通过，交通便利。二者在地形上的差异被消除了。

　　益阳方案由于及时优化和调整了站址，最终被采纳。目前，石长铁路已建成通车多年，益阳区段站行车组织灵活、生产管理便利。随着洛湛铁路通道的动工兴建，益阳区段在路网上的作用将越来越明显。事实证明，益阳站址由德山调整到益阳的决策是非常及时的，不但避免了重复建设所造成的巨大浪费，而且又为今后的运营创造了十分有利的条件。有鉴于此，建议在今后新线设计和建设中，应结合线路的自然条件、路网规划和工程投资等各种因素，进行综合、系统的分析，选择好区段站的站址，使区段站这一硬件为铁路走向市场、参与竞争提供有力的物质保障。

【项目描述】

区段站多设在中等城市和铁路网上牵引区段（机车交路）的起点或终点，是指解体与编组区段和沿零摘挂区段站的待编列车的车站，它是根据机车牵引区段的长度以及路网的布局和规划设置的。本项目将详细介绍区段站设备、作业、布置图等方面的相关知识。

【学习目标】

1. 知识目标
① 了解区段站的主要任务、业务、设备，以及影响区段站分布的因素。
② 掌握区段站的分类方法。
③ 掌握列车及机车车辆在站内的作业流程，掌握并能够分析区段站主要设备的配置方案。
④ 掌握区段站布置图分析方法，熟悉双线横列式区段站布置图的采用条件和优缺点，了解枢纽区段站车流分类、作业特点、设计特点。
⑤ 掌握区段站运转设备的设置原则。
2. 技能目标
① 设计区段站主要设备的设置方案。
② 分析区段站各类布置图的优缺点。
③ 根据区段站性质确定各类运转设备的数量及位置。

【职业技能要求】

区段站所办理的作业，无论从数量上或种类上，都远较中间站繁多，因此其设备的种类是比较齐全的，车站布置图较中间站也更为复杂。包括车站值班员、助理值班员、信号员、站务员等在内的铁路运营岗位均需了解区段站相关知识，以保证行车安全，提高站内各项作业效率。

【任务驱动】

区段站"小而全"，"小"是指作业量、设备规模小，"全"是指作业内容、设备种类齐全。同时区段站又有着"承上启下"的特点，它既是中间站的发展，又是编组站的雏形。假如你是一名区段站的车站值班员，现在有一列车需在本站进行无改编中转作业，请问您如何办理本次作业过程？作业过程涉及哪些设备？

任务一　区段站概述

【任务描述】

区段站的主要任务是为邻接的铁路区段供应及整备机车或更换机车乘务组,并为无改编中转货物列车办理规定的技术作业。此外,还办理一定数量的列车解编作业及客、货运业务。在设备条件具备时,还进行机车、车辆的检修业务。本任务将从分布、分类、业务、设备四个方面对区段站进行简要介绍。

【任务分析】

区段站位于铁路网上各牵引区段的分界处,那么其设置位置仅受牵引区段长度的影响吗?区段站有哪些类型,办理的业务与中间站一样吗,对应的设备又是什么?以上便是本任务将要探讨的主要问题。

【相关知识】

一、区段站的分布

区段站在铁路网上的分布主要决定于下列因素。

1. 牵引区段的长度

铁路网上牵引区段的长度根据牵引种类(内燃或电力)、机车交路及乘务组的连续工作时间确定。内燃、电力机车牵引应采用长交路。货运机车交路宜从一个编组站到下一个编组站;客运机车交路宜从一个较大的客运站到下一个较大的客运站。交路长度,货运机车内燃牵引时宜为 350 km 左右,电力牵引宜为 550 km 左右;客运机车内燃牵引时宜为 500 km 左右,电力牵引时宜为 700 km 左右。为便于运营部门管理,机车交路不应受局界、省界的限制,但不宜超过 2 个乘务区段。

2. 路网上技术作业的要求

应根据路网规划所确定的区段站在路网中的位置和作用、与相邻编组站或区段站的分工及合理的车流组织等因素确定。一般应把区段站设在有一定数量车流集散的地点。在几条铁路的交叉或汇合处,若需办理各方向的交换车流,则应设置枢纽区段站。

3. 地区及城镇发展规划

区段站应尽可能设在具有一定政治、经济意义及客货运量较大的城镇。这样,既可满足地区及城镇生产建设的需要,又便于解决铁路职工及其家属的生活供应、医疗、教育及文化生活等困难。

实现铁路牵引动力现代化后,由于电力机车及内燃机车的整备作业较简单,可以走行很长的距离而不需要整备,乘务组和机车统一组织,集中使用,实行长交路轮乘制,且运行速度快,故牵引区段的长度就要延长。

既有干线实行长交路后,有的区段站在干线上已不再是无改编中转货物列车牵引交路,但仍需为区段摘挂列车更换机车,或担当衔接支线及地区小运转列车交路。

在分布区段站时,亦应适当考虑我国铁路运营的特点及车流集散的规律。

二、区段站的分类

按区段站不同的特征进行分类,有助于合理确定各项设备的数量、规模及布置形式。

1. 按作业性质及作业量分

① 无解编作业区段站。这种区段站只办理无改编中转列车有关作业,没有列车改编任务,或仅担任摘挂列车的整编作业。

② 有解编作业区段站。这种区段站除办理无改编中转列车有关作业外,还担任区段、摘挂列车和少量直通、直达列车的解编作业。

2. 按到发场的相互位置分

① 横列式区段站。这种区段站上、下行到发场平行布置在正线一侧,调车场在到发场的一侧。

② 纵列式区段站。这种区段站上、下行到发场分设在正线两侧,并逆运行方向全部错移,在其中一个到发场一侧,设一个双方向共用的调车场。

③ 客货纵列式区段站。这种区段站是客运运转设备(主要指旅客列车到发场)与货运运转设备(主要指货物列车到发场)纵向配列。

三、区段站的业务及设备

(一)区段站的业务

从区段站作业的数量和性质以及设备的种类和规模来看,各类专业车站的主要作业及基本设备在区段站上都有不同程度的体现。

根据所担负的任务,区段站一般办理下列作业。

1. 客运业务

区段站客运业务与中间站所办理的客运业务基本相同,只不过数量较大。

2. 货运业务

区段站货运业务与中间站所办理的货运业务大致一样,但作业量往往较大。在某些区段站上还进行保温车的整备及牲畜车的供水作业。

3. 运转作业

① 与旅客列车有关的运转作业:主要办理通过旅客列车的接发作业;有的车站还办理局管内或市郊旅客列车的始发、终到作业以及个别车辆的甩挂作业。

② 与货物列车有关的运转作业:主要办理无改编中转列车的接发和有关作业,对区段和摘挂列车,要进行解体和编组作业;同时还办理向货场、工业企业专用线取送作业车等;有些区段站对部分改编中转列车,还要办理变更运行方向、变更列车重量或换挂车组等作业;某些区段站还担当少量始发直达列车的编解任务。

4. 机车业务

区段站机车业务以更换货物列车机车和乘务组为主,有些车站还更换旅客列车机车和乘务组。当采用循环交路时，在机务段所在的区段站上，列车机车不进段，仅在站内到发线上或其附近进行检查、整备作业。当采用长交路时，有的区段站无需更换机车，仅更换机车乘务组或进行部分整备作业。

5. 车辆业务

区段站车辆业务主要是办理列车的技术检查和车辆的检修（摘车修和不摘车修）业务。在少数设有车辆段的区段站上，还办理车辆的段修业务。

由上述可知，区段站所办理的作业，无论从数量上或种类上，都远较中间站复杂。而在所办理的各类列车中，又以无改编中转列车所占比重为最大，成为区段站行车组织工作的重要环节。

（二）区段站的设备

为了保证上述作业的完成，在区段站上应设有以下各项设备：

① 客运业务设备：主要有旅客站房、旅客站台、雨棚及跨线设备等。具体在项目四中已经详述。

② 货运业务设备：主要指货场及其有关设备，如装卸线、存车线、货物站台、仓库、雨棚、堆放场及装卸机械等。具体在项目四中已经详述。

③ 运转设备：供旅客列车使用的运转设备——旅客列车到发线，必要时设客车车底停留线；供货物列车使用的运转设备——货物列车到发线、调车线、牵出线（有时设小能力驼峰）、机车走行线及机待线等。

④ 机务设备：设机务段或机务折返段。在其所在的区段站上，如采用循环交路，在到发场或其附近，应设有机车整备设备。当采用长交路轮乘制时，可设机车运用段或机务换乘点。

⑤ 车辆设备：主要指列车检修所、站修所。在大的区段站上还设有车辆段。

除上述各项设备外，还有信号、通信、给水、排水、电力、照明、技术办公房屋以及与城镇道路的平（立）交设备等。

任务二　区段站主要设备的相互位置

【任务描述】

本任务首先介绍列车及机车车辆在站内的作业流程，指出缩短无改编中转列车的作业流程和停站时间、提高车站的通过能力是研究区段站设备布置的主要任务，再在此基础上分析区段站各类设备的设置方案。

【任务分析】

区段站的各项设备有其独立性，但就整个区段站而言，它是一个整体，为完成某项作业可能占用几项设备。为使作业正常进行，这些设备之间就存在着相互制约。因此，设备的设置位置需要综合多项因素进行考虑。本任务的重点即为区段站各项设备的合理设置位置如何确定。

【相关知识】

一、列车及机车车辆在站内的作业流程

为了合理确定各项设备的相互位置和相互联系，必须正确掌握列车及机车车辆在站内的作业流程，认真分析各项作业间的相互联系。

现以单线铁路横列式区段站为例（见图 5-1），说明列车及机车车辆在区段站内的作业程序。

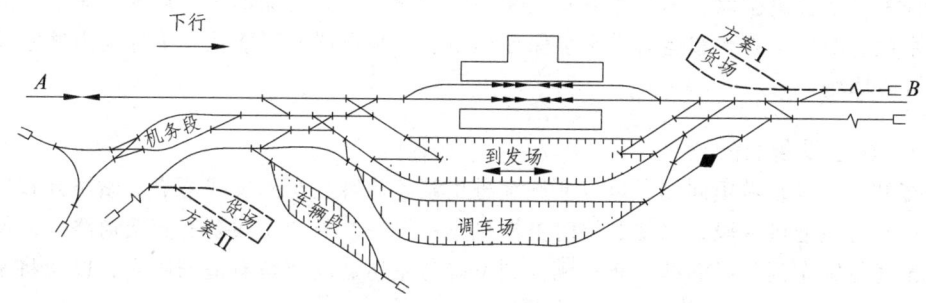

图 5-1　单线铁路横列式区段站布置图

① 通过旅客列车：自 A 方向接入靠站台的到发线后，一般不需要换挂机车，旅客乘降及行李、包裹装卸完毕，即可向 B 方向发车。

② 无改编中转货物列车：自 A 方向接入到发场后，机车入段，车列进行技术作业，然后换挂机车向 B 方向出发。

③ 到达解体货物列车：自 A 方向接入到发场后，机车入段，车列经技术检查，由调车机车拉至牵出线解体。车列解体后，车辆在调车场集结待编或待送。

④ 自编始发货物列车：车流在调车场集结成列，经过编组作业由调车机车转至到发场进行技术检查等作业，挂上机车后出发。

车列解体后，本站货物作业车在调车场内集结成组，由调车机车送往货场（或工业企业专用线）。装卸完毕的车辆，又由调车机车自货场（或工业企业专用线）取回至调车场，编入区段或摘挂车列内。这种车辆取送作业的次数一般不多。

站修所（或车辆段）扣修的车辆，亦由调车机车自调车场送至站修所（或车辆段），修竣的车辆又自作业地点取回至调车场。这种车辆取送次数更少。

从上述作业流程分析，可得出下列结论：

① 旅客列车到发线应紧靠正线，使旅客列车到发有顺直的进路。所有客运设备应设于靠城镇的一侧，以利于客运业务的组织及旅客出入车站。

② 货物列车到发场也应紧靠正线，使列车到发有顺直及便捷的进路。

③ 调车场应尽量靠近到发场，使车列转线的行程较短，干扰较少。

④ 机务段（或机务折返段）的位置应尽可能接近到发场，并且要有便捷的通路，以利于机车及时出入段。

⑤ 货场的位置，一方面希望设于靠城镇一侧，便于货物搬运；另一方面又希望靠近调车场，以减少车辆取送时间及干扰。工业企业专用线应尽可能和调车场或货场接轨，以利于车辆的取送。

⑥ 站修所（或车辆段）要靠近调车场，以缩短扣修车辆的取送行程。

区段站是为相邻牵引区段服务的，主要办理无改编中转列车的作业，因而缩短无改编中转列车的作业流程和停站时间以及提高车站的通过能力就成为研究区段站设备布置的主要任务。

二、区段站主要设备的配置

区段站各项主要设备是为承担各项作业而专门设置的。但从整个区段站来看，各项作业是紧密联系而又相互制约的。因此在布置区段站各项设备时，必须注意各项设备的相互联系。在设计过程中，还应遵循保证车站作业安全和必要的通过能力、保证车站技术作业尽可能平行办理和流水性、节省工程费和运营支出、保证车站进一步发展的可能性和更好地为城镇及工农业生产服务等原则。

（一）客运设备的配置

旅客站房应设在城镇同侧，以方便旅客进出站。旅客列车到发线要靠近站房并直接连通正线，其一端应接通机务段，以便必要时更换机车；另一端与牵出线要有直接通路，以便调车机车自牵出线往客车到发线摘挂客车车辆。到发线与站房之间要留有适当距离，以便将来发展。

（二）货物运转设备的配置

货物列车到发线设在与旅客列车到发线相对应的正线的另一侧并与正线接通。由于到站改编的区段列车和摘挂列车要从到发场经由牵出线在调车场内进行解体，自站编组的区段列车和摘挂列车要进行编组并经由牵出线送往到发场发车，因此调车场应尽量靠近到发场。调车场与两端的牵出线（有时设有小能力驼峰）组成整套调车设备。

随着运量的增长，有时需对区段站货物运转设备进行扩建和改建，因而在货物运转设备的配置上应考虑未来发展的可能。一般当到发场与调车场需要扩建时，可将调车场的部分股道改作到发线，而在调车场外侧加铺调车线。

图 5-2 所示为货物运转设备的一种配置位置，这是上、下行货物列车共用一个到发场，调车场设于到发场外侧的单线横列式区段站布置图。

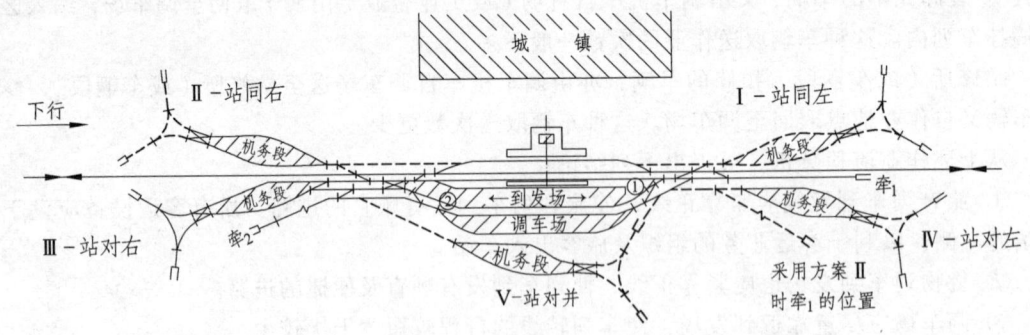

图 5-2　货物运转设备及机务设备的配置方案

在双线铁路上设区段站时，由图 5-2 的一个到发场变为按上、下行货物列车分设的并列到发场，这就形成双线横列式区段站布置图。

当双线铁路横列式区段站的运量较大、旅客列车对数又较多时，可将上、下行两个方向的到发场分设于正线两侧，逆行车方向全部错移，这就形成纵列式区段站的布置图形。

当客、货行车量均较大，对既有区段站改建受条件限制，原有横列式布置图的车站，横向无进一步发展可能时，可将原有的站场改为专供旅客列车使用的到发场，另建供货物列车使用的到发场和调车场，这就构成了旅客列车到发场与货物运转设备纵向配列的图形，即客、货纵列式区段站布置图形。

从以上初步分析可知，区段站各种布置图的构成与发展，主要是根据与车站行车量大小及性质、车站通过能力直接有关的设备相互位置来确定的，也就是根据正线、旅客列车到发线（场）及上、下行货物列车到发线（场）不同的相互位置而形成的。

（三）机务设备的配置

在区段站上，列车机车的换挂、出入段及整备是区段站作业的主要组成部分。因此，合理配置机务设备，不但能加速机车车辆周转、提高车站通过能力、节省基建投资，而且对站场各项设备的总体布局及发展也有很大影响。

新建机务段的位置，应根据车站及机务段性质、作业要求、机务段的规模、车站布置图形、远期发展和城镇规划等条件，结合地形、地质、水文、主要风向和便于排水等因素确定。

区段站机务设备的设置位置与机车在区段站进行的作业密切相关。到达列车的本务机车要入段，出发列车的本务机车要出段，因此机务段应靠近到发场，利于机车便捷地出入段。另外，应保证在咽喉区有足够的平行进路，以使列车到发、机车出入段以及调车作业可以同时进行。

区段站上，机务段的位置可以有以下几种方案。

1. 机务段位于站房同侧

机务段设在站房同侧左端（简称站同左——第Ⅰ方案）及右端（简称站同右——第Ⅱ方案）方案。这两种方案的缺点较多，如机务段设在站房同侧，会恶化城镇居民区的环境；当到发场的列车更换机车时，必须跨越正线；靠机务段一端站场咽喉区布置复杂，而另一端机车出入段走行距离长；在改建时因城镇用地紧张，发展比较困难。所以在新建区段站时，一般不采用这两种方案。

机务段设在调车场外侧与调车场并列（简称站对并——第Ⅴ方案）。采用这种方案时，机车出入段虽与调车作业相干扰，但与列车到发的交叉则平均分配在车站两端咽喉区。两端咽喉构造较简单，不需设专用机车走行线。机车出入段时，在站内走行距离可大大缩短，用地也较少。其主要缺点是车站横向发展比较困难，尤其是当改编作业量较大时，对调车作业干扰较大，故一般不宜采用。在改编作业量很小的区段站上，如远期无大发展的内燃或电力机务段且其规模又较小时，也可考虑选用该方案。

2. 机务段位于站房对侧

机务段设在站房对侧右端（简称站对右——第Ⅲ方案）及站房对侧左端（简称站对左——第Ⅳ方案）。这两种方案的缺点是用地较大，机务段一端咽喉比较复杂，另一端机车走行距离较长。但它明显的优点是机车出入段对作业的干扰比其他任何方案都少。

在双线横列式区段站上，到发场（线）通常是按行车方向别（上、下行）使用的。若机务段在站对右位置，则一个方向机车出入段与另一个方向列车出发产生进路交叉；若机务段在站对左位置，则一个方向机车出入段与另一个方向列车到达产生进路交叉。显然，列车出发较列车到达的速度低，较为安全；占用进路时间短，妨碍的时间也较少。由此可知，到达交叉比出发交叉严重。尤其当发展成纵列式图形时，站对右方案的机车走行距离远比站对左方案要短。因此，站对右方案较站对左方案更为有利。

在单线横列式区段站上，上、下行到发场（线）混用，机车出入段与上、下行两个方向列车到达、出发进路所产生的交叉性质相同，因此机务段设在站对右或站对左方案对进路交叉的影响并不明显。

综上所述，新建单线横列式区段站首先应考虑机务段设于站对右的位置，其次是站对左的位置。对远期没有多大发展的区段站，必要时也可考虑站对并的方案。在我国横列式区段站上，机务段设在站对右及站对左位置的，约占总数的 2/3 左右。其中新建横列式区段站的机务段大部分设在站对右的位置，其次为站对左及站对并的位置。

采用循环交路时，机务段所在站的到发线上要办理一部分整备作业。为保证列车机车不摘钩，可将整备设备设在到发线上，如图 5-2 中的①、②所示。在机务折返段所在站上，如机车不需要转向，而气候条件又适合在露天进行整备作业时，其整备设备的用地宽度一般为 30～50 m。这时，在横列式区段站上，折返段也可考虑设在到发场近旁，以减少机车走行距离及咽喉区的进路交叉；在纵列式区段站上，折返段也可考虑设在中部咽喉区附近。如采用循环交路，无论机务段或机务折返段所在的车站上，主要整备设备都可考虑设在到发线上或设在上、下行到发场之间，或设于咽喉区附近。

据调查统计，横列式区段站上机务段的位置，在站对右占 41%，站对左占 21%，站对并占 15%，其他占 23%。

（四）货运业务设备（即货场）的配置

货场直接为工农业生产和城镇居民生活服务，其设置位置合理与否，对城镇运输和铁路作业均有较大的影响。货场的设置位置既要根据地方货源、货流情况，靠近收发货单位，又要考虑地形条件，节省造价；既要便利装卸车辆取送作业，又要考虑地方运输的便捷。因此，区段站货场位置应结合城镇规划、货源及货流方向、地形条件、地方搬运方式、城市道路与铁路交叉的方式、环境保护需要、铁路行车量、货物品种以及装卸量等加以确定。

货场在站内的位置，基本上可归纳为两类：一类在站房同侧（方案Ⅰ、Ⅱ），另一类在站房对侧（方案Ⅲ、Ⅳ），如图 5-3 所示。

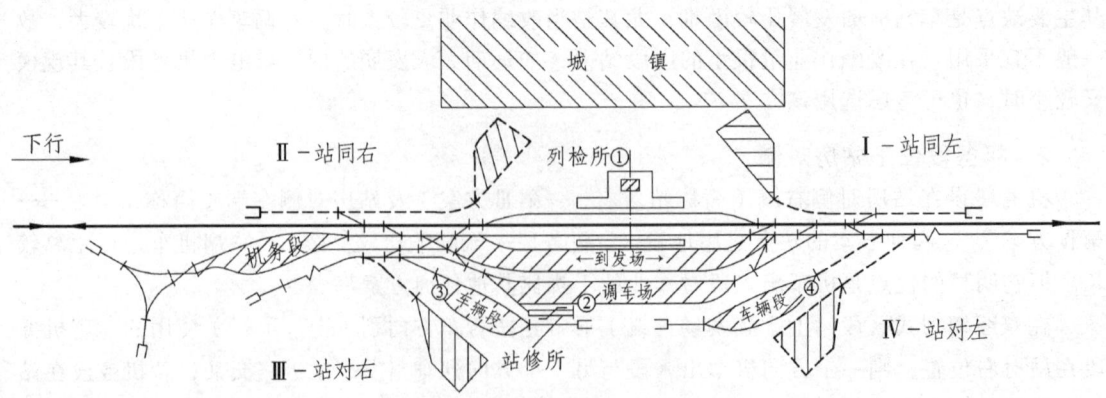

图 5-3 货运业务设备（货场）及车辆设备的配置方案

1. 货场位于站房同侧

一般区段站均位于中、小城镇，所以货场设在站房同侧，也就是设在城镇主要货源、货流的同侧。其优点是货场靠近工矿企业、物资单位与居民区，便于货物集散，货主搬运车辆无需跨越正线。其缺点是货场作业车取送必须跨越正线，干扰正线行车，在货场规模大、占地多时，布置上也有一定困难。当货场设于机务段同一端时（方案Ⅱ），对作业影响更大，因该端咽喉作业十分繁忙，既有客货列车的到发，又有机车出入段，如果再加上货场取送作业，则相互干扰严重，必然影响咽喉的通过能力。因此在方案Ⅰ、Ⅱ中，当机务段设于站对右位置时，在其他因素相同的情况下，以采用方案Ⅰ为宜。

一般来说，单线铁路区段站的货场宜设于站房同侧，咽喉结构简单的一端（方案Ⅰ）。

2. 货场位于站房对侧

当货源、货流主要方向在站房对侧时，将货场设在调车场一侧最为理想，这样既便于取送作业，又有利于货主搬运。但在大部分情况下，这一位置往往与城镇主要货源、货流不一致。其优缺点正好与货场在站房同侧时相反。这种方案的实质是把铁路内部取送车作业对正线的干扰转换为铁路与公路的交叉干扰。所以，只有当行车量与装卸车数两者都较大而又设有立交设备时，才宜把货场设在站房对侧。这时，应与机务段位于同一端，以利车站纵向发展。如机务段设于站对右的位置，则可采用第Ⅲ方案。

远期将发展成为双线铁路的区段站，在地方运量较少时，货场仍宜设在站房同侧。当近、远期地方运量均较大，且在站房同侧布置较大的货场有困难时，货场可设于调车场一侧次要牵出线附近。如近期运量小、远期运量大，则可根据情况有计划地分设两个货场。近期在站房同侧设一个货场，远期在站房对侧增设整车货场，并将在站房同侧的原货场改作零担货场。

对某些品种特殊的专业性货场，如危险品、有毒品、有碍卫生的粉末状货物，则应远离城镇居民区，设在城镇的下风方向。

当正线列车对数较多，货场装卸量较大时，站房同侧的货场应设货场牵出线，避免占用正线调车。设在调车场同侧的货场，如调车场的牵出线作业量大，也可预留或设置货场牵出线。

如货场与城市不在正线的同一侧，且正线行车量、调车作业量和货物装卸作业量均较大时，在工程不很困难的情况下，城市通往货场道路与铁路的交叉应采用立体交叉。

据统计，调查站的货场位置在站房同侧占64%，在站房对侧占25%，两侧都有的占11%。

（五）车辆设备

在区段站上，一般应修建列车检修所、站修所及车辆段等有关的车辆设备。

1. 列车检修所

一般设在到发场一侧，靠近运转室，在区段站上往往设在站房附近，以便于列检值班员与车站调度员或值班员的工作联系，见图5-3中①所示位置。

2. 站修所

承担车辆辅修、摘车轴箱检查和摘车临修工作，应设在调车场最外侧远期发展的范围以外，见图5-3中②所示位置。

3. 车辆段

车辆段的任务是完成车辆的定期检修，不是每个区段站都设置。当设置车辆段时，待修的车辆要由调车场送到车辆段，修好的车辆由车辆段取回调车场。由此可知，车辆段与调车场的关系最为密切。因此，其设置位置应便于检修车辆的取送，而且不妨碍调车场扩建及车辆段本身的发展。图 5-3 中方案③、④均靠近调车场，取送车同样便利。但当机务段位于站对右位置时，则方案③较优。它既不影响调车场的纵向发展，而且还可以充分发挥次要牵出线上较空闲的调车机车的作用，使检修车辆能及时取送。

任务三　区段站布置图

【任务描述】

区段站布置图形表示出车站各项设备的总体布局。图形选择是否合理，对铁路运营、工程投资、城镇规划和工农业的发展都有很大的影响。

在区段站新建和改扩建设计中，分析研究布置图的目的是要根据区段站在路网上的作用、车站各衔接方向数目、运量及车流性质、作业特点，结合城镇规划及地形、地质条件，并考虑预留发展等因素，选择合理的布置图或提出正确合理、切实可行的改扩建方案。在区段站的运营工作中，分析研究布置图，主要是为了找出车站各项设备的薄弱环节，提出合理运用各项设备的作业方案及改善各项设备的具体措施，提高区段站的通过能力。

【任务分析】

区段站的作业和设备尽管在数量和规模上都不是最大的，但其作业和设备的种类却是比较齐全的。为减少作业进路交叉，保证作业安全和必要的通过能力，车站布置图应采取何种形式呢？本任务的重点便是分析各类车站布置图的特征、作业进路、优缺点及适用范围。

【相关知识】

一、分析及选择区段站布置图的步骤

区段站布置图的分析及选择，一般可按下列方法和步骤进行。

（一）分析研究收集的相关资料

① 当地自然条件及地理特征，城市现状及发展规划、工农业布局等。
② 车站远、近期客货运量及其在路网上的作用。
③ 相邻区段主要技术特征，包括衔接方向、正线数目、线路等级、限制坡度、机车交路、牵引类型、牵引定数、工业企业线接轨位置等。
④ 区段站各项设备的数量及技术条件。

（二）综合分析区段站的各项设备及其运用情况

1. 各项设备的相互位置及相互联系

① 正线与到发场（线）的相互位置及相互联系。
② 在到发场（线）内，旅客列车到发线与货物列车到发线之间，各方向货物列车到发线之间和无改编中转列车到发线与改编列车到发线之间的相互位置和相互联系。

③ 到发场、调车场和牵出线的相互位置及相互联系。
④ 机务设备的位置及其与到发场（线）的联系。
⑤ 车辆设备的位置及其与调车设备的联系。
⑥ 货场的位置及其与调车场、牵出线的联系。
⑦ 工业企业线接轨位置及其与调车设备的联系。

2. 各项设备的运用及作业情况

一般应对下列各项作业进行详细分析：旅客列车的到发及技术作业；无改编中转货物列车的到发及技术作业；改编中转货物列车的到发、技术作业及调车作业；客、货机车交路及机车出入段；货场及工业企业线的取送作业；扣修车的取送作业等。对既有区段站，可参阅列车运行图、列车编组计划及车站行车工作细则等文件进行分析。

3. 分析布置图的内在规律

根据布置图各项设备相互位置及作业联系，找出在一定布置图条件下车站咽喉区产生的主要交叉干扰，明确布置图的优缺点及其适用条件。

二、区段站基本布置图分析

区段站的布置图形，主要是根据与车站通过能力直接有关的设备相互位置来确定的，也就是根据正线、旅客列车到发线（场）及上、下行货物列车到发线（场）不同的相互位置确定的。

常见的区段站布置图有横列式、纵列式及客货纵列式三类。

（一）单线铁路横列式区段站布置图

图 5-1 为单线铁路横列式区段站布置图，各项主要设备布置较合理，在车站 B 端主要牵出线上预留了小能力驼峰及驼峰迂回线的位置。

从图 5-1 可以看出，车站咽喉可以保证客、货列车的到发，本务机车的出入段，改编和自编货物列车的解体和编组，本站车和段修作业车辆的取送以及必要时由调车场直接向区间发车等作业进路。

车站两端咽喉区可保证下列平行作业：A 端咽喉区可保证旅客（或货物）列车到（发）、机车出（入）段、调车三项平行作业。B 端咽喉区可保证旅客（或货物）列车到（发）、机车出（入）段两项平行作业；或列车到（发）、调车两项平行作业。

在该布置图中，全部到发线均为双进路，线路按作业要求进行适当分组。靠近正线的线路，应尽可能用来接发无改编中转列车；靠近调车场的线路，则主要作为接发改编列车之用。这样，可以在办理中转货物列车到发作业的同时，进行解编车列的转场作业，以增加两端咽喉的机动性。

应当指出，图 5-1 的布置尚存在车站 A 端咽喉接发改编和自编列车时，与机车出入段的进路产生交叉的问题。当货场设在车站 B 端咽喉与站房同侧，在进行车辆取送作业时，必然与该咽喉的行车和调车作业进路相交叉。

当单线铁路行车数量增长、更换机车次数增加时，为减少货物列车到发与机车出入段的交叉，在到发场内应设有机车走行线，为下行货物列车本务机车出入段走行之用。

图 5-4 为单线铁路横列式区段站运转设备布置详图。到发线内线路按 2、2 分组，中间设机

车走行线一条。A 端咽喉区设有机车出、入段线各一条。

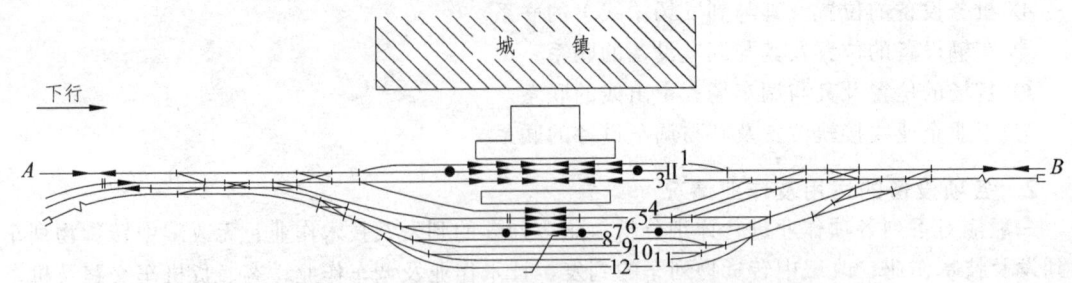

图 5-4　单线铁路横列式区段站运转设备布置

（二）双线铁路横列式区段站布置图

图 5-5 为双线铁路横列式区段站布置图。图中各项主要设备的相互位置和单线铁路横列式区段站大体相似。站房等客运业务设备位于城镇一侧，设有基本站台及中间站台各一座。

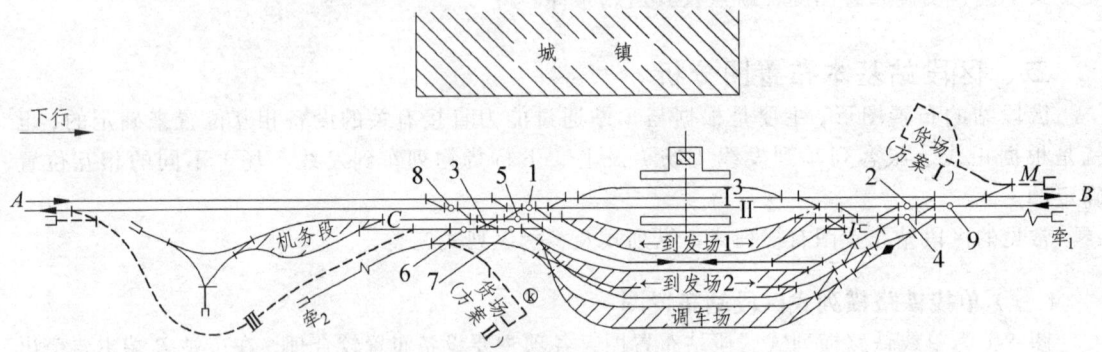

图 5-5　双线铁路横列式区段站布置图

旅客列车到发线紧靠正线。在没有交会的情况下，A 或 B 方向到达的旅客列车可进入 3 道，停靠基本站台，以方便旅客进出站。在两交会时，A 方向旅客列车进 3 道，停靠基本站台；B 方向旅客列车进 II 道，停靠中间站台一侧。若有三交会时，则第三列旅客列车可停靠于中间站台另一侧的货物列车到发线上。为便于旅客列车换挂机车，旅客列车到发线与机务段有渡线连通。牵出线 1、2 与旅客列车到发线均有直接通路，以便个别车辆的摘挂。

货物列车到发场 1、2 相互间及其与旅客列车到发线相互间都是平行布置。到发场 1 供下行货物列车使用，到发场 2 则供上行货物列车使用。在同一到发场中，中转列车一般使用靠近正线一侧的线路，而改编列车则使用靠近调车场一侧的线路。这是为了尽可能避免中转列车到发与解编车列转线的交叉干扰。有的车站将到发场 2 靠调车场一侧的部分线路设置为双进路，用来接发上、下行两个方向的改编列车，以增加设备的机动灵活性，并可减少一部分交叉干扰。

调车场位于到发场 2 的外侧，在第 1 牵出线上设有小能力驼峰。货场设在方案 I 或 II 的位置，两者各有所长，可根据当地具体情况进行选择。

机务段位于站对右位置时，有两条机车出入段线。站内设一条机车走行线供下行方向列车机车出（入）段走行之用。B 端咽喉设尽头式机待线 J，供下行列车机车出入段时停留及交会之用。车站需设车辆段时，可设于货场（方案 II）与调车场之间 Ⓚ 处。

图 5-6 为双线铁路横列式区段站运转设备布置详图。

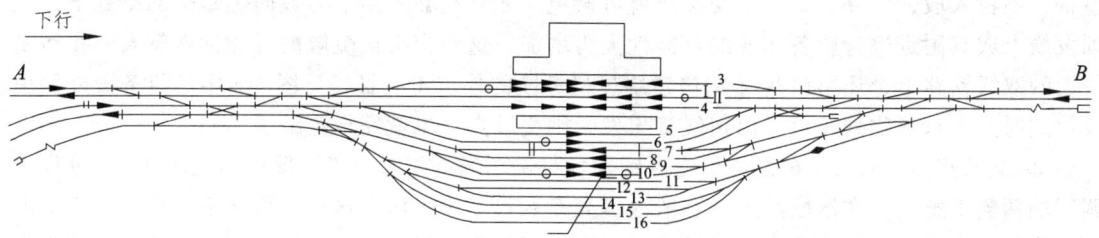

图 5-6　双线铁路横列式区段站运转设备布置详图

此布置图能保证：

① 车站两端咽喉不少于四项平行作业。图中 A 端最大平行作业数可达到五项，即下行旅客列车到达、上行旅客列车出发、机车出段、机车入段、调车作业。B 端最大平行作业数可达到四项，即下行货物列车或旅客列车出发、上行货物列车或旅客列车到达、机车经机待线出（入）段、调车作业。

② 同一方向的上、下行货物列车可以同时接发，同一方向的上、下行旅客列车可以同时接发。

③ 同一车场的无改编中转列车到发时，可同时办理改编列车车列经由牵出线的转场作业。

④ 客、货列车接发与牵出线调车作业可以同时进行。

⑤ 必要时能由调车场直接向区间发车以及到发场可以反方向接发车，保证车站的机动。

1. 双线铁路横列式区段布置图存在的缺点

双线铁路横列式区段站布置图尚存在下列主要缺点：

① 部分客货列车到发进路交叉：由于两个货物列车到发场同在正线一侧，而且与旅客列车到发线平行布置，车站 A 端上行旅客列车出发进路与下行货物列车到达进路产生交叉干扰（图 5-5 中交叉点 1）；B 端上行旅客列车到达进路与下行货物列车出发进路产生交叉干扰（图 5-5 中交叉点 2）。

② 部分到发进路与转场进路交叉：由于两个货物列车到发场平行配置在调车场同一侧，上行货物列车自到发场 2 的出发进路与到发场 1 解编车列经由牵出线 2 的转场进路产生交叉（图 5-5 中交叉点 3）；上行货物列车接入到发场 2 的到达进路与到发场 1 解编车列经由牵出线 1 的转场进路产生交叉（图 5-5 中交叉点 4）。

③ 货车机车出入段与部分转场进路交叉：由于两个货物列车到发场平行配置在调车场同一侧，而机务段又位于站对右的位置，因此上、下行货物列车机车出入段与到发场 1 的解编车列经由牵出线 2 的转场产生进路交叉（图 5-5 中交叉点 5、6）。

④ 部分发车进路与转场进路交叉：由于两个货物列车到发场平行配置在正线同一侧，因此到发场 2 上行货物列车出发进路与下行货物列车机车出入段进路产生交叉干扰（图 5-5 中交叉点 7）。

⑤ 下行货物列车机车出入段走行距离比较长：这是由于机务段设在站对右位置，即在到发场的 A 端造成的。

2. 可采取的措施

为克服双线铁路横列式区段站布置图的上述缺点，可采取以下措施：

① 在设有机务段的区段站上，只要采用机车循环运转制交路，列车机车在到发线上进行整备，不再入段，5、6、7 三个交叉点就可避免。尤其是在采用电力或内燃牵引的条件下，在到发线上或其附近进行整备作业的可能性大为增加，这些交叉被疏解的可能性就越大。在运量较大的双线铁路上，还可以在 A 端修建绕过机务段的外包正线Ⅲ，见图 5-5 中的机务段外侧虚线。这时，上行货物列车可经由正线Ⅲ出发，则交叉点 7 也就完全疏解了。

② 交叉点 3、4、5、6 也可用变更到发场与调车场的相互位置，即将到发场 1、2 分设于调车场两侧来解决。在区段站上，一般改编列车数目不多，所以这些矛盾并不严重。在不影响上行货物列车到发及机车出入段的情况下，有时可将到发场 2 靠调车场一侧的线路用来接发下行改编列车，这样就疏解了交叉点 5、6。但若将下行改编列车固定在到发场 2 外侧的线路到发，则有可能与上行货物列车的到发产生新的交叉干扰。

③ 在前述第⑤项缺点中，下行货物列车机车的走行距离及出入段的走行时间虽都延长了，但对咽喉通过能力并无大的影响。它同样也可采用机车循环运转制的办法来解决。

④ 交叉点 1、2 为客、货列车到发交叉，性质比较严重，是双线横列式区段站的主要矛盾。当双线铁路行车量不大，旅客列车对数不多时，这种交叉对列车到、发作业干扰尚不太严重。但随着旅客列车对数的增加，这种进路交叉就会严重影响行车安全，增加列车在进站信号机外方停车或列车晚点发车的可能性。同时，对于车站通过能力、机车车辆的周转时间也会产生不利的影响。要从根本上解决这一矛盾，就需要采用另一种区段站布置图形，变更到发场与正线相互间的配置位置。

（三）双线铁路纵列式区段布置图

图 5-7 为双线铁路纵列式区段站布置图。图 5-8 为双线铁路纵列式区段站运转设备布置详图。

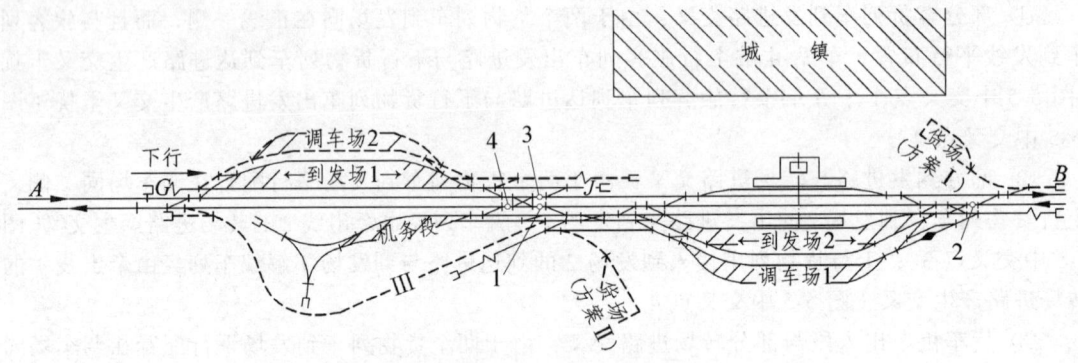

图 5-7 双线铁路纵列式区段站布置图

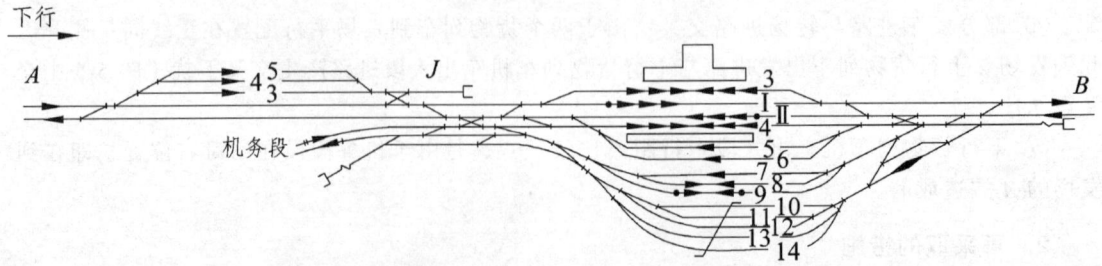

图 5-8 双线铁路纵列式区段站运转设备布置详图

在图 5-7 中，客运业务设备、客运运转设备、货场、机务设备、车辆设备的位置大体上与双线横列式区段站布置图相似。与横列式显著不同之处是到发场 1、2 与正线间以及到发场 1、2 相互间的位置。从图中可以看出，上、下行两个方向的到发场 1、2 分设于正线两侧，并逆行车方向全部错移，形成到发场在正线两侧纵向配置的布局。

到发场 1 专供接发下行无改编中转列车用。到发场 2 除接发上行无改编中转货物列车外，在靠近调车场一侧的线路上，还办理上、下行两个方向的全部改编货物列车的到发作业。在区段站上，改编列车的数量不多，故下行方向改编列车的机车出入段不设专用的机车走行线，而是利用到发场 2 的空线走行。到发场 1 设有机待线 J，机车可经由机待线从中部咽喉出入段。

双线铁路纵列式区段站一般只设一个供上、下行两个方向共用的调车场，并应尽可能设于解编作业量较大的一个方向的到发场一侧。但在城镇一侧，用地往往较紧张，故一般常将调车场设于城镇对侧的到发场外方，如图 5-7 所示，它与另一方向的到发场 1 应有直接通路。

A 端咽喉区可保证两项平行作业，即列车到、列车发；B 端咽喉区可保证三项平行作业，即列车到、列车发、调车；中部咽喉区能保证四项平行作业，即下行列车发（通过）、上行列车发、机车出（入）段、调车。

到发场为纵列布置并设在正线两侧，不仅能够保证双线横列式图形所具有的基本作业条件，还能疏解双线横列式图形中一些主要交叉点，如下行无改编中转货物列车与上行旅客列车在车站两端咽喉区进路上的到发交叉点。这是双线纵列式图形最突出的优点，也是采用双线纵列式图形的根本原因。此外还能疏解下行无改编中转列车接发车进路及其机车出入段与下行改编列车经由牵出线转场的进路交叉，缩短下行无改编中转列车机车出入段的走行距离。

但是，双线横列式图形中存在的另一些缺点，它并未解决，如上行无改编中转货物列车出发，切断下行无改编中转货物列车机车出入段的进路（图 5-7 中交叉点 4）；下行改编列车的到、发进路与上行旅客列车的发、到进路仍有交叉干扰；下行改编列车的机车出入段走行距离仍然很长。

除此之外，纵列式布置图还产生了如下一些新的矛盾。

① 由于只设一个调车场，下行改编列车就需全部在上行到发场 2 靠近调车场一侧的线路上到发。因此，下行改编列车的到达（出发）进路与上行无改编中转列车的出发（到达）进路有交叉干扰（图 5-7 中交叉点 1、2）。当下行改编货物列车数量较小时，影响并不严重。

② 当调车机车往返于到发场 1 与调车场 1 之间，进行车组的换挂、地方车辆和扣修车的取送等作业时，必须横切中部咽喉区的正线和机车出入段的通路。若这类作业次数较少，对车站工作的影响不大。但作业次数增多时，势必加重中部咽喉区的负担，往往成为纵列式图形本质上的缺点。

③ 由于下行到发场 1 在正线另一侧，下行无改编中转货物列车的机车出入段必须跨越正线，与上、下行旅客列车的到发进路发生交叉（图 5-7 中交叉点 3、4）。此交叉在机务段所在站上，可采用机车循环运转制交路来解决，或者用修建外包正线Ⅲ来解决。

④ 由于上、下行到发场系纵列式布置，故要求有很长的站坪。另外还多一个咽喉道岔区，在工程造价和运营支出方面都比横列式有较大增加。

从上面的分析可以看出，纵列式布置图虽然疏解了横列式布置图的一些主要交叉点，但与改编列车有关作业所产生的进路交叉，从某种意义上来说，还有所发展。下行改编列车无法像横列式图形那样，适用到发场 1 及到发场 2 的线路，只能全部接入到发场 2 外侧的线路。随着解编作业量的增长，这一矛盾就更为突出。当双方向改编作业量都较大、而相互间交换车流又不多时，也可考虑在到发场 1 的外侧再修建一个调车场。但由于有两套调车设备，两调车场间的交换车辆取送将会切断中部咽喉的作业。

（四）双线铁路客货纵列式区段站布置图

由于运量增长或新线引入，既有的横列式区段站横向发展受到限制，或客、货运量大，站内作业交叉干扰严重，故将原有站场改为旅客列车运转车场，并沿正线的适当距离另建与其纵列的货物列车运转车场，形成客货纵列式区段站布置图。

双线铁路客、货纵列式区段站，多数是货物运转车场的上、下行场分别位于正线两侧横列布置，见图 5-9。

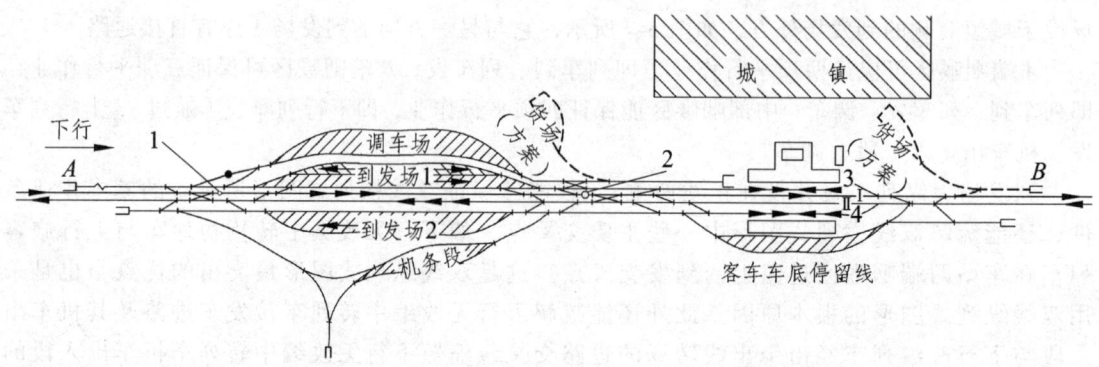

图 5-9　双线铁路客、货纵列式区段站布置图

在旅客列车到发场中，Ⅰ 道为下行货物列车通过线，Ⅱ 道除办理上行货物列车通过外，还兼为上行旅客列车到发线。站房对侧的客车车底停留线供本站始发、终到的客车车底及个别客车的停留及整备之用。

货物列车到发场 1、2 分设于正线两侧，互相平行配列。到发场 2 办理上行无改编中转列车的到发；到发场 1 除接发下行无改编中转列车外，还办理两个方向全部改编列车的到发作业。

调车场可根据各方向的解编作业量以及货场、工业企业线的位置，设在比较适宜的地点。在图 5-9 中，调车场设在到发场 1 的外侧，对货场取送车作业及工业企业线的接轨都比较有利。

机务段设在到发场 2 的一侧，有两个出入口，上、下行货物列车的机车出入段都比较方便，走行距离也较短。当有客运机车换挂时，机务段也可设在中部咽喉区附近，以便兼顾客、货列车的机车换挂。某些车站为了充分利用原有设备，仍保留设在站房对侧与旅客列车到发场并列的机务设备，而在货物列车到发场远离旅客列车到发场的一端，添设一套整备设备。

货场宜设在靠城镇一侧，以便利城镇的搬运作业。

A 端咽喉区可保证四项平行作业，即列车到、列车发、机车出（入）段、调车；B 端咽喉区可保证三项平行作业，即列车到、列车发、客车车底整编；中部咽喉区可保证四项平行作业，即列车到、列车发、机车出（入）段、调车。

实践证明，这种在我国区段站发展及改建中形成的客货纵列式，虽然是在一定条件限制下修建起来的，但它却解决了横列式区段站的基本矛盾（即一个方向的旅客列车与另一个方向的货物列车的到发交叉）。当然，上行改编列车的到发与下行旅客列车的到达仍有交叉干扰。下行货物列车及上行改编货物列车的机车出入段还要横切两条正线，这也是客货纵列式图形一个比较突出的缺点。

三、区段站布置图的选择

区段站布置图的选择是一项复杂而细致的工作。它涉及的因素比较多，选择得合理与否，不仅对车站本身的运营、投资与发展有关，而且对城镇规划、工农业生产都有很大影响。

从区段站各种类型布置图的分析可以看出，一定类型的布置图适合一定的车流数量、性质和特点及地形条件。因此区段站布置图的选择必须依据这些条件，结合城镇规划等因素，通过方案比较，因地制宜地选择合理的图形，以保证在一定阶段内车站能力与运输需求相适应。

在选择过程中，要力求少占农田、少占好地，要充分估计到铁路设备现代化后对站场布局的影响，要正确处理近期与远期、设备与工作组织的关系，尽量利用原有设备，有计划、分阶段地逐步加强和扩建车站的各项设备，力求每一阶段的工程造价最省、运营支出最少，最大限度地发挥投资效果，并保证良好的运营效果。

（一）横列式区段站布置图

单线铁路横列式区段站布置图的优点是：① 布置紧凑，站坪长度短；② 占地少，设备集中，投资省，管理方便，车站定员少；③ 作业灵活性大，对部分改编中转列车的甩挂作业较方便；④ 对各种不同地形的适应性强，并便于进一步发展。其缺点是：一个方向的列车机车出入段走行距离长，站房同侧的工业企业线接轨不方便。

双线铁路横列式区段站图形的优缺点与单线横列式在许多方面是相似的。但是，从单线发展成双线后，在车站两端咽喉区就产生了上、下行客、货列车的到发进路交叉，这是双线横列式布置图本质上的缺点。因此，在双线铁路上，如无其他条件限制，则旅客列车对数的多少往往就成为是否选择横列式图形的基本因素。

（二）纵列式区段站布置图

纵列式区段站布置图的优点是：① 作业的交叉干扰较横列式少；② 上下行方向的机车出入段走行距离都短；③ 如采用循环运转制而需在到发线上设整备设备时，其布置比较集中；④ 与站房同侧的支线或工业企业线接轨比较方便。这种布置图的缺点是：① 站坪长度长，占地面积大；② 设备分散，投资大，定员较多，管理不便；③ 一个方向货物列车的机车出入段要横切正线。因此，只有在采用循环运转制交路或机车无需进段整备时，才能充分发挥纵列式图形的优越性。

在单线铁路上，区段站应采用横列式图型，一般很少采用纵列式图形。只有当多方向线路引入，各方向的客、货列车又较多，若采用横列式图型，两端咽喉区交叉干扰大，疏解困难，这时，如地形条件适宜，才可预留或采用纵列式图型，有充分依据时也可采用其他合理图型。

在双线铁路上，区段站宜采用横列式图型，如有运量较大的线路引入，旅客列车对数较多，及作为机车交路始、终点，且当地条件适宜时，宜采用或预留纵列式图形。站房同侧有货运量较大的支线或工业企业线接轨时，可考虑采用纵列式图形。在从单线发展成双线时，如原有横列式图形的发展受到地形、既有设备及车站周围建筑物的限制，也可改建为纵列式图形。双线区段站有充分依据时也可预留或采用一级三场或其他合理图型。

（三）客货纵列式区段站布置图

由于这种图形往往是在改建时逐步形成的，故客、货运转设备和机务设备相互位置的配置形式很多。其优缺点与纵列式图形大致相同。它的站坪长度一般较纵列式图形稍短。由于客货两场分设并专用，货物运转设备较纵列式图形相对集中，客货作业相互干扰少，管理也较纵列式方便。此外，客货纵列式图形的调车场更有可能布置在城镇一侧，有利于工业企业线的接轨和取送作业。其缺点是：① 客、货运转场分开，定员增加；② 机务段位置往往不容易与客、货运车场很好配合；③ 客、货两场距离较近时，靠客运场一端牵出线的长度往往不能满足整列调车需要或部分位于曲线上；④ 有一个方向列车机车出、入段需横切正线。

在我国单线、双线铁路上，均有客货纵列式布置的站型，尤其是在双线旧站改建时，为了充分利用既有设备，在横向发展受到限制时，常采用这类布置图。

区段站的任务主要是办理无改编中转列车的技术作业，同时还办理一定数量改编列车（区段列车和摘挂列车）作业。横列式和上、下行到发场纵列式或客货纵列式的布置图多数情况下适合于区段站新建或改建设计采用。正线外包、调车场设在两到发场中间的客、货纵列式布置图，工程造价高，具有较大的车站通过能力和改编能力，实质上已达到小型编组站的规模，在双线铁路上，当解编作业量较大且地形条件合适时，可以采用。

任务四　区段站运转设备

【任务描述】

区段站的运转设备主要包括客货列车到发线、机车走行线、机待线及机车出入段线、编组线、牵出线等。本任务将从各类运转设备的数量、有效长、位置、设置条件等方面讲解区段站运转设备相关知识。

【任务分析】

运转设备的数量和位置直接影响到车站的作业效率和运营安全。好的设计能够帮助增加咽喉区平行作业的数量，疏解作业间的交叉。那么各类运转设备的数量如何确定？有效长怎样规定？位置的设置原则是什么？下面将对此一一解答。

【相关知识】

一、客货列车到发线

到发线的数量与车站通过能力以及基建投资紧密相关，因而正确计算和确定设计年度运量所需到发线数量，具有重要意义。

（一）客货列车到发线的数量及有效长

根据《站规》规定，区段站上为客、货物列车使用的到发线数量，应根据列车种类、性质、运量和列车运行方式等确定。旅客列车的停站时间短，对到发线的能力影响不大，因此在确定客货列车到发线的时候，可经过对旅客列车对数的换算与货物列车的换算对数按表 5-1 所列数字确定。

表 5-1 区段站到发线数量

列车换算对数（对）	双方向到发线数量（条）（正线及机车走行线除外）	列车换算对数（对）	双方向到发线数量（条）（正线及机车走行线除外）
12 及以下	3	37～48	6～8
13～18	4	49～72	8～10
19～24	5	73～96	10～12
25～36	6	96 以上	12～14

注：① 对表中到发线数量的范围，可按换算对数的大小对应取值；
② 两个方向以上线路引入（包括按行车办理的铁路专用线）的区段站，考虑列车的同时到发，到发线数量可适当增加；
③ 换算列车对数少于 6 对时，到发线数量可减少 2 条；
④ 采用追踪运行图时，到发线数量增加 1 条；
⑤ 区段站的尽端式正线按到发线计算；
⑥ 客、货纵列式区段站的货物列车到发线数量应扣除旅客列车的换算对数后按本表采用，旅客列车到发线数量按第六篇的客运站到发线数量的有关规定确定。一级三场区段站的到发线数量按上、下行分场的换算对数分别按本表采用；
⑦ 区段站某一方向的换算列车对数，等于该方向各类客、货列车对数（可按该方向接发的各类列车数除以 2 求得）分别乘以相应的换算系数后相加的总数。当查表确定到发线数量时，尽端式区段站按接发车一端的各个方向相加后的换算对数确定，但可适当减少；通过式区段站按各个方向相加后总的换算对数的 1/2 确定。列车对数的换算系数：直达、直通、小运转列车为 1；有解编作业的直达、直通、区段、摘挂和快零货物列车为 2；始发、终到的旅客列车为 1，停站的旅客列车为 0.5；乘务组换班不列检的货物列车为 0.3；不停站的客、货列车不计。

（二）列车到发线的布置

区段站的主要任务是办理无改编中转货物列车技术作业。如无地形条件的限制，应将到发线尽量布置在直线上。因为在到发线有效长范围内，如设有曲线时，不仅在接发列车时瞭望条件差，作业不便，而且也不利于列检人员进行列车技术检查。

在布置到发线时，还应考虑下列几个问题：

① 到发线单进路或双进路的设置。根据我国运营工作的实践，新建单线横列式区段站的到发线采用双进路。双线横列式区段站的到发线，一般设计为单进路，分别按上、下行方向接发列车。靠旅客站台的到发线及靠调车场的部分到发线，宜设计为双进路。如有第三方向线路引入且有通过的折角车流或位于局交界口的区段站，为了增加线路使用的灵活性，以适应列车密集到达和减少交叉干扰，可将部分到发线设计为双进路，其余作预留。如到发线数量较少或有充分根据时，也可全部设计为双进路。

到发线按双进路设计，可增加使用的灵活性。在实际运营中，各站仍需按线路左侧行车方向固定使用的原则，结合运行图排定的列车到发顺序及其他作业上的要求，确定到发线固定的使用方案。

② 超限货物列车到发线的布置。除正线必须保证通行超限货物列车外，在单线区段站，应另有一条到发线能通过超限货物列车，在双线区段站，上、下行应各有一条到发线能通行超限货物列车。

③ 到发线（包括正线）与旅客站台的布置形式。选择到发线与旅客站台的合理布置形式，主要需考虑正线布置要顺直；客、货列车能便捷到发，站内交叉少；旅客跨越线路少，横越线路设备建筑费用小；便于货场设置、支线引入及工业企业线接轨；便于线路保养维修以及便于进一步发展，如从单线发展成双线时，便于增加线路等。

现将单线及双线区段站到发线与旅客站台的布置形式作如下介绍。

图 5-10（a）为单线铁路区段站到发线与旅客站台的布置形式，其特点是旅客基本站台与中间站台夹两条线路。此种布置形式的优点是：① 旅客列车无交会时，各方向旅客列车均可接入Ⅰ道；② 有两交会时，可分别接入Ⅰ、Ⅱ道，正线及以下的各条线路均为货物列车使用，客、货列车主要分布在正线两侧，利于作业，同时不论在站房同侧还是在对侧设置货场及引入支线、工业企业线都较方便，而且在修建双线时，易于与双线图形配合，将 1 道改为正线，在靠站房一侧另增设一条旅客列车到发线，站台扩建也较易。因此这种布置形式一般应优先考虑采用。

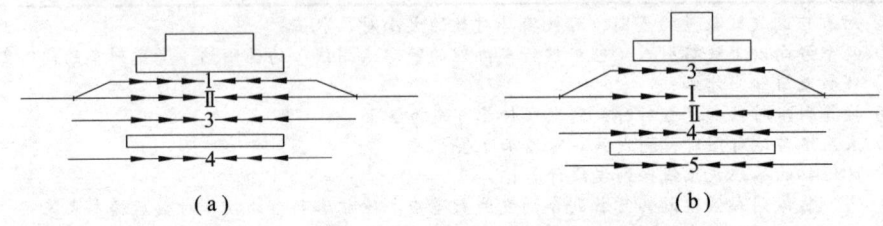

图 5-10　区段站旅客站台与线路布置方式图

图 5-10（b）为双线铁路区段站到发线与旅客站台的布置形式，其特点是旅客基本站台与中间站台夹 3 条线路。这种布置形式的优点是：正线顺直没有反向曲线，便于线路养护维修，便于将单线改为双线，适合于横列式发展为纵列式或客货纵列式站型，且当纵列式图形采用此方案在办理旅客列车三交会时，正线Ⅰ道仍可用来通过货物列车。其缺点是：① 基本站台与中间站台夹 3 条线路，天桥或地道的维修费用高；② 在未设天桥或地道时，4 道上、下车的旅客进出站横越线路较多且与Ⅰ、Ⅱ道接发货物列车发生干扰。在双线铁路横列式区段站图形中，宜优先采用此方案。

二、机车走行线、机待线及机车出入段线

（一）机车走行线

在区段站上，为保证作业安全，可设置专供机车出入段用的机车走行线。机车走行线的数量及设置位置，应根据区段站布置图的类型、列车对数、机务段位置、机车运转交路制度等因素确定。

1. 机车走行线数量的确定

机车走行线的数量，主要根据每昼夜通过该线的机车次数而定。它与下列因素有关：

① 列车对数及机车运转方式。一般来说，列车对数的多少直接影响机车出入段次数，但除此之外，还应考虑机车运转方式。如采用循环运转制交路时，在设有机务段的区段站上，机车大部分不入段，而在到发线上进行整备，因而即使列车对数较多，也无须设置机车走行线。

② 布置图类型及机务段位置。横列式布置的区段站除机务段位于站对并位置，且两端均有机车出入段线与机务段连通时，无需设机车走行线外，一般都有一个方向的机车需穿过到发场入段，故需结合机车出入段次数来确定机车走行线的数目。在纵列式的区段站上，双方向的机车均可就近入段，无须穿越各自的到发场，一般不需再设机车走行线。在客货纵列布置的区

段站上，机车走行线的设置主要决定于货物列车到发线配置的形式及机务段的位置。

③ 补机及其作业方式。当邻接区段内有陡坡区间时，上坡列车需要补机顶送，补机在中间站途中折返。这时机车出入段次数将有所增加。在采用肩回运转交路的横列式区段站上，每昼夜通过车场的机车在 36 次及以上时可设一条机车走行线；当每昼夜通过车场的机车在 36 次以下时，因列车对数少，到发线较空闲，可不设机车走行线，利用到发线出、入段。

2. 机车走行线的位置

选择机车走行线位置的原则，主要是力求减少机车出入段与接发列车进路的交叉，或者降低交叉的严重性。机车走行线的位置应根据车站布置图确定。

在单线横列式区段站布置图上只有一个上、下行共用的到发场，当机务段位于站对右时，机车走行线一般应设在到发线之间，如图 5-11（a）中 I 所示；当机务段位于站对左时，机车走行线应设在到发场和调车场之间，如图 5-11（a）中 II 所示。这样可把机车出入段与列车到达的进路交叉转化为与列车出发的进路交叉。

在双线铁路横列式区段站上，当机务段位于站对右时，无论正线是否外包机务段，均应将机车走行线设在上、下行到发场之间，见图 5-11（b）中方案 I。当机务段设在站对左时，如正线外包机务段，则机车走行线仍应设于上、下行到发场之间，以避免机车出、入段与列车到达的进路交叉，见图 5-11（b）中交叉点 a；如正线不外包机务段，则机车走行线应设在到发场与调车场之间，见图 5-11（b）中方案 II，以避免 B 方向到达列车机车入段与该方向列车到达进路交叉，见图 5-11（b）中交叉点 b。

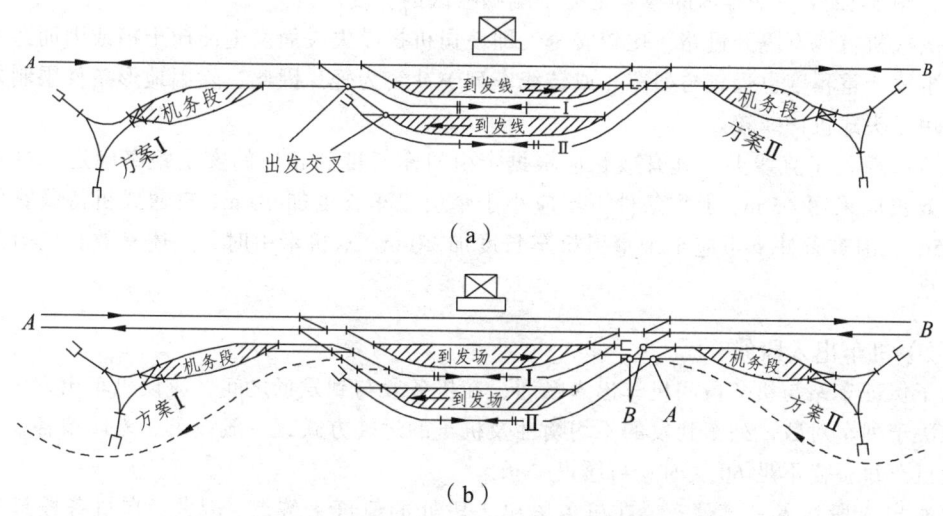

图 5-11 横列式区段站机车走行线布置图

（二）机待线

为便于出入段机车的停留，保证出发列车能及时连挂机车，减少机车出入段与车站其他作业的交叉干扰，增加咽喉区的平行作业，应根据具体情况考虑设置机待线。

当新建横列式区段站设有机车走行线时，在无机务段一端的咽喉区，应设置机待线，如图 5-5 中 J 线。在纵列式区段站机务段对侧到发场出发端的咽喉区也应设置机待线，如图 5-7 中 J 线。在换挂机车较少或改建困难的单线铁路横列式区段站可缓设或不设机待线。

机待线的布置形式有尽头式和贯通式两种。图 5-12（a）中 J 线为尽头式机待线，图 5-12

（b）中 J 线为贯通式机待线。贯通式机待线的进路比较灵活，在到发线数量相同的条件下，咽喉区长度较尽头式短，但机车出入如与接发列车无隔开进路时，安全性差。

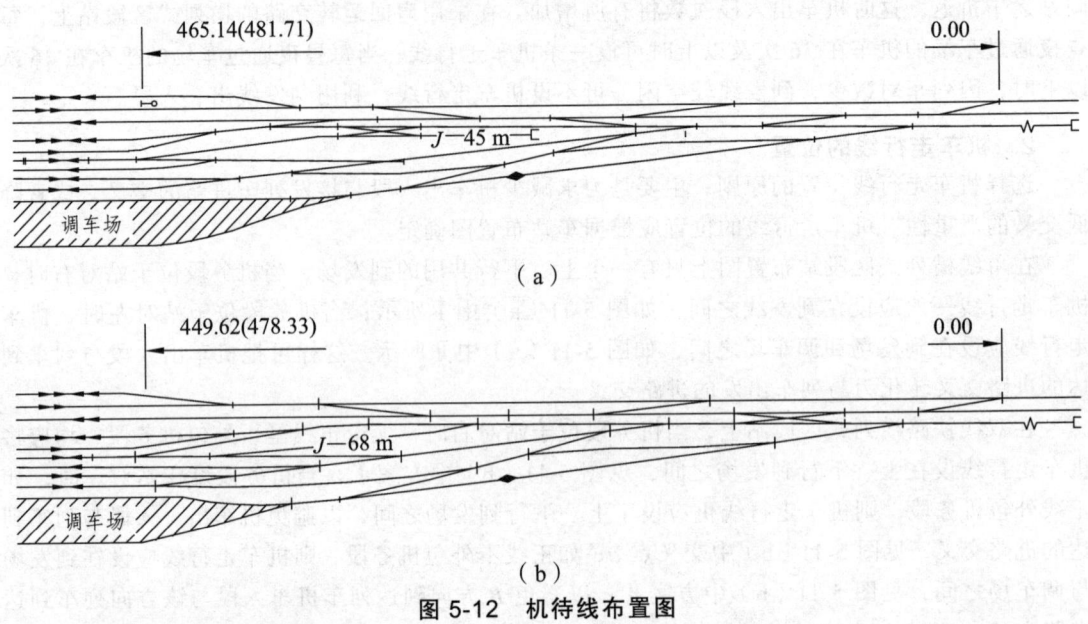

图 5-12 机待线布置图

注：图 5-12 中，括号内的数字是另一端咽喉区的长度。

尽头式机待线有隔开进路，比较安全。即使司机操纵失灵而发生冲撞土挡或因而造成脱轨时，其事故严重程度也远较与列车（或转线车列）冲突为轻。因此，除因地形条件限制外，一般以采用尽头式机待线较好。

机待线应位于直线上，其有效长应根据牵引机车长度和相应的安全距离确定。尽头式机待线有效长应采用 45 m，困难条件下不应小于牵引机车长度加 10 m；贯通式机待线有效长应采用 55 m，困难条件下不应小于牵引机车长度加 20 m。双机牵引时，上述有效长应另加一台机车长度。

（三）机车出入段线

为了保证车站与机务段间机车出入畅通，在机务段与到发场之间，应设机车出入段线。其数量取决于列车对数、列车到发的不均衡性及机车的运转方式，一般设出、入段线各一条。当出入段机车每昼夜不足 60 次时，可缓设一条。

机车出入段均需一度停车，在机务段出入段处的值班室签点。因此，在机务段最外方道岔至站管道岔之间的站段分界处，应有机车停留位置，见图 5-5 中 C 处。考虑到双机重联及单机回送无火机车等情况，其有效长度不应短于两台机车长加 10 m 的安全距离，一般不少于 70 m。

三、调车线及牵出线

在区段站上，调车作业的主要任务是解体、编组区段列车和零摘列车。有的区段站也办理一部分直通或直达列车的解编作业。

（一）调车线

调车线用来集结车辆、解编列车和停放本站作业车及其他车辆。调车线的数量、有效长及总容车量与车站作业效率、车站改编能力以及到发线能力能否充分发挥有密切关系。

影响调车线数量和长度的主要因素如下。

1. 衔接线路方向数

区段站衔接的线路方向愈多，改编作业量愈大；各方向车流交换亦更复杂，所需的调车线数量亦多。

2. 有调作业车的数量及其性质

有调作业车的数量及其性质直接影响调车线的数量和长度。有调作业车数愈多，改编作业量愈大，调车线数量一般也多。同时，改编车流的性质对调车线的数量和长度也产生影响。如在有强大空车流集结的车站上，往往需要为特定车种（如罐车、敞车等）单设一条线路。又如为直通、区段车流使用的调车线，其有效长应与到发线有效长相适应。相反，为零摘列车使用的线路，其有效长则可短一些。

3. 列车编组计划

由于各区段站办理作业的列车种类不同，因而其作业繁简程度就不同。编组要求的组号越多，作业就越复杂，作业时间也就越长，占用调车线时间也越长，需要的调车线数量也就越多。

4. 调车作业方法

在区段站上采用铁鞋制动，天窗大，调车线需要长一些。在平面牵出线调车时，一般采用手闸制动；制动距离易掌握，天窗小，调车线长度可比铁鞋制动时短一些。当两台调车机车采用分区作业方法，从调车场中央划界，分为两个调车区作业时，调车线需要长一些，但调车线数量可少一些；若两台调车机车采用固定包线作业时，由于线路不便于活用，调车线就要多一些，但线路长度可短一些。

综上所述，区段站调车线的数量和有效长应根据衔接线路的方向数、有调作业车数量、调车作业方法和列车编组计划等确定，并应符合下列规定：在有解编作业的区段站上，每一衔接方向设调车线一条，车流大的方向可适当增加，其有效长不应小于到发线的有效长；本站作业车停留线一条；待修车和其他车辆停留线一条，如车数不多时可与前者共用一条；如有岔线接轨且车辆较多时，可增加一条；有危险品车辆停留时，应设危险品车辆停留线一条。上述调车线的有效长应按该线上所集结的最大车辆数确定。

在无解编作业的区段站上，调车线一般应设 2 条，其有效长度应按最大存车数确定，主要作为本站作业车和待修车停留和调车之用。

（二）牵出线

牵出线是区段站的主要调车设备。调车作业量不大时，可采用平面牵出线；调车作业量较大时（调车线数量不小于 5 条、每昼夜解体车数不小于 200 辆），可在牵出线上设简易驼峰。

在区段站上，有调作业车数量的多少、改编列车的编组要求、调车作业的方法、站内调机的台数及作业分工、货场与工业企业线的位置及其作业量等，对牵出线的数量和长度都有影响。

区段站的调车场两端应各设一条牵出线。如每昼夜实际解编作业量不超过 7 列时，次要牵出线可缓设。主要牵出线的有效长不应小于到发线的有效长，并应满足调车作业通视良好的要求，以保证整列一次转线的安全和提高作业效率。但在困难条件下仅进行加减轴作业时可适当减少。次要牵出线的有效长度不宜小于到发线有效长度,调车作业量不大时可为到发线有效长度的一半。如有运量较小的线路或岔线在该站接轨,其平、纵断面又适合调车时,可利用该线作为次要牵出线。

在纵列式区段站上,当有换挂车组的部分改编中转列车,并受线路条件或通过能力的限制不能利用正线调车时,应在旅客站房同侧到发场的一端设专用的牵出线,见图5-7中的G线。

货场取送车作业,一般可利用调车场牵出线进行。如货场位于站房同侧,装卸作业量又较大时,且区间列车对数较多时,宜设专用的货场牵出线,见图5-5中M线。

【技能训练】

某车站(K站)线路衔接方向如图5-13所示,车流表见表5-2,确定该车站的到发线数量:

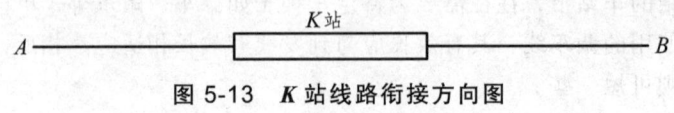

图5-13 K站线路衔接方向图

表5-2 K站车流表

	A	B	计
A		2+4+20+4+2	2+4+20+4+2
B	2+4+20+4+2		2+4+20+4+2
计	2+4+20+4+2	2+4+20+4+2	4+8+40+8+4

注:① 表中数据为快客+普客+直通+区段+摘挂;
② 普客为在K站停车的旅客列车。

【视野拓展】

区段站咽喉区设计

在区段站上,设备及作业之间相互的联系或制约(矛盾)必然要大量地集中在咽喉区反映出来,成为车站运转作业最复杂的区域,也往往成为车站通过能力的薄弱环节。因此,对咽喉区的作业进行深入而细致的分析,对咽喉区的线路道岔进行合理的布置,是区段站设计中一个重要的环节。

一、车站咽喉的设计要求及步骤

从车站两端最外方道岔的基本轨接头处,分别至到发场最内方信号机(或警冲标)的范围,叫车站咽喉区。其构造因车站布置图不同而有所不同。咽喉区的设计必须保证车站必要的通过能力、改编能力、作业安全和提高作业效率,节省工程费用,并考虑未来的发展。

(一)车站咽喉设计要求

设计车站咽喉区时应满足下列要求:

① 咽喉区必须设置一定数量的平行进路,以保证必要的平行作业。《站规》规定,采用肩回交路的区段站咽喉区,其进路应保证不少于表5-3所列的主要平行作业数量。有干、支线接轨时,需相应地增加平行作业数量。

表 5-3　区段站咽喉区平行作业数量

图形	条件		咽喉区位置	平行作业数量（个）	平行作业内容
横列式	单线铁路	平行运行图列车对数在 18 对及以下	非机务段端	2	列车到（发）、调车
			机务段端	2	列车到（发）、机车出（入）段
		平行运行图列车对数在 18 对及以上	非机务段端和机务段端	3	列车到（发）、机车出（入）段、调车
	双线铁路		非机务段端	3	列车到、列车发、调车或列车到（发）、机车出（入）段、调车
			机务段端	4	列车到、列车发、机车出（入）段、调车或列车到（发）、机车出段、机车入段、调车
纵列式	双线铁路		中部	4	下行列车发（通过）、上行列车发、机车出（入）段、调车
			非机务段端	3	下行列车发（通过）、上行列车到、调车
			机务段端	1（有调车场时为 2）	下行列车到（通过）、调车

② 保证作业的机动性、灵活性。在调车线上应设置接通正线的进路，以便必要时从调车场直接发车。调车场宜有不少于 1/3 的线路接通正线，线路较少或有条件时也可全部接通。在改编作业量大的车站，到发场的部分线路应有列车到发与调车转线的平行进路。

③ 尽量减少敌对的进路交叉，特别应避免到达进路交叉。

④ 尽量缩短咽喉区的长度。咽喉区应布置紧凑，使接发车和调车行程最短，尽量减少道岔数量，并尽量减少正线上的道岔数。

（二）车站咽喉区设计步骤

车站咽喉区的设计是一项重要而复杂的工作，下面举例说明咽喉区设计的步骤。

1. **选择区段站参考详图**

根据选定的区段站布置图和确定的各项设备的数量，选择近似的区段站详图作为设计车站咽喉时的参考。

2. **确定咽喉区平行进路的数量**

按《站规》规定，咽喉区平行进路的数量应保证不少于必要的平行作业数目。图 5-14 为两个方向的双线铁路横列式区段站布置图，A 端咽喉区有 5 条平行进路，B 端咽喉区有 4 条平行进路，A 端最多可保证 5 项平行作业，B 端可以保证 4 项平行作业。

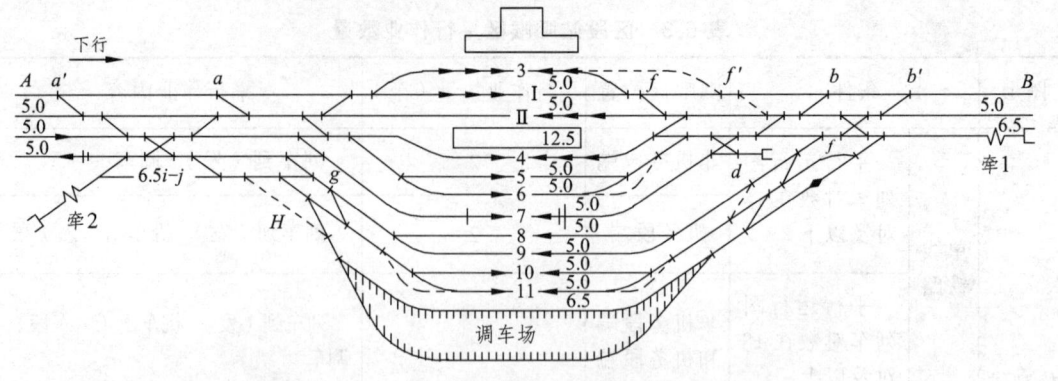

图 5-14 双线铁路横列式区段站咽喉布置图

3. 确定线路间距

首先根据各种列车的数量合理地确定到发线固定使用方案,设置到发线的单进路或双进路,确定通行超限货物列车的线路,再进一步根据相邻线路间办理作业的性质,设置在相邻线路间有关设备的计算宽度、线路中心线至主要建筑物(设备)的距离、车站线间距离等规定,定出线路间距。

4. 到发场线路分组

到发场内线路分组可以保证必要的平行作业,调整线路的有效长。此外,分组所形成的隔开进路,有利于保证作业的安全。

到发线分组的方法应根据线路数量及作业要求来确定。图 5-14 所示下行到发场有 3 条到发线,由于到达场 A 端主要办理下行中转货物列车到达或 4 道的部分上、下旅客列车出发作业,它们在咽喉区有部分共同径路,因此这两项作业不可同时进行。到达场分组不能增加列车到、发的平行作业,反而延长了咽喉区的长度,所以下行到发场在 A 端不分组。下行到发场 B 端按 1(条)、2(条)分组,以使 4 道列车出发与 5、6 道机车出(入)段同时进行。上行到发场有 4 条线路,A、B 两端均为 2(条)、2(条)分组,这样就能使 8 道(或 9 道)在接发列车时 10 道(或 11 道)可以同时进行车列转线作业。

5. 合理布置道岔和渡线

道岔和渡线的布置应保证咽喉区各项作业进路的要求,同时应尽量减少道岔的数量,缩短各项作业进路及整个咽喉区的长度。

布置道岔和渡线时首先要按作业要求设置一定数量的平行进路,保证必要的平行作业。图 5-14 中 A、B 两端咽喉区至少应保证下列各项主要作业:① 旅客列车到(发);② 货物列车到(发);③ 机车出(入)段;④ 区段及零摘等改编列车在解编时车列的转线;⑤ 牵出线调车。

除此之外,两端咽喉区还应设置必要的渡线和道岔,保证上行到发场能反方向接发列车。上(下)行到发场部分线路接发列车时,其余线路可以进行转线调车作业。调车场能直接向区间发车,旅客列车到发线应与牵出线有直接通路等作业进路,以增加咽喉的机动性。例如 A、B 两端咽喉分别设渡线 a、b 就是为了使下行货物列车能在下行到发场(4、5、6 道)办理到发,这是必不可少的进路。但这时下行改编列车仍无法利用上行到发场,调车场与下行正线亦无直接通路,故需添设渡线 a'、b'。

布置道岔和渡线时,不仅要保证各项作业进路畅通,而且要保证必要的平行作业。例如,A、B 两端咽喉取消 a、b 渡线,虽然接发上、下行货物列车的进路仍然走得通,但是不能保证上、下行同时接发货物列车。又如在 A 端咽喉增设渡线 g,可保证 10、11 道列车到、发与牵出线 2 进行调车的平行作业。同样,在 B 端咽喉增设渡线 d,可避免在 10、11 道上 B 方向列车到发与驼峰迂回线上作业的干扰。

6. 计算咽喉区的长度和到发线的有效长

当咽喉区道岔和渡线的布置确定之后，在计算咽喉区和到发线的有效长时，应首先确定道岔辙叉号数（12号或9号）、线路间距、相邻道岔中心的距离以及信号机和警冲标的位置等，并将这些数据填写在详图上。然后从咽喉区最外道岔的基本轨接头向内分别推算出 A、B 两端各线路咽喉区的长度。计算的结果填入车站咽喉长度及到发线有效长的计算表中。

在图 5-14 中，当 B 端咽喉布置渡线在 f 位置时，计算结果 I、3 道为全部到发线中有效长最短的线路。若使这两条到发线的有效长达到规定的有效长（本例为 850 m），则其他到发线的有效长肯定能达到或大于规定的有效长。I、3 道称为控制有效长的线路，其两端咽喉区则为控制站坪长度的咽喉区（A 端咽喉区长 541.321 m，B 端咽喉区长 629.279 m）。如按此方案进行设计，当线路标准有效长为 850 m 时，该站所需站坪长度为 2 020.600 m（541.321 m + 629.279 m + 850 m，超过现行《铁路线路设计规范》（以下简称《线规》）规定的双线铁路横列式区段站的站坪长度 1 950 m，并且 II、4、8、9 等线路有效长超过规定有效长较多，增加不必要的铺轨数量。

如果将渡线 f 及其相应的股道连接外移至 f' 的位置，则 I、3 道有效长相应增加，I、3 道咽喉区长度缩短。这时控制咽喉区长度的线路从 I、3 道转移至 5、6 道（A 端咽喉区长 587.778 m，B 端咽喉区长 543.588 m），所需的站坪长度 1 981.366 m（587.778 m + 543.588 m + 850 m），仍超过《线规》的相应数字，其他线路的有效长也发生相应的变化，但仍有很多线路超过规定的有效长较多，铺轨浪费大，因此还应对有效长进行调整。

从图 5-14 中可以看出，如将 5、6 道两端道岔外移（图中虚线），则这两条线路的咽喉区将分别缩短，这时 10、11 道的咽喉区将成为控制站坪的咽喉区，所以同样可以再用道岔外移的办法来缩短其长度（图中虚线）。10、11 道两端道岔外移之后，控制咽喉区长度的线路已转移至 8、9 道（A 端咽喉区长 562.845 m，B 端咽喉区长 464.392 m），其所需站坪长度为 1 877.237 m（562.845 m + 464.392 m + 850 m），已在《线规》规定的范围之内。经计算，各线路有效长除 II、6 道较长外，其余都已接近 850 m。经过调整有效长后，不足之处是 5、6、10、11 道在有效长范围内都有一段曲线，瞭望不便。

（三）咽喉设计方案的评价

在进行咽喉设计中，如有几个方案时，必须根据前述咽喉布置的基本要求，进行全面分析比较。在比较时可参考下面列举的几项咽喉设计方案的评价指标。

① 接发货物列车时，咽喉区的平行作业数量。
② 咽喉区的通过能力。
③ 影响车站站坪长度的咽喉区长度。
④ 车列从到发场或调车场向牵出线牵出转线时，各调车半程的平均长度。
⑤ 到发线的实际有效长的总和与标准有效长度的总和的比值。这一比值一般肯定大于 1，当比值愈接近 1 时，表示咽喉区的布置是比较完善的。
⑥ 到发线标准有效长的总和与包括到发线、走行线和连接正线之间的渡线在内的总全长之比值。这项比值肯定小于 1。当它愈接近 1 时，意味着咽喉布置愈紧凑。
⑦ 咽喉区道岔的数量。

二、调车场头部平面设计

1. 调车场头部平面设计要求

① 各条线路的有效长不小于规定的长度；

② 根据调车作业方法，确定调车场头部的合理布置形式；
③ 道岔布置紧凑；
④ 采用手动道岔时，转辙器的位置应考虑扳道员作业的便利和安全。

在设计调车场头部时，还必须注意调车场与牵出线的连接，以及与相邻到发场梯线之间道岔的连接。

2. 调车场头部平面设计步骤
① 确定牵出线与调车场两端连接线的倾斜角；
② 根据调车作业要求，首先确定主要牵出线一端调车场头部最合理的平面布置；
③ 根据调车作业要求，结合调车场各条线路所需的有效长，确定次要牵出线一端调车场头部的布置；
④ 根据初步确定的调车场平面图，计算各线路的有效长；
⑤ 如计算的线路有效长不符合要求，应改变调车场头部平面布置形式，调整有效长。

图 5-15 为几种区段站的调车场头部平面图。一般调车场头部采用复式梯线，只有在线路数量不多（4 条及以下）时，两端才采用平面牵出线和梯形车场布置。

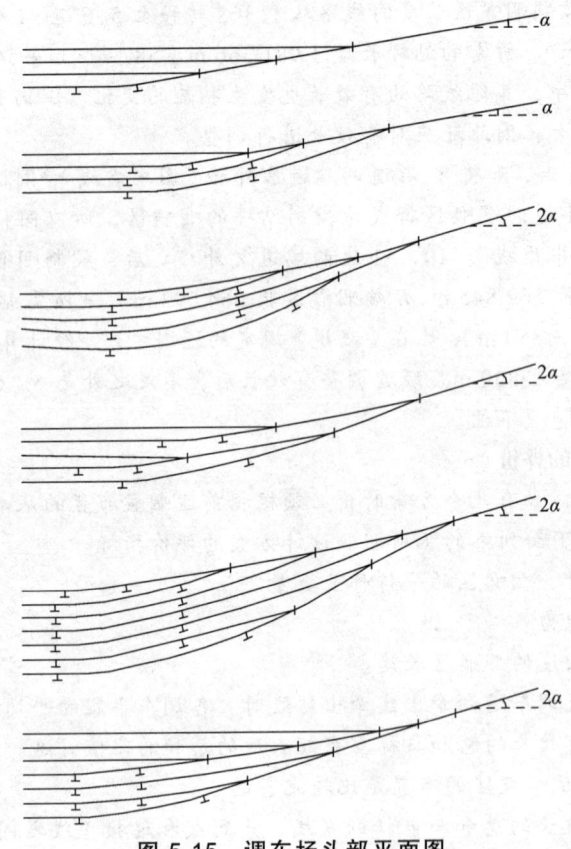

图 5-15　调车场头部平面图

【头脑风暴】

分析双线铁路纵列式区段站布置图其两端咽喉区、中部咽喉区各有哪几项平行作业？疏解了双线横列式图中哪些主要交叉点？但又产生了哪些新的问题？

【习题】

一、填空
1. 区段站按到发场相互位置可分＿＿＿＿、＿＿＿＿、＿＿＿＿三类。
2. 区段站的五项作业是＿＿＿＿、＿＿＿＿、＿＿＿＿、＿＿＿＿、＿＿＿＿。
3. 区段站应设有的五项主要设备是＿＿＿＿、＿＿＿＿、＿＿＿＿、＿＿＿＿、＿＿＿＿。
4. 在区段站上，机务段的位置设置有＿＿＿＿、＿＿＿＿、＿＿＿＿、＿＿＿＿、＿＿＿＿五种方案。
5. 新建单线横列式区段站首先应考虑机务段设于＿＿＿＿位置，其次是设于＿＿＿＿位置。
6. 根据我国运营工作的实践，新建单线横列式区段站的到发线采用＿＿＿＿进路。双线横列式区段站的到发线，一般设计为＿＿＿＿进路，分别按＿＿＿＿方向接发列车。
7. 区段站的运转设备主要包括＿＿＿＿、＿＿＿＿、＿＿＿＿、＿＿＿＿和＿＿＿＿等。
8. 在单线区段站上，除正线外，应另有＿＿＿＿条到发线能通行超限货物列车，在双线区段站上，上、下行应各有＿＿＿＿条到发线能通行超限货物列车。
9. 新建横列式区段站设有机走线时，在＿＿＿＿处应设置机待线。
10. 机待线的布置形式有＿＿＿＿和＿＿＿＿两种，一般以采用＿＿＿＿较好。

二、判断题
1. 区段站按图型可分为单向区段站和双向区段站。（ ）
2. 在区段站所办理的各类列车中，以无改编中转列车所占比重为最大。（ ）
3. 双线横列式区段站的主要矛盾是客货交叉。（ ）
4. 在双线横列式区段站上，当机务段位于站同左时，无论正线是否外包机务段，机走线应设于上、下行到发场之间。（ ）
5. 新建横列式区段站设有机走线时在不连接机务段的一端咽喉处应设置机待线。（ ）
6. 机走线一般采用灵活使用比较好。（ ）
7. 当机务段位于站对左时，如设有外包机务段正线，则机走线应设于上、下行到发场之间，如不设外包机务段正线，机走线应设于上行到发场与调车场之间。（ ）
8. 只有当行车量与装卸量都较大，而铁路与公路之间有良好的立体疏解设备时，才宜将货场设于站房对侧。（ ）
9. 对于存放危险品、有毒物品或有碍卫生的粉末状物品的专业性货场，应远离城镇（城市）居民区，设在城镇（城市）的下风方向。（ ）
10. 在双线纵列式区段站中，存在下行无改编中转货物列车的到、发作业与上行旅客列车发、到作业的进路交叉。（ ）

三、简答题
1. 分析区段站机务段设置位置的几种方案。
2. 默画出并分析双线铁路横列式区段站布置图。
3. 影响列车到发线数量的主要因素及其原因是什么？
4. 机车走行线的数量及位置如何确定？
5. 牵出线的设置规定是什么？

项目六　编　组　站

【案例导入】

新建武汉北编组站为路网性编组站，地处武汉市黄陂区横店镇与滠口镇之间，京广铁路、沪汉蓉快速通道的交汇处。

武汉北编组站工程范围为：京广线 K1159+000～K1175+500（滠口站），麻汉联络线自 K75+500～横店站（含）；新建南环线南湖站（含）至大花岭站（含）的上行联络线（下行联络线预留）。

新建武汉北编组站采用双向三级七场站型布置，上、下行系统均为三级三场，两编组场间设交换场。车站站坪长度 7 km，南北疏解线及正线铺轨 58 km。编组站近期上行系统到达场、调车场、出发场分别新建股道 12 条、36 条、13 条，下行系统到达场、调车场、出发场分别新建股道 11 条、36 条、14 条，交换场新建 6 条交换线。采用多推双溜自动化驼峰、点连式调速系统，并运用了编组站综合自动化、GSM-R 无线通信系统及车辆安全动态检测等最先进的管理技术。

新建武汉北编组站主要工程量为：路基 1 467.20 万断面方，特大桥 1 588 米/1 座，大桥 606 延米/4 座，小桥 684 延米/9 座，涵洞 5 985 横延米/67 座，用地 7 000 亩。同时含以上范围内的路基、桥涵、大型临时设施及过渡工程、公跨铁立交工程等。

南湖～大花岭联络线主要工程量为：路基 32.6 万断面方，特大桥 5 085 米/2 座，小桥 27 延米/2 座，涵洞 291 横延米/25 座、大型临时设施及过渡工程等。

该工程于 2006 年 4 月 18 日开工建设，2008 年 8 月 31 日建成，工期 28.5 个月。

新建武汉北编组站规模为亚洲第一，技术先进程度堪称全国铁路之最，建成后的武汉北编组站将是"技术一流，全路领先，适度超前"的路网性编组站。它的建成将为全路生产力布局调整、满足未来路网编组的需要、适应枢纽动量增长、提高枢纽解编能力发挥更大的作用。

【项目描述】

铁路编组站是担当货物列车编解大任的"工厂"。它通常设置在铁路交会点处，是车流集散和货物列车编解的基地，是铁路枢纽的核心。编组站的主要任务和功能是根据列车编组计划的要求，按照运行图规定的时刻，正点接发列车，以办理大量长距离的直达列车为主，兼办直通和其他铁路货物列车编组、解体为辅，并对货物列车中的车辆进行技术检修和货运检查整理后，进行新编列车开行安排的技术作业车站。

如图 6-1 所示，铁路编组站设有比较完善的调车作业场地。主要有供办理列车到达作业用的到达线，办理列车发车作业用的出发线（或设兼有到达线和出发线功能的到发线），办理货物列车解体、集结和编组作业用的调车线（又称编组线），供调车机车牵出车列进行解体、编组等调车作业用的牵出线和驼峰等设施。

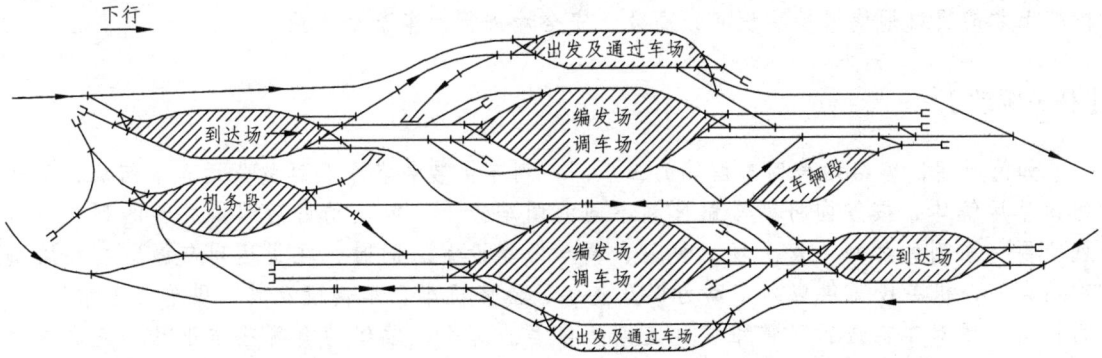

图 6-1 双向二级六场混合式编组站布置图

按使用的设备不同，调车工作分为牵出线调车和驼峰调车两种。平面牵出线基本设于平道上，牵出线设于调车场尾部，适合于车列的编组作业，调车时，车辆溜放的动力是靠调车机车的推力。驼峰一般设在调车场头部，适合于车列的解体作业。调车时，车辆溜放的动力以其本身的重力为主，调车机车的推力为辅。

驼峰是编组站的主要特征和地标，是货物列车快速编解的调车设备，所以，铁路编组站工作紧紧和驼峰设施相通。驼峰因其纵断面形状似骆驼的峰背而得名。它是地面上修筑的犹如骆驼峰背形状的小山丘，设计成适当的坡度，上面铺设铁路，辅以机车的推力将车辆（组）推至线路凸起（峰顶）最高点，利用车辆本身的重力进行分解车列的一种调车设备，是编组站解体车列的一种主要方法。在进行驼峰调车作业时，先由调车机将车列推向驼峰，当最前面的车组（或车辆）接近峰顶时，提开车钩，这时就可以利用车辆自身的重力，顺坡自动溜放到编组场的预定线路上，从而可以大大提高调车作业的效率。在本项目中，我们将逐一了解编组站的设备、布置图及作业流程等知识。

【学习目标】

本项目参考《铁路技术管理规程》和《铁路线路工技能鉴定》，并整理出该项目需要掌握的知识和技能，具体的学习目标如下。

1. 知识目标
① 掌握编组站的设备组成。
② 掌握编组站的作业流程。
③ 掌握驼峰的组成。
④ 掌握铁路枢纽的含义。

2. 技能目标
① 识别驼峰和各种调速设备。
② 掌握铁路枢纽的现实意义。

【职业技能需求】

铁路运营中的行车调度员、信号员、行车值班员、助理值班员等岗位均需了解编组站的基本知识，作为铁路运营岗位重要的参与者，只有清楚编组站的设备组成、布置图的实际情况才能更好地使用场站设备，高效、安全地进行列车解编作业。

【任务驱动】

如前所述，编组站是列车解编的工厂。一列车由装载各个到站的货运车辆组成，到达组织站后解体，按方向将列车解体到不同的调车线上，等集结好后编组成新的列车。这就需要一系列的如到（发）场、解编、调车场等设备。同时，在货运列车停留在铁路编组站期间，机务段需供应列车动力以及整备、检修机车。车辆段及其下属单位（站修所、列检所）要对车辆进行日常维修和定期检修等。那么，编组站有哪些作业呢？完成这些作业需要哪些设备以及设备的布置怎样？铁路枢纽的布局怎样？这就是我们本项目所要介绍的内容。

任务一 编组站的作业和设备

【任务描述】

编组站以办理改编中转货物列车的作业为主，编解包括小运转列车的各种货物列车，负责路网上和枢纽内车流的组织，同时还供应列车动力，对机车进行整备和检修，使其性能良好地投入运营，并对车辆进行日常维修和定期检修。

为完成以上各项作业，编组站应设置调车设备、行车设备、机务设备、车辆设备、车辆设备、货运设备，编组站还必须具有信联闭、通信和照明等设备。

【任务分析】

了解编组站的业务和设备是认识编组站的重要前提。编组站主要包括哪些业务和设备？编组站的核心业务和设备是什么？如何认识和定位编组站的客运和货运业务？在本任务中将对此重点解析。

【相关知识】

一、编组站的作业

1. 改编中转货物列车作业

改编中转货物列车作业包括解体列车的到达作业和解体作业，始发列车的集结、编组作业和出发作业。其作业流程及地点如图 6-2 所示。

改编中转货物列车作业是编组站最主要的作业，保证该项作业的流水性是编组站设计的关键。

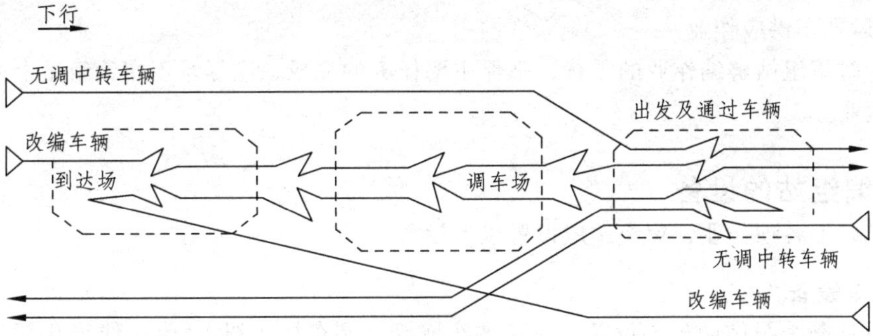

图 6-2　无改编及改编中转货物列车作业流程

2. 无改编中转货物列车作业

无改编中转货物列车作业仅限于到发场或通过车场，主要是换挂机车和列车技术检查作业。机务段、通过车场和机走线的位置是缩短该项作业时间的关键。

3. 部分改编中转货物列车作业

部分改编中转货物列车除进行无改编中转货物列车的作业外，有时还要变更列车重量、变更列车运行方向或进行成组甩挂等少量调车作业，一般在到发场或通过车场进行。

4. 本站作业车的作业

本站作业车（地方作业车）是指到达本枢纽或本站货场及工业企业线进行货物装卸或倒装的车辆，其作业过程较有调中转车增加了送车、装卸和取车等内容，其中重点是取送车作业。本站作业车的取送有编开枢纽小运转列车和调车取送两种方式。一般而言，当编组站设有货场并有工业企业线连接且货运量较大时，固定配属专用调机，担当取送作业。当本站货运量很小，枢纽内货运站运量较大且装卸车作业点多而分散时，主要采取枢纽小运转列车进行取送。因此，尽量避免从调车场取送车与其他作业的交叉干扰是布置货运设备时应注意的问题。

5. 机务作业

编组站的机务作业和区段站一样，包括机车出段、入段、段内整备及检修作业。保证机车顺利出入段、缩短机车出入段的走行距离是布置机务段、机车走行线和机车出入段线应注意的重要问题。

6. 车辆检修作业

编组站的车辆作业包括列车技术检查及不摘车的经常维修、轴箱及制动装置的经常保养，摘车的经常维修、货车的段修等三类。

第一类是列车技术作业过程中的重要内容，在到发线上进行。

第二类是货车的站修，车辆破损程度较为严重时需摘车倒装后送往站修线或车辆段修理。

第三类段修是按车辆使用规定期限，定期入车辆段进行检修作业，有大修、中修、年修之分。

7. 其他作业

根据当地需要，编组站有时还需办理以下作业：

① 客运作业，包括旅客乘降及换乘。

② 货运作业，包括货物装卸、换装，保温车加冰、加盐，牲畜车上水、除粪便，鱼苗车换水等。

③ 军运列车供应作业。

为减少对编组站解编作业的干扰，确保主要任务的完成，应尽量不在编组站上办理或少办理客、货运业务。

二、编组站的设备

为完成以上各项作业，编组站应设置以下设备。

1. 调车设备

调车设备是编组站的核心设备，包括调车驼峰、调车场（线）、牵出线等几部分。当区段车流较大时，可设置专门的辅助调车场。

2. 行车设备

行车设备是指办理接发货物列车作业的到发线。为保证各衔接方向列车同时到发，避免与其他作业进路的交叉干扰，一般应将上、下行到发线分别设置。编组站作业量较大时，应将到达场与出发场分开，以提高作业的流水性。为加速无改编中转列车作业，减少对其他作业的干扰，有时需单独设置通过车场（直通场）。

3. 机务设备

机务设备是指用以对机车进行各项整备和修理作业的线路和设备。编组站一般均设机务段，而且规模较大。机务段位置应根据编组站主要车场的配置形式，结合地形、地质和风向等条件确定。路网性的双向编组站，为减少机车出入段的走行距离及与其他作业的交叉干扰，可考虑增设第二套整备设备。

4. 车辆设备

车辆设备是指供到发的车辆进行检查和修理的设备。用于日常检修的列检所通常设在到达场、出发场和到发场的适当地点，以方便与车站运转部门的联系。车辆段的检修能力应根据全路分配的车辆检修任务确定，其在站内的位置应从取送便利、联系方便（与调车场、站修所、倒装站台、牵出线）以及不影响车站及本段发展等三方面综合考虑。

5. 货运设备

① 整倒装设备。每昼夜办理装载不良或车辆破损的整倒装作业量较大时，为加速车辆周转，在调车场内车辆检修设备的一侧设置相应的整倒装设备，配线连通驼峰和站修线。作业量较小时，为节省投资，此项作业送往附近货场办理。

② 牲畜、鱼苗车的上水换水设备。因列车在编组站的到达场停留时间较长，给水栓一般设在到达线间。

③ 货场。兼办货运业务的编组站需设置货场。为减少对车站各项作业的干扰，货场（或工业企业线）最好不要在编组站接轨，如必须在站接轨时，其衔接方式应视货场到发车流性质及车站布置图形等因素确定，一般不宜靠近机务段的咽喉区，而在调车场尾部接轨，以便于取送。

6. 其他设备

① 客运设备。编组站的客运业务很少，一般利用正线办理客车到发（通过）。旅客列车较多时，也可以设置1~2条到发线及1~2个旅客站台。

② 站内外连接线路设备。如进出站线路、站内联络线和机车走行线等。

此外，编组站还必须具有信联闭、通信和照明等设备。

任务二 编组站的布置图

【任务描述】

如上所述，编组站办理大量有改编中转货物列车的作业，机车整备和检修作业、车辆日常维修和定期检修作业以及少量的客货运业务，需要到发线等行车设备和调车线、牵出线、驼峰等调车设备，货场等货运设备以及机务段、车辆段、列检所等。根据设备的不同位置，编组站布置图有单向横列式、单向纵列式，双向纵列式、混合式等，本任务重点介绍各种布置图的特征、优缺点、适用范围等。

【任务分析】

编组站设备的位置会影响作业的顺利与否。如机务段、机车走行线的位置影响机车出入段作业，有调中转车的到达线及调车场的位置影响有调中转车的解体作业等，学习本部分内容重在认识各种布置图的特征以及优缺点，合理利用设备进行行车作业、调车作业、取送车作业等疏解进路交叉。

【相关知识】

一、编组站布置图

（一）单向一级三场横列式编组站布置图

1. 设备布置特点

单向一级三场横列式编组站布置图（见图 6-3）的基本特征是上、下行到发场并列在共用调车场的两侧，布置特点如下：

① 正线外包，两到发场分设在调车场两侧，三场横列，避免了列车到发与车列牵出或转线作业进路间的交叉。

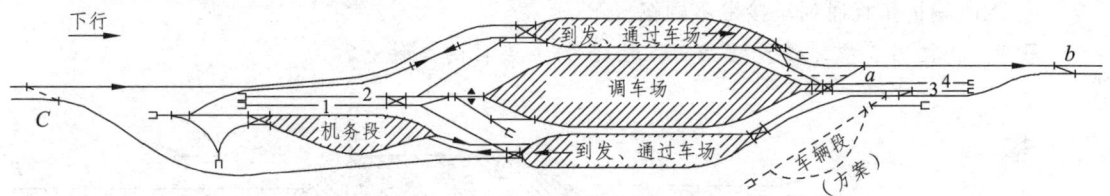

图 6-3 单向一级三场横列式编组站布置图

② 上、下行通过车场设在到发场外侧，无改编中转列车接发与改编列车转线互不干扰，且与尾部牵出线连通，便于进行成组甩挂和坐编作业。通过车场和到发场合并在一起，但在使用上，仍尽量将无改编中转列车接在靠近正线的车场外侧线路，以保持上述优点。

③ 机务段设在接发列车较多方向的到发场出口咽喉处，以方便该方向列车本务机车及时出入段，另一方向列车的本务机车需经机走线由机务段另一端出入段。

④ 车辆段设在调车场尾部正线外侧，便于利用尾部调机取送检修车。站修所一般设在调

车场外侧的线路上。

⑤ 调车场头尾各设两条牵出线，驼峰的位置应根据主要改编车流方向、地形、风向以及进一步发展条件确定。

改变列车作业流程如图 6-4 所示。

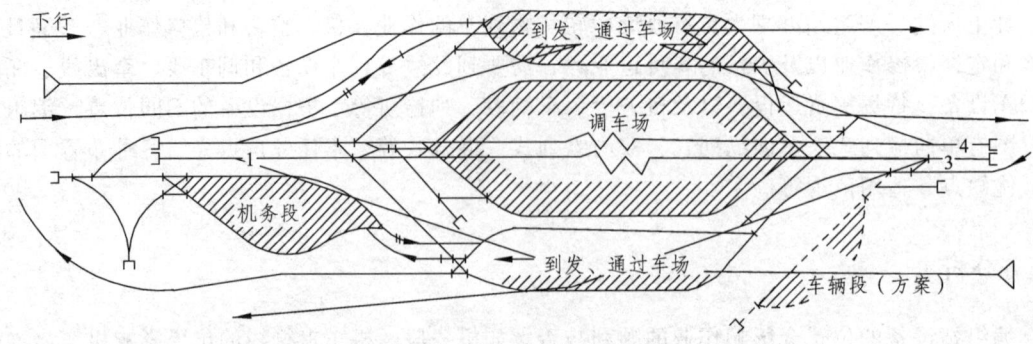

图 6-4　单向一级三场编组站改编列车作业流程

2. 单向一级三场编组站图形的优缺点分析

单向一级三场横列式编组站克服了横列式区段站存在的客货交叉、货调交叉、解编能力低等缺点，具有站坪长度短、工程费用少、车场较少、管理方便和作业灵活等优点。但该图形也存在较多缺点：

① 解体牵出困难。由于驼峰峰高的要求，使峰前牵出线与到发场两者标高相差较大，因而场间联络线既有小半径曲线，又有较大坡度。当牵引定数较大时，向驼峰牵出线牵出较为困难。加之调机牵引力一般较小，当天气较差时，甚至需分两次牵出或头尾同时牵出解体，极大地降低了改编能力。

② 改编能力不能充分发挥。由于改编列车分别在两侧到发场上接发，解编作业分别由上、下行两侧相应的牵出线担任，设备的互换性较差，上、下行车流不均衡时，两侧的调机和牵出线会出现忙闲不均的现象，从而影响改编能力的发挥。

③ 顺驼峰方向本务机走行距离长。无峰下机走线，顺驼峰方向机车出入段需绕行驼峰牵出线或尾部牵出线（3.0 km）。

④ 无改编折角直通列车接发不顺畅。

思考：在图 6-5 中，设置渡线 a、b、c 的主要目的是什么？

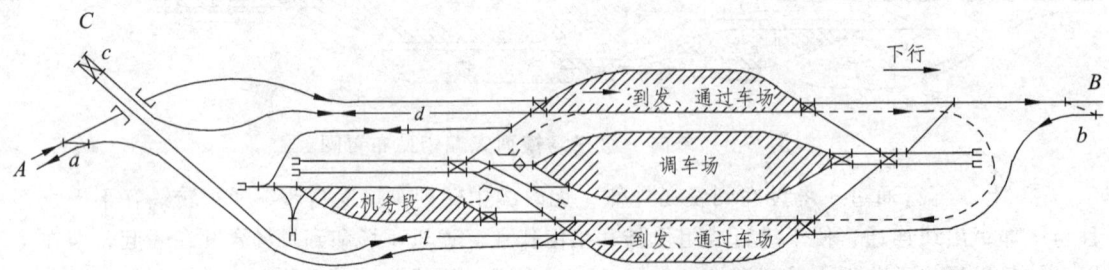

图 6-5　衔接 3 个方向的单向一级三场横列式编组站布置图

3. 适用范围

单向一级三场编组站图形适用于双方向改编车流较均衡、解编作业量不大或地形条件困难、远期又无大发展的中、小型编组站,也可作为其他大中型编组站的过渡图形。当一级三场编组站采用小能力驼峰,头部使用1台调机,实行单推单溜作业方式,调车场尾部使用2台调机时,解编能力主要受驼峰控制。若尾部牵出线承担一部分解体作业,解编能力可适当提高。当调车场头部和尾部均使用2台调机、实行双推单溜作业方式时,驼峰和尾部牵出线能力基本平衡。

(二)单向二级四场混合式编组站布置图

1. 设备布置特点

单向二级四场混合式编组站布置图(见图6-6)的基本特征是各衔接方向的共用到达场和调车场纵列配置,而上、下行出发场并列设在调车场的两侧。这种图形的设备布置特点如下:

① 共用到达场与调车场纵列配置,车列解体时不需牵出作业。

② 上、下行通过车场分别设在两个出发场的外侧。通过车场与出发场既可共用列检设备,又可增加线路使用的机动灵活性,而且也便于利用调车场尾部牵出线进行成组甩挂或坐编作业。

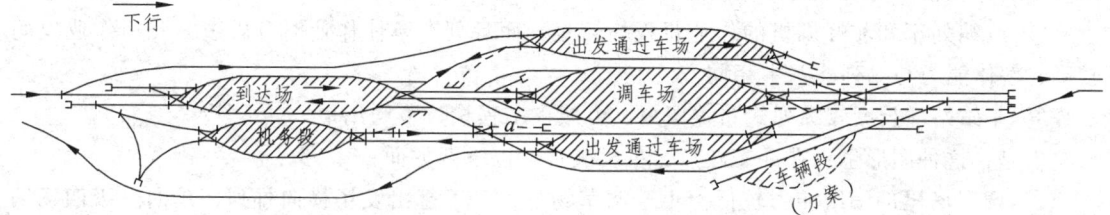

图6-6 单向二级四场混合式编组站布置图

③ 如果没有其他条件限制,机务段一般设在到达场旁反驼峰方向(以下简称反向)一侧。除顺驼峰方向(以下简称顺向)无改编中转列车和自编始发列车外,其他大部分本务机车出入段均比较便捷。

反向到达解体列车的本务机车经到达场入口咽喉入段。反向无改编中转列车和自编始发列车的本务机车经由反向出发场与机务段之间的机车走行线出入段,径路便利且顺直。

当车站作业量较大时,可设置穿越驼峰跨线桥的峰下机走线(类似于图6-8所示的机走线设置)。顺向到发列车的本务机车均可经峰下机走线出入段。当车站作业量较小或因地形及水文地质条件不合适时,为避免较大工程费用,也可不设峰下机走线。此时,顺向到发列车的本务机出入段有以下三条通路:

- 横切到达场出口咽喉,这样会严重干扰推峰作业,降低驼峰解体能力。
- 绕道调车场尾部牵出线,这样机车走行距离长,且干扰尾部牵出线作业,影响尾部编组能力。
- 绕到达场进口咽喉,利用下行正线(业务量较小时)或专用机走线或利用到达场的调机走行线(顺向到解列车)出入段。此方案虽然会影响顺向改编列车接车,但时间短、干扰少,是比较可行的方案。

④ 车辆段位置与一级三场相同,设在调车场尾部适当地点。

⑤ 在到达场与调车场之间,设有中小能力驼峰,一般实行双推单溜作业方式。调车场尾部设2条牵出线,通常配备2台调机。

单向二级四场编组站作业流程如图6-7所示。

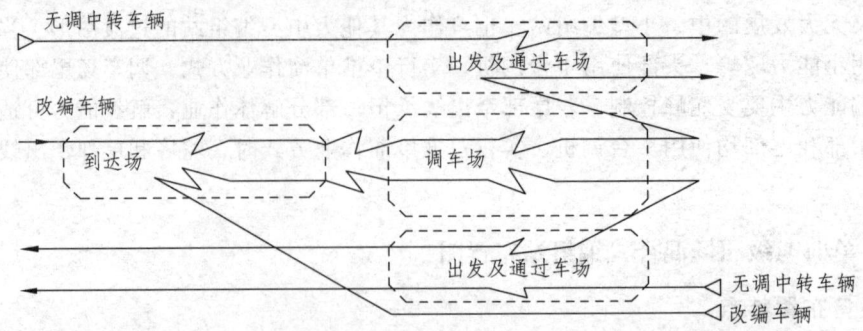

图 6-7 单向二级四场编组站改编及无改编车作业流程

2. 单向二级四场编组站的优缺点分析

单向二级四场编组站作为单向一级三场编组站的改进图形，其主要优点如下：

① 由于顺反方向改编列车均接入与调车场纵列配置的峰前到达场，避免了一级三场布置图中牵引定数较大的到解列车整列牵出的困难。

② 改编列车和驼峰调机的作业行程均较短，而且列车解体作业时分较短，驼峰作业效率较高，解体能力与纵列式基本相同。

③ 车站站坪长度较纵列式布置图短，可减少工程量，节约用地。

但是，这种图形也存在许多缺点，主要表现在以下两方面：

① 调车场尾部编组能力较低。由于调车场与上、下行出发场横向排列，单向二级四场编组站仍存在一级三场横列式编组站图形编、发转线折返走行的缺点，增加了尾部牵出线的负担和车辆走行距离，尾部牵出线的编组能力仍保持横列式编组站的水平。因此，虽然其驼峰能力较大，而且还可以用改造调车设备的方式进一步提高解体能力，但会造成调车场头尾能力不协调的缺陷，从而影响全站设备能力的发挥。

② 反向改编列车到达与出发的进路交叉。反驼峰方向到达的改编列车从到达场出口咽喉处接入，称之为反接。从到达场入口咽喉处接入，称之为环接。单向二级四场编组站反向改编列车到达进路按反接设计。

反向改编列车到发进路的交叉是各衔接方向共用峰前到达场的单向编组站图形的固有缺点。由于单向二级四场编组站的能力受尾部牵出线控制，这一交叉不构成能力的限制因素，因此当运量不太大时，允许其以平交形式存在；当运量上升时，若交叉点负荷不太严重，可以采用平面疏解方式；当运量继续上升，交叉点负荷严重时，则需采用立体疏解方式。

（1）平面疏解

这种布置是将反向改编列车的接车进路分为两条。一般情况下，反接列车经由反向出发场外侧正线进入峰前到达场。此时反向改编列车横切反向出发场出口咽喉，将会干扰反向列车出发和本务机出入段。但是，在反向出发场的进口咽喉，由牵出线向反向出发场的转线作业可以顺利进行。如果反向列车正在发车，为保证接发车同时进行，反向改编列车可经反向出发场内侧靠近调车场的线路接入到达场，这时反向改编列车横切反向出发场进口咽喉，可能会与反向改编车列转线发生交叉。

把反向改编列车接车与其他作业的交叉分散在出发场两端咽喉，是二级式编组站减少这一交叉的主要措施。

（2）跨线桥立体疏解

从理论上分析，当运量继续上升、交叉点负荷严重、平面疏解不堪负重时，应修建跨线桥疏解反向改编列车接发车进路的交叉。但由于受机务段和反向出发场位置的限制，在站内很难完成，必须把跨线桥设在站外，修建反向改编列车的环接正线，此时，反向改编列车的接车进路由反接改为环接。这样虽然可同时解决反向改编列车到发交叉和部分反接列车与推峰作业的干扰，能力和作业效率均有较大提高。但将恶化进出站线路平纵断面的技术条件，限制车站未来发展，并需增加工程费用和列车走行公里。故只有当反向改编车流量很大、对反向出发场和推峰作业的交叉干扰严重，并造成对车站解编能力的限制，且车站又无发展为双向的可能时，方考虑采用立体疏解。

3. 适用范围

综上所述，单向二级四场混合式编组站图形一般适用于解编作业量较大或解编作业量大而地形条件困难的大、中型编组站。当顺向改编车流较大或顺、反向改编车流较均衡而顺向车流为重车流时，在运营上是有利的。当头部设置小能力驼峰，配置 2 台调机，实行双推单溜作业方式，尾部设 2 条牵出线和 2 台调机时，解编能力受尾部控制。如驼峰调机协助尾部担任一部分作业，使头尾能力大致平衡，解编能力可适当提高。若头部设置中能力驼峰，单向二级四场布置图的解体能力与纵列式相差不多，但尾部编组能力不足。单向二级四场编组站图形一般可适应 4 500 ~ 5 200 辆/d 的解编作业量（不含驼峰半自动化、自动化和加强尾部编组能力所提高的作业量）。

（三）单向三级三场纵列式编组站布置图

单向三级三场纵列式编组站布置图（见图 6-8）的基本特征是各衔接方向共用的到达场、调车场、出发场依次纵列配置。

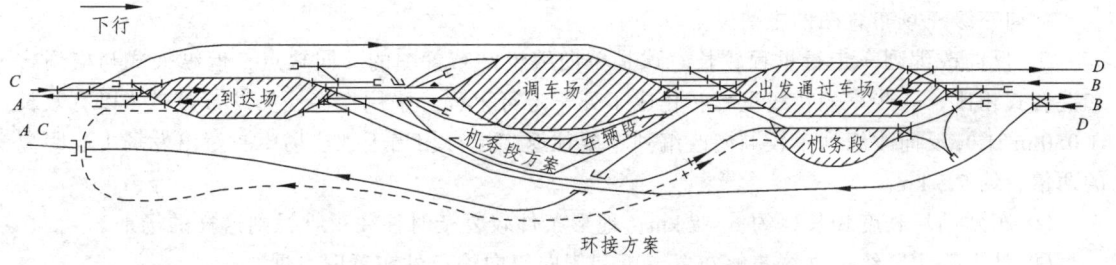

图 6-8 单向三级三场纵列式编组站布置图

1. 设备布置特点

① 所有衔接方向到达的改编列车均接入一个共用的峰前到达场，全部解编作业集中在共用的调车场上办理，发往各方向的自编始发列车也集中在一个共用的出发场上作业。

② 通过车场一般设在出发场外侧。无改编中转列车运行顺直，本务机车出（入）段便捷，可以和出发场的车列共用列检设备，线路布置紧凑，互换性强，可增加线路使用的灵活性。

③ 机务段设在出发场附近反向通过车场的外侧。这样，大多数本务机车出入段均比较便捷，尤其便于出发列车及时挂机车，以保证列车正点出发。为减少与其他作业干扰、不妨碍驼峰作业，三级三场编组站均设置峰下跨线桥，顺向到达机车可通过峰下机走线入段。反向到达机车则需通过到达场内专用机车走行线方能入段，走行距离较长，有时会对推峰作业造成干扰。

机务段的位置与通过车场、进出站线路布置密切相关。如果通过车场设在到达场外侧，机务段可设在到达场反驼峰方向一侧，既便于机车出入段，又不会影响车站发展为双向编组站。当采用环接环发（或反发）进路布置时，如果通过车场位于出发场旁侧，从机车出入段走行距离和对站内作业的交叉干扰来比较，机务段应设在调车场反驼峰方向的一侧（图6-5中虚线所示）。其缺点是占地较多，不利于发展为双向站型。

④ 车辆段布置在调车场旁侧，既可利用空地又不妨碍发展，并且便于利用尾部牵出线进行车辆取送作业。

编组站采用电力和内燃牵引时，由于机车、车辆的整备和修理设备逐步实现机械化和自动化，车辆段往往与机务段布置在一起。虽然该位置不一定能照顾到取送车的便利，但有利于共用机械修配、动力供应、管道等生产设备和生活设施，可节约用地，降低管理费用。因此，如果新建编组站具备共用设备的有利条件时，也可考虑将车辆段和机务段联合设置在同一地点。

⑤ 正线外包，到发进路立交疏解。由于三级三场编组站解编能力较大，为使各部分能力协调一致，并为行车安全创造条件，反向改编列车的到发进路一般采用正线外包，立交疏解布置。

单向三级三场编组站改编及无改编车的作业流程如图6-2所示。

2. 单向三级三场编组站的优缺点

单向三级三场编组站图形由于到、调、发纵向配列，其主要优点如下：

① 为各方向到达改编的列车创造了良好的作业条件。顺、反向改编列车在站内的到达、解体、集结、编组、出发过程都是"流水式"作业。

② 站内各种作业交叉干扰较横列式和混合式都少，车站通过能力较大。

③ 同类车场集中布置且仅设一套调车设备，站内线路运用机动灵活，线路数量、用地面积和车站定员均较双向布置图有较大节省，有利于实现编组站现代化。

单向三级三场布置图的主要缺点如下：

① 反向改编列车走行里程较长。这是单向编组站布置图的共同缺点，但纵列式与横列式和混合式相比，一些车辆转线里程转化成了列车走行里程。采用反接、反发布置时（以有效长1 050 m计），反向改编列车较顺向改编列车要往返多走行相当于到达场中心至出发场中心距离的两倍，约7.5 km。

② 车站站坪长度较长，约6~8 km，地形条件较复杂时往往很难找到这样的场地。

③ 站内采用跨线桥立体疏解布置，不利于向双向编组站布置图发展。

3. 反向改编列车接发车进路

（1）引入方式

反驼峰方向改编列车可采用反接或环接方式接入到达场，自编始发的反向列车可采用反发或环发方式由出发场入口咽喉或出口咽喉端发车。

反向改编列车接发车进路的引入方式，即采用反接、反发或环接、环发，可根据反向改编列车到发对驼峰和尾部牵出线能力的影响程度以及工程运营方面的因素综合比选确定。

反向改编列车接发车进路采用反接、反发布置方式时，列车走行径路和铺轨里程较短，可节省运营支出和工程投资。但对车列的推峰和转场作业可能会因进路交叉产生延误，影响机车车辆的周转和解编能力。

环接、环发布置方式虽然可以彻底疏解上述交叉延误，使解编能力得到提高。然而，环接时在到达场出口咽喉处仍存在反向改编列车本务机入段与车列推峰作业的交叉，只是交叉性质不同且延误时间较短。同时，修建环线既要增加正线铺轨里程和工程投资，又会增加列车走行公里，占地面积较多，环线内的土地也不好利用。

三级三场编组站采用反发，对尾部牵出线能力有一定干扰，但不会成为全站能力的薄弱环节。

因此，一般情况下，反向改编列车接发车进路按反接、反发设计，并预留有发展为环接、环发的条件。当反驼峰方向衔接方向及到发列车数较多时，应根据驼峰和尾部牵出线的能力分别对待。若到达场出口咽喉设计复杂，反接进路对推峰干扰严重，且驼峰能力紧张时，反向改编列车可采用环接方式，保留反发进路。若考虑调车场头尾能力的协调，反发列车的方向在2个及以上时，以环发设计为宜。另外，当驼峰采用双溜放作业时，为保证驼峰能力的充分发挥，必须采用环接方式。

（2）交叉疏解

无论反向改编列车的接发车进路采用何种引入方式，列车到发的进路交叉总是存在的。根据保证行车安全和需要的通过能力以及便于发展的原则，可以采用平面和立体两种疏解布置方式。

a. 平面疏解布置

此种布置为各作业进路在交叉点的前方设置一条安全线。其优点是布置简单、工程投资少、不影响车站的发展。其缺点是影响两交叉进路的通过能力。

b. 跨线桥立体疏解布置

为了与站场纵断面配合，到达进路应在桥上通过，出发进路设在桥下通过。修建跨线桥的主要优点是：每个方向的列车均有独立的进路，通过能力不会受到影响，可保证行车的绝对安全。但也存在一些缺点：首先，在站内调车场附近修建跨线桥，对车站进一步发展为双向布置图极为不利，易于造成废弃工程；其次，为了保证跨线桥上、下线路间约8 m左右的标高差，有时受地形限制或为节省用地及缩短立交桥跨度，往往要采用较大的坡道和较小半径的曲线，将恶化进出站线路的平、纵断面技术条件，影响运营；另外，修建跨线桥的工程造价较高。

三级三场编组站能力较大，为使各部分能力协调一致，并为行车安全创造条件，反驼峰方向改编列车的到发进路交叉，宜采用立交。当初期行车量不大或发展为双向编组站的时间较短时，在保证行车安全的前提下（良好的平、纵断面技术条件，先进的信联闭设备等），也可以采用平交。

4. 适用范围

单向三级三场纵列式编组站布置图适用于顺驼峰方向改编车流较强，解编作业量大（6 500~8 000辆/d），衔接方向较多，要求车站具有较大的机动灵活性，而且地形条件允许采用6~8 km站坪或近期运量虽然不大，但远期有较大发展的大型编组站。

为了加强单向编组站的解体能力，当双方向改编车流均较大，驼峰解体辆数超过4 000~5 000辆/d，且作业量的增长速度并不太快时，为推迟或减少双向编组站的建设，可考虑将单向编组站按双溜放作业方式设计，即采用"单向双溜放"编组站。

（四）双向三级六场纵列式编组站布置图

1. 图形特征及设备布置特点

双向三级六场纵列式编组站布置图（见图6-9）的基本特征是上、下行各有一套独立的调车作业系统，驼峰方向相对，车场配置均按到达场、调车场、出发场顺序排列。其设备布置有如下特点：

① 上、下行通过车场分别设置在各该系统出发场的外侧，使出发列车技术作业集中办理，增加线路使用灵活性，便于成组甩挂作业。

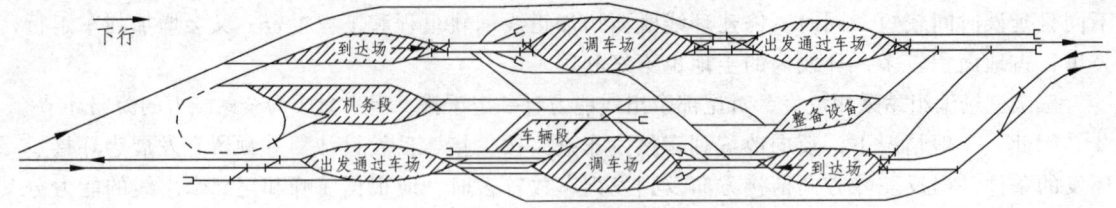

图 6-9 双向三级六场纵列式编组站布置图

② 机务段设在机车折返较多一端的到达场与出发场之间，使本务机出入段总走行距离最短。为了减少车站另一端本务机出入段的走行距离及与站内其他作业的干扰，必要时可在车站另一端设置第二套机车整备设备。

③ 车辆段设在两调车系统之间靠近空车方向的调车场尾部，便于车辆扣修及与调车场联系。

双向三级六场编组站的作业流程如图 6-10 所示。

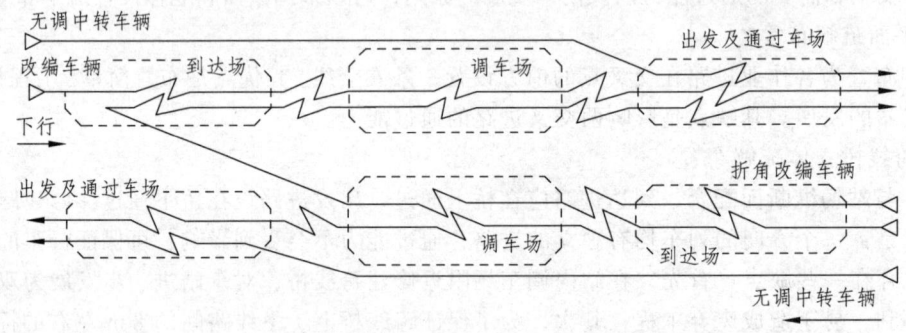

图 6-10 双向三级六场编组站各种车辆作业流程

2. 双向三级六场编组站图形的优缺点

与单向编组站图形比较，双向三级六场编组站图形的优点如下：

① 反向改编车流无多余折返走行。除折角车流外，上、下行改编列车在站内的作业均是流水式的，径路顺直，可节省运营费。

② 能力较大。双向三级六场编组站设有两套完善的调车系统，车场均为纵向排列，进路交叉少，通过能力和改编能力均较大。

双向三级六场的主要缺点如下：

① 两个调车系统间交换折角车流的走行距离长，重复作业较多。衔接 3 个及以上方向的编组站，必然会产生折角车流。由于折角车流在车站的一端到发，对于双向编组站就必须将其由某一调车系统转到另一调车系统，这样不仅会增加机车车辆的折返走行，延长车辆在站停留时间，使运营费用增加，同时还会产生转场与其他作业的交叉干扰，而且对折角改编车流还需重复解体，消耗驼峰解体能力。

② 占地面积大，车站定员多，工程费用高。站坪全长约 8~10 km，由于两个调车系统方向相反，要求地形两端高、中间低，使得两系统纵、横断面布置较复杂，排水处理较困难。

3. 适用范围

双向三级六场纵列式编组站图形如每个系统的驼峰均设置自动化或半自动化控制设备，使用 2~3 台调机，实行双推单溜作业方式，调车场尾部设置 3 条牵出线，一般情况下可担任 14 000~16 000 辆/d 的解编作业量（包括折角车流重复作业量）。如果采取增设辅助调车场等提高尾部能力的措施，可承担 20 000～22 000 辆/d 的解编作业量（包括折角车流重复作业量）。

当路网性编组站衔接方向较多、解编作业量较大（其他图形无法承担）而且上、下行改编车流量比较均衡，而折角改编车辆量比重不大、地形条件又不受限制时，可采用双向三级六场布置图形，如郑州北、丰台西、徐州北、沈阳南、石家庄等站。

二、驼峰

驼峰是指将调车场始端道岔区前的线路抬到一定高度，主要利用其高度使车辆自动溜到调车线上，用来解体车列的一种调车设备。

（一）驼峰的分类

根据每昼夜解体的车辆数和相应的技术设备，调车驼峰可分为以下三类：

1. 大能力驼峰

大能力驼峰的日解体能力为 4 000 辆以上，应设 30 条及以上调车线，应配有溜放进路自动控制系统、钩车溜放自动调速系统及推峰机车遥控系统。

2. 中能力驼峰

中能力驼峰的日解体能力为 2 000～4 000 辆，应设 17～29 条调车线，应配有溜放进路自动控制系统，宜配有钩车溜放自动或半自动调速系统及推峰机车遥控系统。

3. 小能力驼峰

小能力驼峰的日解体能力为 2000 辆以下，应设 16 条以下调车线，应配有溜放进路控制系统，宜配有钩车溜放半自动调速系统及驼峰机车信号。作业量较少时，也可采用简易现代化调速设备，逐步取消人工调速设备。

驼峰类型应根据解体作业量的大小、车站站型及发展趋势选定。

（二）驼峰的组成

驼峰的范围是指峰前到达场（不设峰前到达场时为牵出线）与调车场头部之间的部分线段（见图 6-11）。它包括推送部分、溜放部分和峰顶平台。

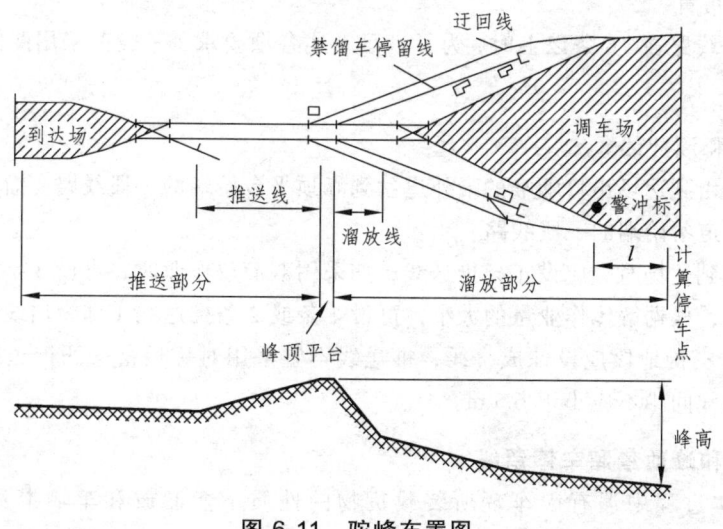

图 6-11　驼峰布置图

1. 推送部分

推送部分是指经由驼峰解体的车列，其第一钩位于峰顶平台始端时，车列全长所在的线路范围。其中，由到达场出口咽喉的最外警冲标到峰顶平台始端的线段叫推送线。设置这一部分的目的是为了使车辆得到必要的高度，并使车钩压紧，以便摘钩。

2. 溜放部分

溜放部分是指由峰顶（峰顶平台与溜放部分的变坡点）到计算停车点的线路范围。这个长度也叫驼峰的计算长度。驼峰调车场的调速制式不同，计算点的位置也不同。

3. 峰顶平台

峰顶平台是指驼峰推送部分与溜放部分的连接部分，设有一段平坡地段。峰顶平台包括压钩坡和加速坡两条竖曲线的切线长。不包括竖曲线的切线长时叫净平台（见图6-12）。

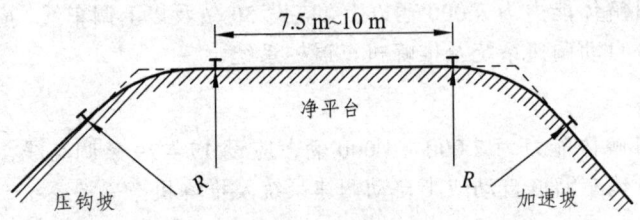

图 6-12 峰顶平台

（三）驼峰调车场头部平面布置

1. 道岔类型

为了缩短由峰顶至调车场计算停车点的距离，并便于车场内股道成线束形对称布置，一般在调车场头部采用6号对称道岔或三开道岔。当调车场内股道较多时，最外侧线束的最外侧道岔可以采用交分道岔或9号单开道岔。

2. 线束的布置

当调车场的线路在16条以上时，为了满足上述各项要求，一般都采用两侧对称的线束形布置。

3. 推送线和溜放线

推送线是指由到达场出口咽喉的最外道岔到峰顶平台始端的一段线路。溜放线是指由峰顶到驼峰第一分路道岔始端的一段线路。

驼峰前设有到达场时，应设1条推送线；如采用双溜放作业时，可设3~4条推送线；峰前不设到达场时，根据解体作业量的大小，可设1条或2条推送线（即牵出线）。

推送线经常提钩地段应设计成直线，推送线不宜采用对称道岔。两推送线间不应设置房屋，两推送线的线间距不应小于6.5 m。

4. 迂回线和峰顶禁溜车停留线

在车列解体过程中遇有因车辆所装载货物的性质不能溜放和车辆本身结构的原因不能通过驼峰或减速器的车辆，要送往靠近峰顶的禁溜线暂存，以便车列的继续溜放。待车列解体完毕，且禁溜线上已满载时，由调机经由绕过峰顶和减速器的迂回线送往峰下调车场。

（1）禁溜线

有两条推送线和两个峰顶的驼峰，应设两条禁溜线［见图6-13（a）］。如禁溜车较少，可设一条禁溜线或与迂回线合为一条。只设一条禁溜线时，应设在主要提钩作业的对侧，不妨碍调车人员的瞭望，也有利于作业安全。禁溜线与迂回线合设时，该共用线按迂回线要求设计，靠近峰顶端设一段平坡，以供存放禁溜车使用。

禁溜线的有效长度可采用150 m，一般要求能存放10辆车左右。

禁溜线始端道岔应采用9号单开道岔，直股通溜放线，便于使车辆不在道岔的导曲线范围内脱钩，避免歪钩。

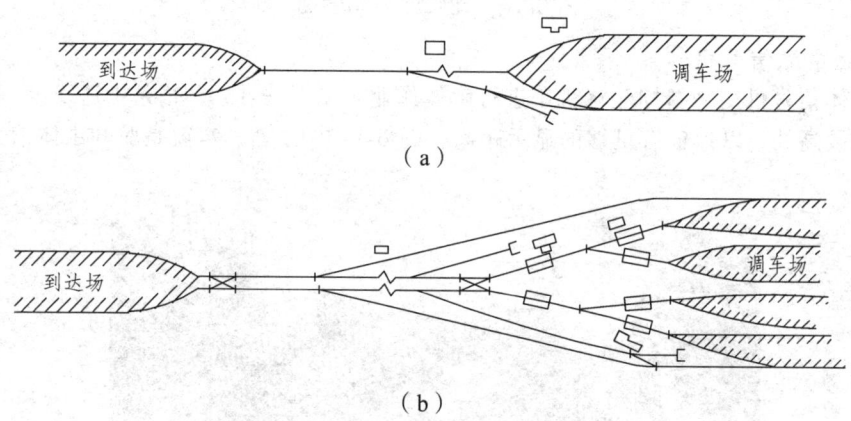

图6-13 迂回线和峰顶禁溜车停留线

（2）迂回线

驼峰迂回线是指从推送线绕过峰顶和溜放部分的减速器通往调车场的线路［见图6-13（b）］。驼峰前设有到达场时，应设置迂回线；峰前不设到达场时，可根据需要设置迂回线。

迂回线一般连接调车场外侧的1~2条线路。如果连接过多的调车线，通过迂回线送车时，将干扰这些线路的溜放作业。设两条推送线和两个峰顶的驼峰，作业量大，一般设两条迂回线；作业量不大，只设一个峰顶的驼峰，可在调车场有站修线的一侧设置一条一迂回线。此时，迂回线应设在提钩作业的对侧，有利于提钩人员的安全。

迂回线在推送线上的出岔位置，应尽可能避开经常提钩地段。在没有提钩作业的一侧，它与禁溜线道岔相距可近些；在有提钩作业一侧，可适当增加它与禁溜线道岔的距离，以便占大多数的中小车组提钩时不妨碍提钩人员的作业安全。

（四）驼峰信号设备

驼峰的主要任务是进行车列的解体、编组和其他调车作业。为了指挥调车作业，在驼峰范围内设有各种信号设备。现以图6-14为例，介绍有关信号的位置和作用。

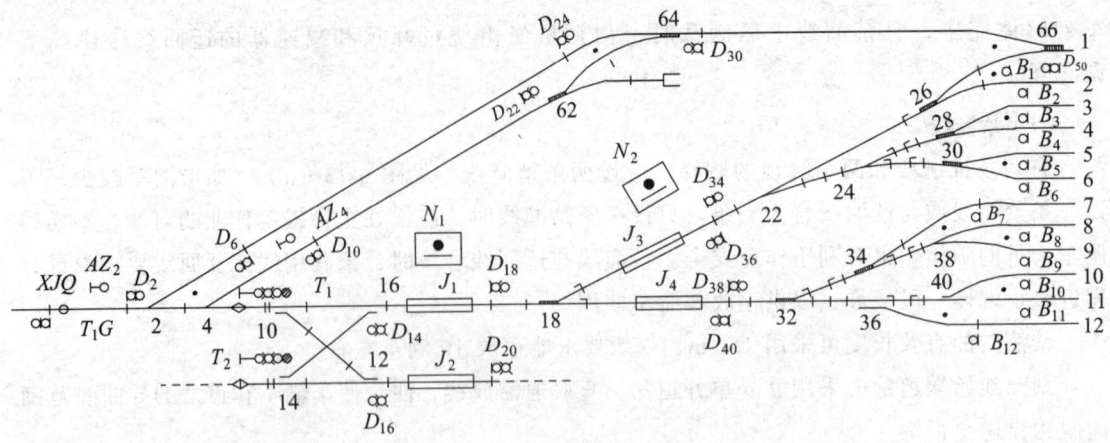

图 6-14 驼峰信号示意图

1. 驼峰主体信号机

驼峰主体信号机用来指挥驼峰机车进行解体作业（见图 6-15），每条推送线设一架，位于驼峰线路的最高处，以保证有足够的显示距离，图 6-14 中的 T_1、T_2 就是驼峰主体信号机。

图 6-15 驼峰主体信号机

2. 线束调车信号机

为了指挥驼峰机车在峰下调车线之间进行转线调车，在每个线束的头部均设有线束调车信号机。如图 6-14 中的 D_{18}、D_{20}、D_{34}、D_{36}、D_{38}、D_{40} 所示。当一个线束内有两台以上的调车机进行整理作业时，由于一个线束设置一架上峰方向的线束调车信号机（如 D_{36} 是 1 线束上峰方向调车信号机）难以区分指示哪台机车上峰作业，因此应在每条调车线上设置线路表示器，如图中的 B_1、B_2、…、B_{12} 所示。线路表示器随该线束上峰方向调车信号机而显示，平时灭灯。当该线束上峰调车信号开放时，由道岔来确定开放某一调车线的线路表示器，显示一白色灯光。其实物图如图 6-16 所示。

图 6-16 线束调车信号机

3. 峰上调车信号机

为了指挥驼峰机车在峰上进行调车作业，如经由迂回线向调车场转送禁止过峰的车辆等作业，应设有峰上调车信号机，如图 6-14 中的 D_2、D_6、…、D_{50}，其中 D_{14}、D_{16} 虽设在峰下，但这些信号机的开放应与峰上进路实现必要的联锁关系，因此，它也属于峰上调车信号机。实物图如图 6-17 所示。

图 6-17　峰上调车信号机

除上述各种信号机外，在到达场每条线路靠近驼峰一端，还设有驼峰复示信号机，用来复示驼峰主体信号机的各种显示。

（五）驼峰调速设备

1. 调速设备的分类

（1）按调速功能分

① 减速设备。在钩车溜放过程中，减速设备用以消耗钩车的能量使车辆减速。如钳夹式车辆减速器（retarder）、缓行器（见图 6-13）、减速顶（retarder unit）等。

② 加速设备。在钩车溜放过程中，加速设备给予钩车能量使其加速。如钢索牵引推送小车、加速顶（accelerator unit）等。

③ 加减速设备。加减速设备是兼有加速和减速功能的设备，如加减速顶等。

（2）按制动方式分

① 钳夹式车辆减速器。钳夹式车辆减速器借助于车轮两侧制动夹板上的水平方向制动力对车轮施加压力而产生摩擦力。

② 非钳夹式车辆减速器。非钳夹式车辆减速器的制动力或由减速器内部部件的摩擦产生，或由感应电流产生，或由其他方式产生。如减速顶、牵引推送小车等。

2. 钳夹式车辆减速器

钳夹式车辆减速器（如图 6-18 所示）按其制动力的来源，又可分为外力式和重力式两种。

图 6-18　钳夹式车辆减速器

（1）外力式车辆减速器

T.JK 型车辆减速器是驼峰间隔制动用的调速设备，是以压缩空气为动力的钳夹式减速器。这种减速器通过压缩空气进入制动缸推动制动夹板对溜行车辆的轮对产生侧压力，使车辆减速。制动力的大小由压缩空气的压力决定。图 6-19 为其构造及动作示意图。

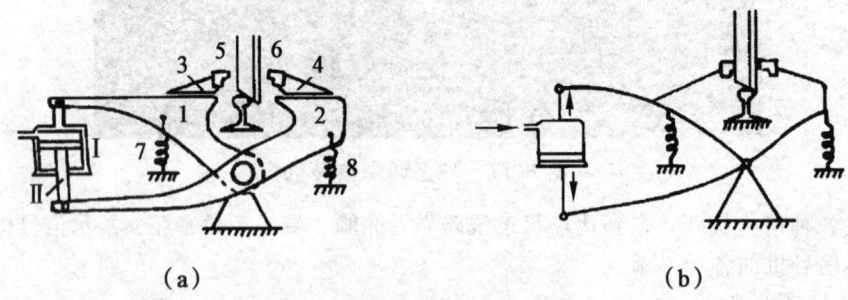

图 6-19　T.JK 型减速器示意图

（2）重力式车辆减速器

重力式车辆减速器是利用被制动车辆本身的重量，通过可浮动基本轨及制动钳的传递，使安装在制动钳上的制动轨（即制动夹板）对车轮两侧产生侧压力而进行制动。它的制动力与被制动车辆的重量成正比。

3. 非钳夹式车辆调速设备

（1）减速设备

① 减速顶。减速顶是一种无需外部能源，无需外部控制，简而易行地实现对车辆溜放速度自动控制的设备。各类型的减速顶规定有不同的临界速度。当车辆溜放速度低于减速顶的临界速度时，减速顶对车辆不起减速作用；当车辆的溜放速度高于减速顶的临界速度时，减速顶对车辆起减速作用。安装在钢轨内侧的减速顶为内侧顶，安装在钢轨外侧的为外侧顶。

② 可控减速顶。可控减速顶（见图 6-20）由标准油气减速顶和电磁阀两大部分组成。电磁阀不通电时，可控减速顶与普通减速顶的功能相同。电磁阀通电时，减速顶被锁闭，对车辆的溜行不起减速作用。因此，根据调车作业的需要，可以随机地控制减速顶，令其对溜行中的车辆起减速作用或不起减速作用。可控减速顶的优点是调速灵活性强。其不足之处是需要外部

控制，需要在调车场内铺设电缆与每个可控顶相连接，既要增加工程投资，又会对工务维修带来不利影响。

（a）减速顶

（b）可控减速顶

图 6-20　减速顶

（2）加速设备

钢索牵引推送小车是调车场内推送车辆用的一种加速设备。它可以用 4 km/h 的速度推送钩车使其与调车线上的停留车安全连挂。

推送小车（见图 6-21）有四个特殊的小车轮，小车沿钢轨内侧轨底走行。推送小车两侧各有一个能上、下运动的推送臂，用来推送车辆的轮缘。小车向推送方向走行时，推送臂抬起，保持在推送位置。当钩车的速度高于小车的速度，从后面追越小车时，小车的推送臂落下。小车返回时，推送臂落下并锁闭。回到起始位置时，推送小车处于死锁闭状态，以保证调车作业的安全。

图 6-21　推送小车

小车的各种运动状态由控制台上的停机、返回、推送、追车四个按钮来控制，可手动亦可用计算机控制。在尾部停车器后方设有警告踏板，发出尾部警告信号时，小车停止推送并自动返回。

（3）加减速设备

可锁闭式加减速顶是一种加减速调速设备。它由可锁闭式减速顶、压缩空气控制阀和加速顶三部分组成。可锁闭式减速顶布置在前面，加速顶布置在后面。当车辆的速度低于临界速度时，减速顶不起作用。当车辆的速度高于临界速度时，加速顶不起作用，而使减速顶起减速作用。因此，加减速顶是根据车辆溜行速度是低于还是高于预定的临界速度，给溜行车辆以加速力或减速力，从而达到调节车辆溜行速度的目的。

（六）驼峰测量设备

为了对驼峰溜放车辆的速度进行准确控制，必须有一套能测出溜放车辆速度、重量、车辆走行性能（阻力）和线路空闲长度等的测量设备。

1. 测速设备

我国驼峰一般采用 TZ-103 型驼峰测速雷达。其结构原理与所有的测速雷达一样，利用多普勒效应进行测速。雷达测速精度高，能连续测量瞬间速度，基本能满足驼峰溜放速度自动或半自动控制系统的运营要求。

2. 测长设备

测长（或测距）设备用来测量调车线空闲长度，是驼峰点式或点连式调速系统不可缺少的基础设备。我国主要采用 TDC-103A 型音频动态测长器，在装设音频轨道电路的调车线上，向轨端送以某一固定频率的恒定电流时，轨端电压正比于轨道短路点的长度，因此按确定的模拟系数就可以换算出该轨道短路点的长度，从而得到调车线的空闲长度。

3. 测重设备

测重设备是驼峰自动化基础设备之一。它不仅为非重力式减速器的控制提供重量等级参数，还可供编组作业自动化时统计编成车列的重量，也可根据车重粗略地确定车辆的走行阻力。

4. 测阻设备

在驼峰调速系统中，准确地测量和处理溜放车辆的阻力是影响调速系统效果的关键因素，因此，在点式控制制动位前都要设测阻区段，以便测出溜放车辆的运动加速度，进一步计算阻力值。

（七）驼峰溜放车辆进路自动控制设备

驼峰溜放车辆进路自动控制是驼峰解体作业过程的重要环节，也是驼峰自动化的基础设备之一，国内外绝大多数驼峰均采用道岔自动集中来实现溜放进路的自动控制。道岔自动集中设备包括控制信号设备和控制道岔设备两部分。只有驼峰各分路道岔装设有自动选路设备时，才能称之为道岔自动集中。

车列解体前由计算机自动输入解体钩计划，也可以由驼峰值班员人工办理存储手续（半自动）。车列解体开始后，随着钩车的溜放，控制分路道岔自动适时转换。

（八）驼峰机车无线遥控及推送速度自动控制装置

驼峰机车上装设无线遥控装置可以改善乘务员的劳动条件，提高作业效率，为进一步实现驼峰推送速度自动化创造条件。

驼峰机车无线遥控系统，其推峰速度（pushing speed）仍然由驼峰值班员凭经验给定。受人的反应能力、熟练程度、精力集中情况等多种因素的限制，一般不易保证给出最优的推送速度，因而必然影响驼峰

作业效率的提高。我国大能力驼峰基本上已实现了驼峰机车无线遥控，目前正进一步研制全部由微机控制推峰作业的全进程。

（九）自动提钩及自动摘接风管设备

列车在开始解体前，要关闭车辆的折角塞门，封闭货车制动机的风路要拆开风管接头，并将其悬挂在风管销上。在车列解体作业中，要根据解体计划摘开车钩。车列编成后还要进行接风管作业。上述这些作业对劳动强度、人身安全和驼峰效率都有影响。但是到目前为止，国内外都是用人工操作。驼峰作业中自动提钩和自动摘接风管的设备还处在研究试验阶段。

【技能训练】

"场"是指全站主要车场的总数，如到达场、调车场、出发场、到发场、编发场、辅助场。（注意：不包括机务段、车辆段）

"级"是指在车站一个调车系统内纵向排列的车场数。

判断下列图形分别是几级几场（见图6-22、图6-23），并说明其布置图特点，分析到、解、集、编、发作业流程，机车出入段径路等，分析各种作业的进路交叉点，给出疏解方案。

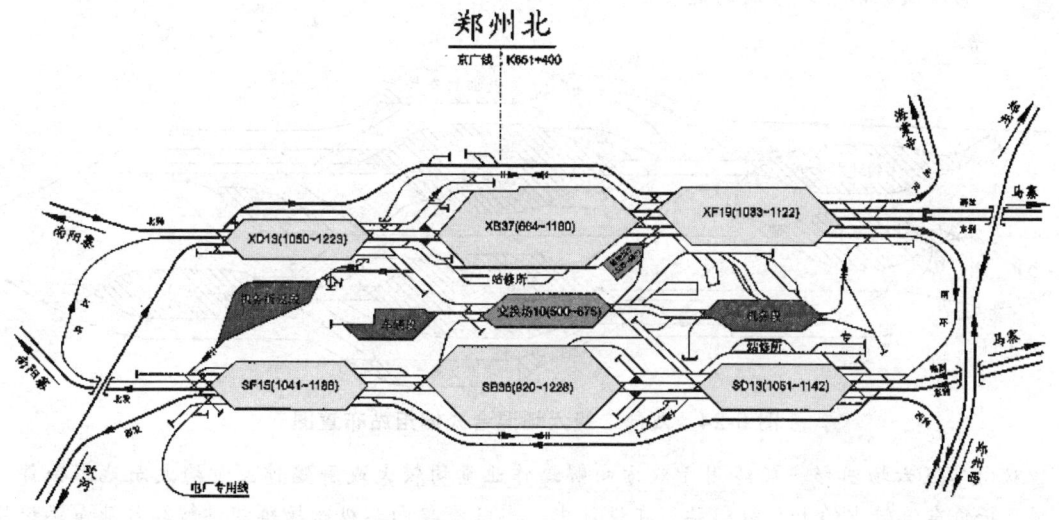

图 6-22　练习 1

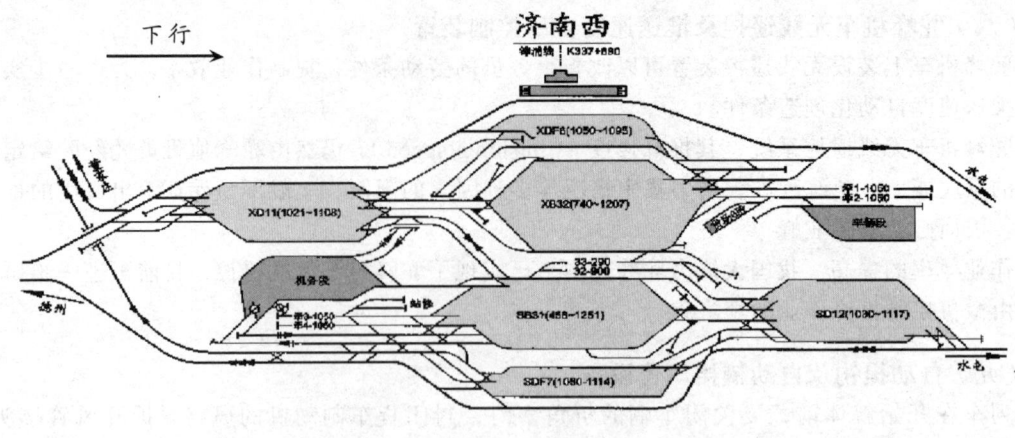

图 6-23 练习 2

【视野拓展】

双向混合式编组站布置图

双向混合式编组站布置图是指两个调车系统的车场数目和相互位置不同而组成的图形。由于车场排列方案很多，所以布置图多种多样。

一、双向二级六场混合式编组站布置图

双向二级六场（见图 6-24）是双向布置图中两系统均采用二级式布置的代表图形。其基本特征是双方向均为到达场与调车场纵列、出发场及通过车场在调车场外侧横列，如济南西站。与单向纵列式图形相比，本图形的主要优点是：解编能力较大，两个方向的改编车流在站内的作业行程均较短，通过列车的成组甩挂比较方便。其主要缺点是：增加了工程投资和折角车流的重复作业以及维修管理方面的运营支出。

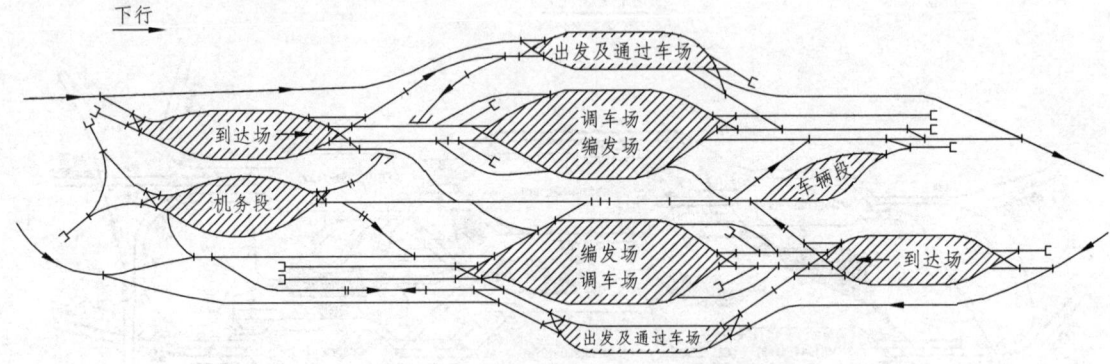

图 6-24 双向二级六场混合式编组站布置图

双向二级六场图形一般适用于双方向解编作业量均较大或解编作业量均大而地形条件受限制且折角车流较少的大型编组站。在设计中，当既有单向二级四场编组站解编作业量迅速增加，且上、下行改编车流比较均衡，折角车流在总改编车流中的比重较小，经技术经济比较认为发展成单向纵列式并不有利时，可采用双向二级六场图形。

为了消除调车场尾部牵出线都向一侧转场对编组能力的影响，可在调车场内侧设置编发线群，使部分或全部自编列车从调车场直接发车，从而提高尾部编组能力，减少改编车辆在站内

的作业行程，并加速车辆周转。因此，在设计时，如果车流条件合适，可按改编列车的出发全部或部分在编发线办理，形成双向二级四场或双向二级五场布置图。

若一个方向的改编车流量较小，根据实际需要，次要的调车系统也可采用到发场与调车场横列的配置作为过渡，构成图 6-25 所示的双向二级四场混合式或图 6-26 所示的双向二级五场混合式布置图形。此时，到发场可设在调车场外侧，调车场头部设小能力驼峰，两个系统的调车场均设置部分编发线。如果次要方向通过列车较多、折角车流又极少时，也可将其调车场设在到发场外侧。这样虽然折角改编车流的作业径路不顺直且与列车到发产生交叉，但可改善本务机出入段的条件。

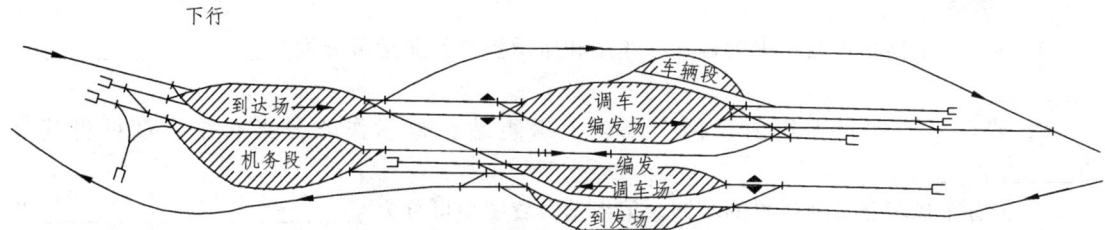

图 6-25　双向二级四场混合式编组站布置图

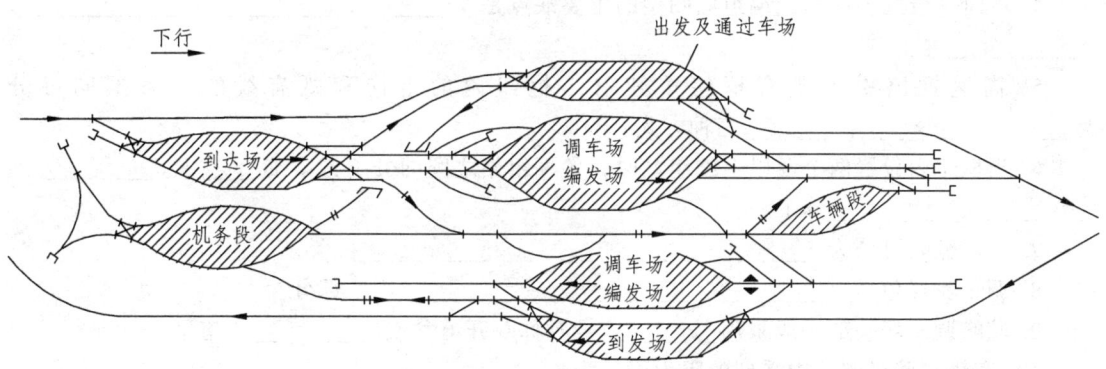

图 6-26　双向二级五场混合式编组站布置图

对于为大型工业企业或港湾服务的工业、港湾编组站或位于枢纽地区的地方性编组站，适宜采用这种布置图形。当运量增长速度较慢时，双向二级五场混合式图形也可作为由单向二级四场向双向二级六场混合式编组站图形的过渡。

二、双向三级五场混合式编组站布置图

双向三级五场混合式编组站布置图形（见图 6-27）大多数是由原有单向三级四场编组站扩建形成的。这种图形的次要调车系统的到发场与调车场横列布置，调车场头部设小能力驼峰。如果次要方向改编车流增多，也可增设峰前到达场，调车场内设置编发线，变为二级二场，以提高效率。

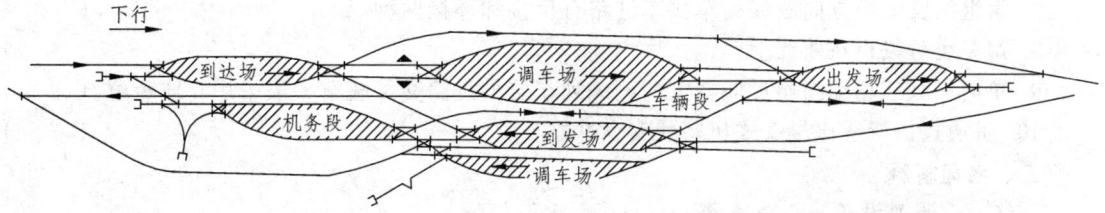

图 6-27　双向三级五场混合式编组站布置图

【头脑风暴】

驼峰溜放车辆要受到各种阻力，查找资料，分析驼峰溜放车辆所受的阻力有哪些。在现场中，将经过驼峰解体的车辆分为易行车（easy rolling wagons）、中行车（middle rolling wagons）和难行车（hard rolling wagons）三种。这三种车是如何定义的？

【习题】

一、填空题

1. 编组站根据其在路网中的位置、作用和所承担的作业量可分为_____，_____，_____。
2. 若在一个铁路枢纽内设两个或以上编组站，根据作业分工和作业量可将其分为_____，_____。
3. 按各车场相互排列位置的不同，编组站布置图型可分为_____、_____和_____三种。
4. 单向一级三场横列式编组站图型的主要缺点是_____，_____，_____，_____。
5. 高速铁路引入既有枢纽按其引入枢纽内的走向和既有线的关系不同可分为_____、_____、_____三种方式。
6. 当枢纽内设置两个及以上编组站时，各编组站之间的分工方案按_____、_____、_____分工。
7. 调车驼峰可分为_____、_____、_____三类。
8. 调车驼峰包括_____、_____、_____三部分。
9. 驼峰调车场头部一般采用_____号对称双开道岔或_____道岔。
10. 车辆在驼峰溜放中受到的阻力可分为_____、_____、_____和_____四种阻力。

二、判断题

1. 通过车流即无改编中转车流。（   ）
2. 纵列式区段站特征是上、下行到发场分设在正线两侧，并顺运转方向全部错移。货物列车到发场应紧靠正线。（   ）
3. 调车设备是区段站的主要设备。（   ）
4. 编组站和区段站都属于技术站。（   ）
5. 区段站所需的调车线数量与车站衔接方向无关。（   ）
6. 单向二级四场编组站中机务段一般设在到达场反驼峰方向一侧。（   ）
7. 编组站反驼峰方向改编列车接车进路有反接和环接两种。（   ）
8. 调车线可以设在曲线上。（   ）
9. 单向三级三场编组站反驼峰方向改编列车接发进路交叉疏解一般采用立体疏解。（   ）
10. 贯通式机待线比尽头式机待线安全性好。（   ）

三、名词解释

驼峰　　调速设备　　减速器

四、简答题

1. 确定编组站到达场、到发场、出发场调车机车走行线、本务机出入段线时分别应考虑哪些因素？
2. 影响编组站调车场线路数量的因素有哪些？
3. 说明辅助调车场的设置条件及在编组站中的合理设置位置。
4. 简述一级三场编组站的主要特征及优缺点。
5. 编组站在作业和设备配置上与区段站有何异同点？
6. 试述编组站与区段站的作业内容及设备数量上的区别。
7. 简述单向纵列式三级三场编组站的特征与主要优缺点。
8. 何谓折角车流？双三级六场编组站减少折角车流的方法有哪些？
9. 三级式编组站出发场进口咽喉办理的作业一般有哪四项？
10. 编组站的主要任务是什么？

五、画图题

试画一级三场编组站示意图并说明其作业流程。

项目七 高速铁路站场和铁路枢纽

【案例导入】

郑州铁路枢纽（见图 7-1）是京广铁路、陇海铁路（新欧亚大陆桥）两大铁路大动脉和京港高铁（世界最长的高铁线路）、徐兰高铁（新欧亚大陆桥）两大时速 350 km 及以上高铁交通大动脉的交会点，是沟通南北、连贯东西的交通要冲，居于全国路网中心的重要位置上，是国家综合交通枢纽，具有重要的战略地位。

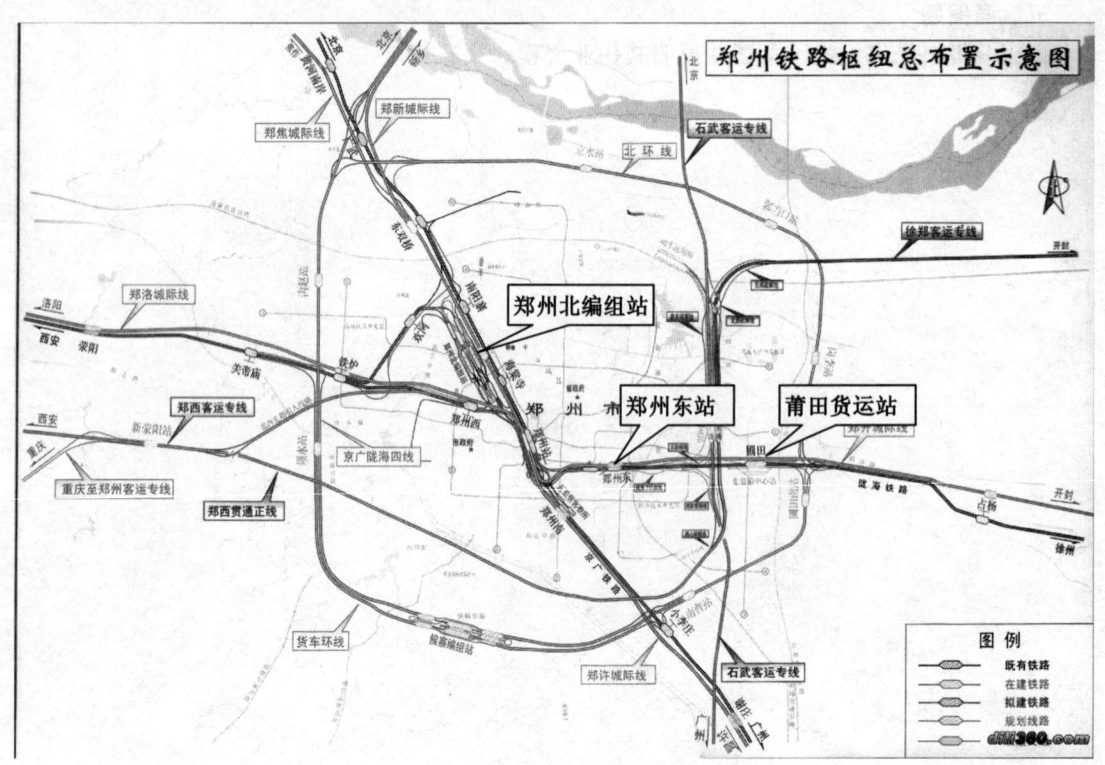

图 7-1 郑州铁路枢纽总布置示意图

由于位居路网中心，联贯各方，运输行车涉及的面十分广阔的分散。站场线路分布范围大，客货运量和办理车数很多。它在布局上有一个明显的特点，就是集中设置三个大站、一个大型编组站（郑州北站），统一办理两大干线的列车编组和通过作业；一个客运站（郑州站）担当各线的旅客输送业务；圃田西货运站。这就体现了郑州枢纽集中作业的优点，可以减少折角交换车、中转旅客换乘、中转行包和中转货物等的重复作业。除以上三个大站外，枢纽内还有配合城市工业发展、担当工厂企业专用线取送车作业的工业站，以及中间站、会让站和线路所等。全枢纽由 18 个车站、分界点和相应的进站线路以及众多的联络线组成，线路总延长近 700 km。

郑州枢纽中的郑州北编组站站型为双向纵列式三级八场，在下行调车场尾部设有辅助调车场。全站共有道岔 898 组，信号机 828 架，各种线路 228 条，线路总延长 454 km。其中上发场五渡十交大型组合道岔是当时我国最为复杂的道岔，大大提高了列车编解能力。编组站规模庞大，布局紧凑，编解能力强，主要承担着南北京广线、东西陇海线四个方向货物列车和郑州枢纽地区小运转列车的到达、解体、编组及出发作业任务。

郑州枢纽内还有一座大型货运站，这就是圃田西货运站，负责办理整车货物到发、零担货物到发、中转及货车洗刷消毒等业务，而以办理零担货物中转为主，零担货物中转量居全国铁路第一位。

位于郑东新区的郑州东站（站场示意图如图 7-2 所示）是高速铁路新客站综合铁路枢纽，位于国家南北交通大动脉京港高铁（京广高铁客运专线）、国家东西交通大动脉新欧亚大陆桥—徐兰高铁（陇海高铁客运专线）、京昆高铁（郑渝高铁）和郑合杭客运专线的交汇处，是世界上第一座时速超过 350 km 的高速铁路十字交通枢纽，也是世界上规模最大的时速超过 350 km 的高速铁路十字交通枢纽，为国家重要的政治、经济、军事战略综合交通枢纽。

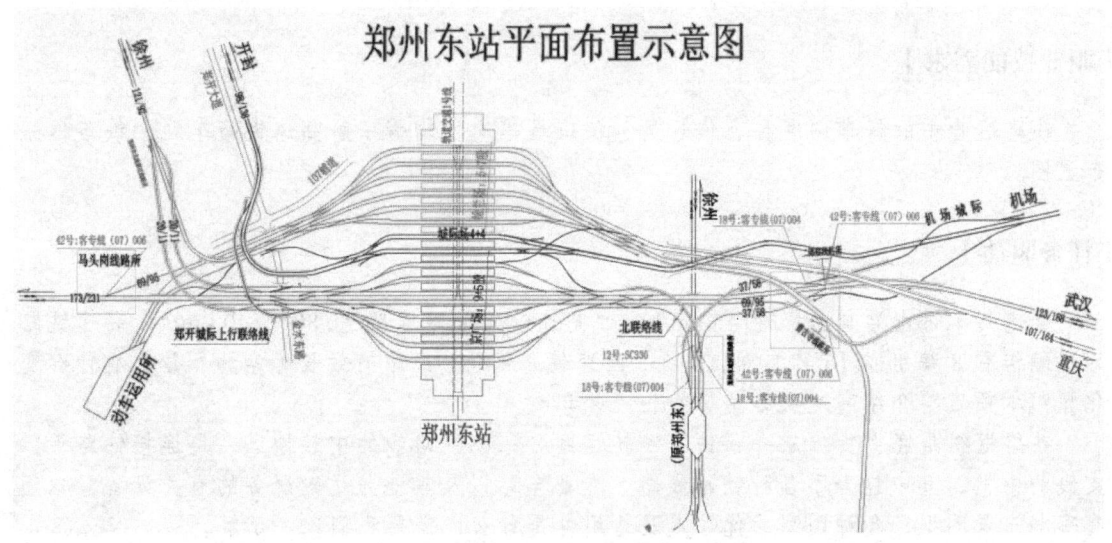

图 7-2　郑州东站平面布置示意图

郑州东站也是继上海虹桥综合交通枢纽之后国家规划建设的国内第二座特大型综合交通枢纽。将把国家高速铁路网、国家客货运铁路网、国家高速公路网、国家公路网、中原经济区城际高速铁路、城市地铁、城市公共交通等连为一体，是方便换乘的现代化、高效便捷的交通中心。

郑州高速铁路综合交通枢纽的建设，为郑州铁路枢纽打造成为世界上规模最大的"双十字"铁路综合交通枢纽做出了贡献。为国家中部崛起战略服务，为河南省中原经济区、中原城市群的复兴起到了关键性的作用，因而具有重大的战略意义。

郑州至开封城际铁路引入郑州东站，将于 2014 年底开通。

【项目描述】

铁路枢纽是连接铁路干、支线的中枢，又是城市、工业区客货到发和联运的地区，引入枢纽内线路的客货运量及其流向和性质对线路的引入方向和车站、联络线均有决定性的或重大的影响；城市规划对铁路枢纽各个部分（包括线路引入地点、联络线和各类车站的配置等）的设计与建设有重大的影响。

【学习目标】

1. 知识目标
① 掌握高速铁路中间站、始发站等站型图的布置。
② 掌握高速铁路车站设备的配置。
③ 了解铁路枢纽的布置图。
④ 掌握铁路枢纽内主要线路的配置。
2. 技能目标
能够绘制高速铁路中间站、始发站示意图。

【职业技能需求】

铁路运营中的行车调度员、信号员、值班员等岗位均需了解高速铁路车站、铁路枢纽布置图。

【任务驱动】

普速列车进出站道岔限速 45 km/h，而高速铁路进站速度达 80~140 km/h，高速铁路列车编组有 8 编组或 16 节车厢，那么，高速铁路道岔、线路有效长等站场参数会有什么变化呢？本项目将介绍高速铁路站场的相关知识。

铁路枢纽是客、货流从一条铁路线转运到另一条铁路线的中转地区，是连接铁路干、支线的中枢，其中包含了各种铁路线路、专业车站以及其他为运输服务的有关设备，枢纽有哪些布置图型，各种图型的优缺点及适用性是什么，需要我们逐一了解。

任务一　高速铁路站场

【任务描述】

在本任务中，我们要了解高速铁路站场中线间距、道岔、站坪等特点，掌握高速铁路中间站、始发/终到站等布置图、高速铁路旅客站台、到发线数量设置、动车所配置等知识。

【任务分析】

高速铁路由于行车速度高，只办理客运业务，列车编组不同于普速列车，站场中使用的道岔、线间距、股道有效长等均与普速车场不同。

【相关知识】

一、高速铁路站场布置特点

1. 站坪长

高速铁路车站一般分为中间站和大型客运站。中间站站坪长度一般不小于 2 000 m，大型客运站根据车站规模及布置形式具体确定站坪长度。

2. 线间距大

如表 7-1 所示，车站内正线线间距与区间相同，采用 5.0 m；正线与到发线之间的线间距不小于 5.0 m；有列检作业和列车上水作业的车站，其正线与到发线间的线间距为 7.0 m；到发线之间的线间距及高、中速客车存车线的线间距为 5.0 m；维修基地维修线与正线间的线间距不小于 8.0 m。

表 7-1 高速铁路站场线间距

序号	种类	线间距（m）
1	正线与正线（含区间与车站）	5.0
2	正线与到发线	≥5.0
3	正线与到发线（有列检作业和列车上水作业）	7.0
4	到发线间及存车线间	5.0
5	维修基地维修线与正线间	≥8.0

3. 站场路基要求高

站场路肩宽度应满足路基稳定和维修作业要求。最外股道中心至路基边缘的宽度，站内正线不小于 4.0 m；到发线不小于 3.5 m；其他线不小于 3.0 m。

4. 道岔辙叉号大

① 站内正线上，一般采用 18 号可动心轨道岔，其容许通过速度：直向与区间运行速度相同，侧向为 80 km/h。

② 区间渡线采用 41 号可动心轨道岔，其容许通过速度：直向与区间运行速度相同，侧向为 160 km/h。

③ 疏解线与高速正线接轨道岔，一般采用 41 号可动心轨道岔。

④ 到发线上的道岔，其辙岔号不小于 12 号。

二、高速铁路站场布置图

根据技术作业性质不同，高速铁路的车站可划分为四种类型，即越行站、中间站、始发/终到站以及通过兼始发/终到站。

高速铁路站场是高速铁路运输生产的基层单位。高速铁路的建设模式包括修建模式和运输组织模式：修建模式是指高速铁路是采用既有线改造还是新建，线路的走向是采取与既有线并行还是远离既有线修建;运输组织模式是指高速铁路是客运专线还是客货混用,列车运行采取全高速旅客列车运行还是高、中速旅客列车共线运行。高速铁路的建设模式不同,其站场设计也各有特点。

(一)越行站

越行站是专为办理高速旅客列车越行跨线而设置的车站,其主要作业有:
① 办理正线各种列车的通过;
② 办理跨线列车待避高速列车。

在日本,所有越行站均办理客运业务。在我国有所不同,京沪高铁越行站不办理客运业务,但预留了办理客运业务的条件。《京沪站规》推荐的越行站布置图如图 7-3 所示。正线办理高速列车通过,到发线办理跨线列车待避。由于不办理客运业务,原则上可不设站台。

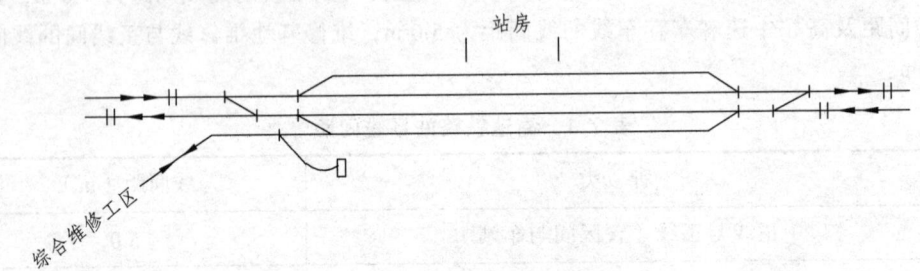

图 7-3 越行站布置图

(二)中间站

1. 中间站办理的业务

① 办理正线各种列车通过、高速列车越行作业。
② 有立即折返的中间站,办理列车终到和始发作业。
③ 办理停站列车的客运业务。
④ 有综合维修基地岔线接轨的中间站还办理检修、维修等列车进出正线的作业。

2. 中间站布置图

(1)不设维修基地的中间站布置图

对应式中间站布置图见图 7-4,设有 4 条股道夹在两个站台中间,考虑到办理四交会的可能,故设两条停车待避用的到发线。这种布置图的优点是站台不靠近正线,高速列车自正线通过时,不影响站台上旅客的安全,站台安全退避距离不必加宽。

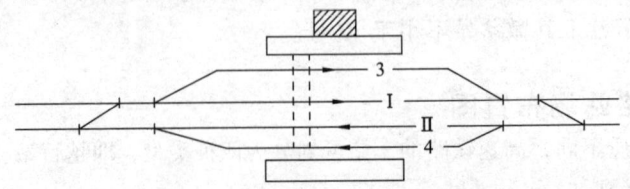

图 7-4 对应式中间站布置图

岛式中间站布置图见图 7-5，中间站台靠近正线，办理高速列车通过，3、4 道为待避线。这种布置图的缺点是：当有列车在正线停靠时，会影响后续追踪列车通过，降低区间通过能力；另外，由于高速列车通过时受列车风的影响，站台安全退避距离需要加宽并设置防护栏杆，以保证旅客的安全。

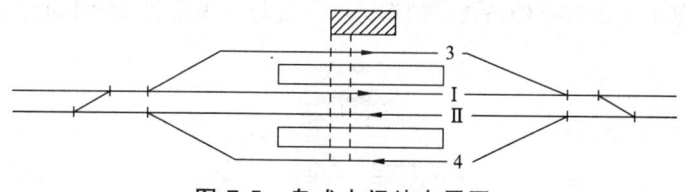

图 7-5　岛式中间站布置图

综上所述，中间站一般宜采用对应式布置图。但当停站旅客列车较多时，为充分利用站台，也可采用岛式布置图。

（2）设有维修基地的中间站布置图

在某些有动车组折返停留作业的中间站，为便于高速铁路设备的维修保养，在高速线的车站上通常根据工务、电务、供电工区的分布，设置综合维修基地。这种基地应尽量与车站的到发线衔接，以便维修用车的出入。通常情况下，中间站宜采用 7-6（a）所示布置图，如客运量较大而且某一方向需办理 2 列停站待避列车时，可增加 1 条到发线，如图 7-6（a）中虚线所示。有少量折返作业的中间站宜采用 7-6（b）所示布置图，折返用的到发线应根据折返列车到达时不切割正线为原则。

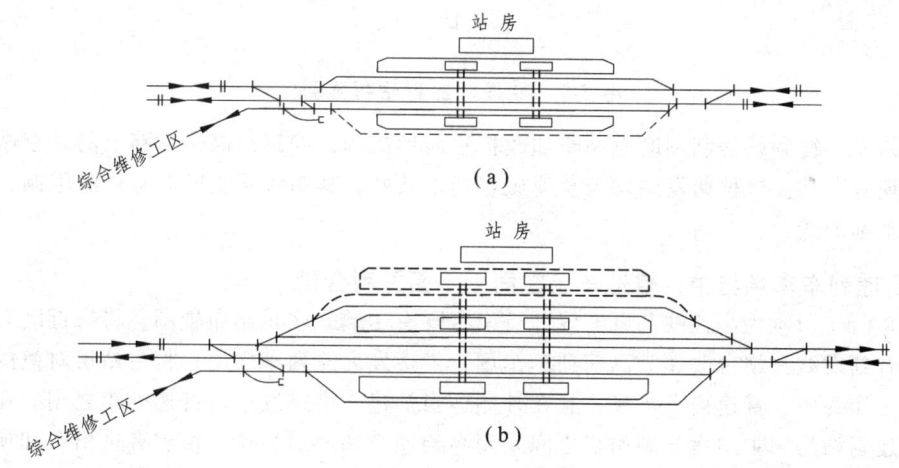

图 7-6　中间站布置图

（三）始发、终到站

这类车站设置在高速铁路的起点和终点，位于特大城市的铁路枢纽，主要办理始发、终到高速列车的作业。始发站是针对于一条高速线而言，对于跨线列车，在始发站仍为通过列车，只是通过的方式可能不同。如上海站在京沪、沪杭线既是始发终到站，也是京杭间高速或中速列车的通过站。只因其为尽端式车站，通过列车是以折返方式运行的。

其办理的主要作业有：

① 办理高速列车始发、终到作业，跨线列车的通过作业。

② 办理停站列车客运业务。
③ 动车组的整备、维修，除厂修外的全部修程。
④ 办理高速旅客列车的始发、终到，动车组的取送和折返作业。

新建始发、终到站宜采用图7-7（a）所示布置图，有利于正线的通过作业，保证站台上旅客的安全。若始发站基本上没有不停站通过列车，到发线与正线之间可设中间站台，见图7-7（b）。

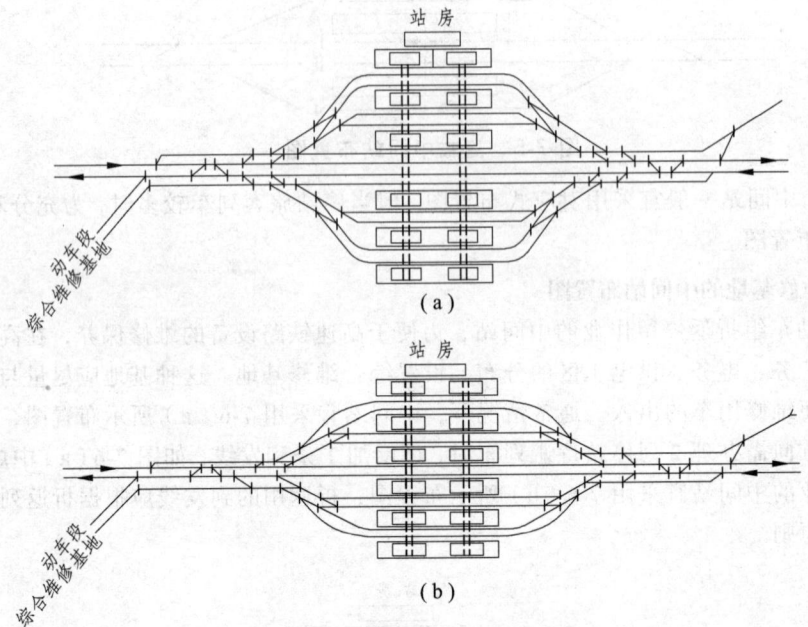

图 7-7 始发、终到站布置图

大多始发、终到站是利用既有站略加改扩建而形成的，如京沪高速铁路上的北京站和上海站均利用现有车站。这种始发站均与普速旅客列车共站，其布置图受既有条件的限制，主要有以下两种基本形式：

1. 高速列车车场与中、普速车场在同一平面并列合设

图7-8（a）所示为高速线与既有线并行引入既有尽端式客运站布置图，将靠近既有主站房一侧的既有到发线和站台改建为高速列车车场，供接发高速列车之用；将主站房对侧的其他到发线和站台作为中、普速列车车场，且在外侧适当扩建，供接发中、普速列车之用。在既有站对侧，新建副站房，主站房与副站房之间采用高架通廊和地道相连，供旅客进出站和换乘。两车场的进口咽喉用渡线互相连通。高速列车的动车段以及既有中、普速列车的客车整备场和机务段都有单独的站段联络线相连接，以保证咽喉区必要的平行进路。这种方案适合于以办理始发、终到高速列车为主的高速站。

图7-8（b）所示为高速线与既有线并行引入既有通过式客运站布置图。既有线在站房一侧，高速线在站房对侧，高速列车车场与中、普速列车车场横列，两车场咽喉区用渡线互相连通，高速车场向外适当扩建。为便于高速列车的旅客进出站，采用高架通廊和地道相连。这种布置方案适合于以通过高速列车为主的车站，由于两车场横列布置，两端咽喉区高、中速列车到发进路交叉严重。

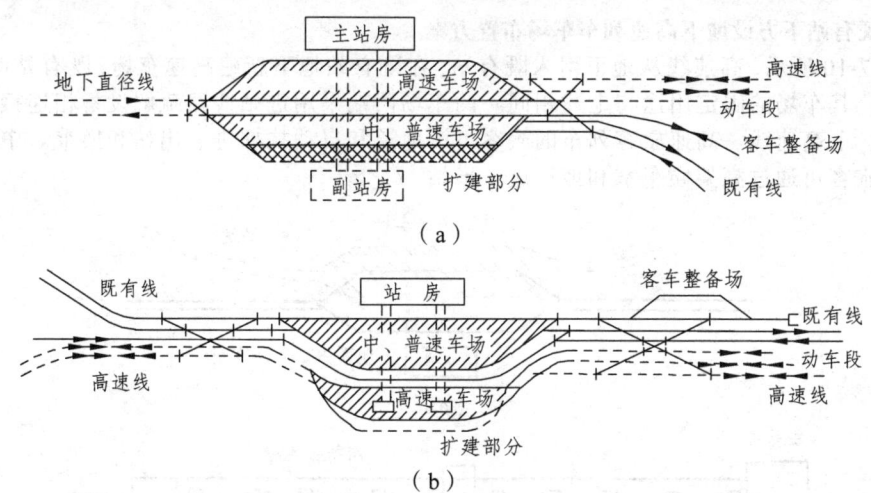

(a)

(b)

图 7-8 高速列车车场与中、普速车场在同一平面并列合设布置图

2. 高速列车车场与中、普速车场在不同平面合设

（1）既有站上方高架高速列车车场布置方案

如图 7-9 所示，高速线高架引入既有站，在其上方设高架高速列车车场，承担接发高速旅客列车和不停车通过车站的中速旅客列车任务；桥下地面既有站为中、普速车场，承担接发始发、终到、停站通过的中速旅客列车和普速旅客列车任务。两车场两端采用进站线路立体疏解设备互相连通，以便于中速客车上、下高速线。但当没有中速客车上，下高速线，两车场之间也可不必连通，以节省工程费用。高速旅客列车的旅客可通过主、副站房的自动扶梯和高架候车室通廊进、出站和换乘，中、普速旅客列车的旅客可通过高架候车室和地道进、出站。

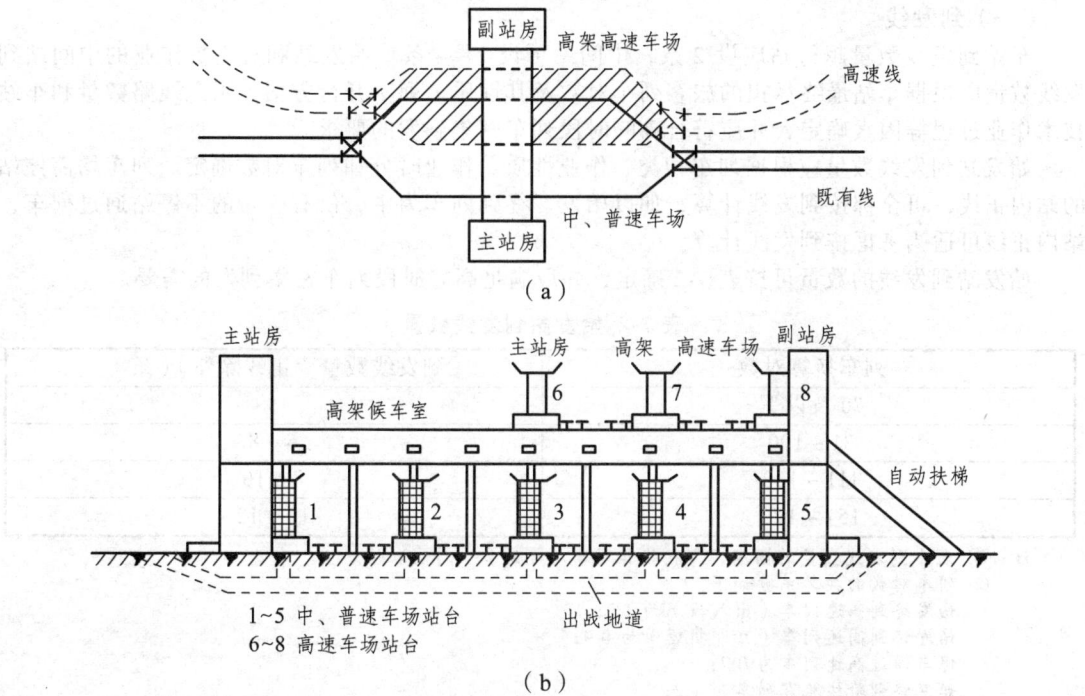

图 7-9 既有站上方设高架高速列车车场平面、横断面布置图

(2) 既有站下方设地下高速列车车场布置方案

如图 7-10 所示，高速线从地下引入既有站，在既有站地下新建高速车场，既有站改建为中、普速车场，其车场的固定用途与上述相同。两车场两端采用进站线路疏解设备相连接，以便中速列车上、下高速线。高速旅客列车的旅客可沿地道和自动扶梯进、出站和换乘。中、普速旅客列车的旅客可通过高架候车室和地道进、出站。

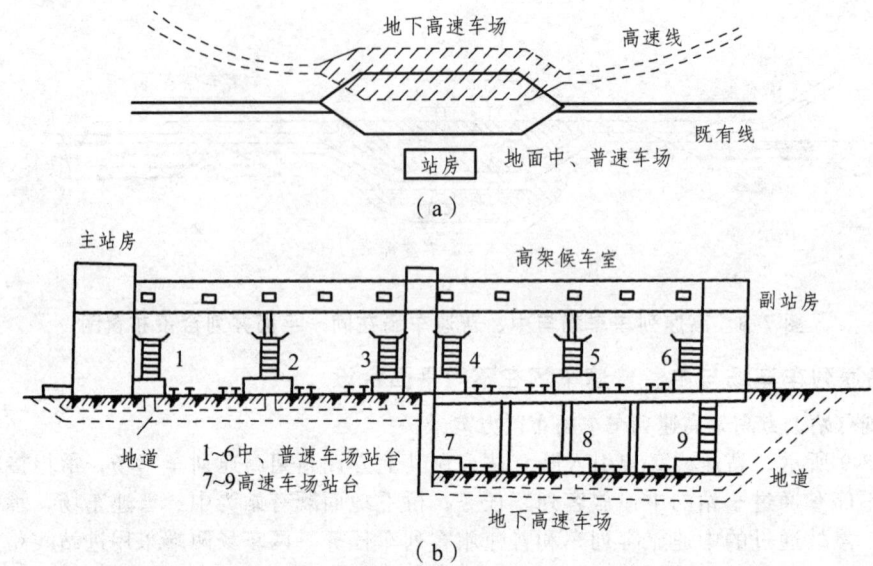

图 7-10 既有站上方设高架高速列车车场平面、横断面布置图

三、高速铁路车站设备

（一）到发线

车站到发线数量越行站应设 2 条，中间站可设 2～4 条。始发站和有立折作业的中间站到发线数量应根据车站最终承担的旅客列车对数及其性质、列车开行方案、引入线路数量和车站技术作业过程等因素确定，并应符合高峰时段列车密集到发的要求。

始发站到发线数量应根据列车种类、作业性质、作业时分和列车对数确定。列车均需停站的站内正线，可全部按到发线计算；如以始发、终到列车为主，仅有少量的不停站通过列车，站内正线可适当考虑按到发线计算。

始发站到发线的数量可按表 7-2 确定，并应满足高峰时段列车密集到发的需要。

表 7-2 始发站到发线数量

列车换算对数	到发线数量（正线除外）（条）
70 及以下	5
71～100	6～8
111～150	8～10
151～190	10～12

注：① 表中到发线数量的幅度，可按换算列车对数的多少对应取值。
② 列车对数的换算系数如下：
始发终到高速列车（出入段）为 1.0；
始发终到高速列车（立即折返）为 0.9；
停车通过高速列车为 0.7；
始发终到跨线旅客列车为 1.2；
停车通过跨线旅客列车为 0.80。
③ 以始发、终到列车为主，仅有少量不停车列车通过的始发站上的正线，可以适当考虑按到发线使用。

(二) 旅客站台

1. 站台长度应按 450 m 设置
只停留 8 辆编组动车组的车站站台长度按 230 m 设置，困难条件下不应小于 220 m。

2. 站台宽度
站台宽度应根据车站性质、站台类型、客流密度、安全退避距离、旅客进出站通道出入口宽度等因素确定，一般采用表 7-3 中的数据。

表 7-3 旅客站台宽度

名称	特大及大型站（m）	中型站（m）	小型站（m）
站房（行车室）突出部分边缘至站台边缘距离	15.0~20.0	12.0~15.0	≥8.0 通道正对站房处≥10.0
岛式中间站台	11.5~12.0	10.5~12.0	10.0~11.0
侧式中间站台	8.5~9.0	7.5~8.0	7.0~8.0

注：基本站台宽度是指，当通道出入口设于基本站台站房范围以外的地段时，其宽度不应小于侧式中间站台标准。

3. 站台高度
站台高度宜低于车厢底板 2~5 cm，便于旅客上下。站台高度应高出轨面 1.25 m。

（三）旅客进出站通道

1. 旅客进出站通道宽度
旅客进出站通道宽度应根据客流密度确定，旅客进出站应避免在通道内有对流现象。通道宽度主要取决于一次下车或同时进站的旅客最大人数。大型站进、出通道应分别设置，当聚集人数在 10 000 人及以上的大型客运站，通道宽度不应小于 8.0 m；当聚集人数在 2 000~10 000 人时，通道宽度不应小于 6.0 m；当聚集人数在 2 000 人及以下的小型客运站，通道宽度不应小于 4.0 m。

2. 旅客进出站通道出入口的宽度
通道通向各站台的出入口，有条件时宜设计为双向出入口，其宽度应满足表 7-4 中的要求。

表 7-4 旅客站台出入口宽度

名称	特大及大型站（m）	中型站（m）	小型站（m）
基本站台岛式中间站台	5.0~5.5	4.0~5.0	3.5~4.0
侧式中间站台	5.0	4.0	3.5~4.0

注：特大及大型站的旅客进出站通道出入口宽度已包括设置一部自动扶梯的宽度。

四、高速动车段（所）与车站的布置

（一）动车段（所、场）的类型
① 动车段：配属一定数量的动车组，承担动车组的运用整备及存放任务，动车组日常检查、各级修程及临修作业。根据需要设置大修。

② 动车运用所：派驻动车组，承担动车组的运用整备及存放任务、动车组日常检查及临修作业。根据需要预留发展条件。

③ 动车存车场：承担动车组的存放及运用整备任务。

（二）动车段（所、场）设置的原则和要求

① 动车段（所、场）的分布及规模应根据高速列车的开行方案、担当的交路，经计算后确定其工作量。一般以配属动车组套数，每日始发、终到动车组数及其承担的修程等因素来确定其规模。

② 动车段（所、场）应设在有较多始发、终到高速列车的始发终到站、通过站的适当地点，以节省动车组的出入段时间。站、段（所、场）相对位置应有利于行车，并与城市规划密切配合。动车组出入段（所、场）对车站作业干扰应最小，并应适应站型和运输发展的需要。

③ 动车段与车站的相互位置，可横向或纵向布置。纵向布置时，动车组出入段不必折返运行，作业流水性好，可以节省时间。横向布置时，动车组出入段不仅折角，且与正线交叉。

④ 车站与动车段（所、场）间应有专门的回送线相连接，出入段次数较多时宜采用复线，并与高速正线立交疏解。出入段次数较少时，也可采用单线。

（三）动车段（所、场）内设备的布置方式

动车段（所、场）的主要设备有：到发兼停留线（场）、检修库（线）、台车检查设备及动车组清洗设备等。段（所、场）内主要设备的布置形式有两种：

1. 横列式

到发兼停车场与检修库横向排列（见图 7-11），具有占地少，作业集中的优点；但检修车需折返运行，增加转线作业费用，且咽喉区有交叉干扰。当停车的动车组数较少（4~10 列）时可以采用。

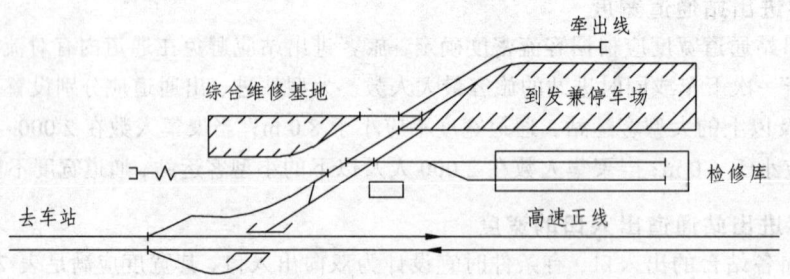

图 7-11 横列式动车段设备布置图

2. 纵列式

到发兼停车场与检修库纵向排列（见图 7-12），可节省动车组转线作业时间，转线作业与到发作业互不干扰；其缺点是占地较大。当动车组到发列数较多且地形允许时可采用纵列式。

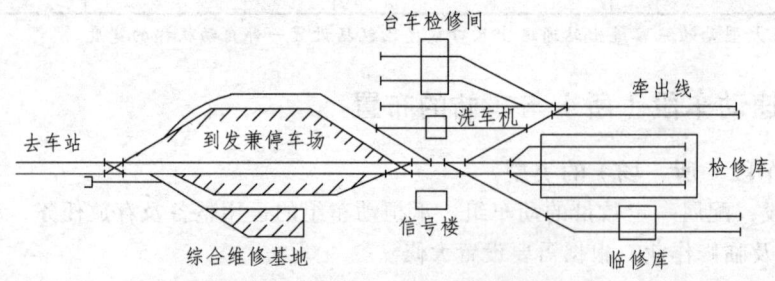

图 7-12 纵列式动车段设备布置图

（四）综合维修基地

高速铁路的各项固定设备必须经常保持高质量工作状态，以确保列车安全运行。为此，应设有各专业包括工务、电务、供电、房屋、给水排水等的维修基地。这些基地通常集中在一起，形成综合维修基地。它可分为设备更新基地和一般基地，前者配备有更新作业所需的保养用车和其他各种维修用的设备；后者配备有维修车中转用的待避线和平时用作业车的停留线。

综合维修基地应设在有较多始发、终到高速列车的始发站或通过站；在同一车站设置综合维修基地、轨电检测中心以及动车段（所）时，应尽可能设在一起，以节省用地；综合维修基地的分布应根据维修用车的实际作业时间、走行速度以及维修"天窗"时间等确定，一般以间隔50 km布点为宜。更新基地与一般基地错开布置。

图 7-13 所示为一更新综合维修基地布置示意图，该基地由高速铁路车站内上、下行渡线附近的正线出岔连接，便于维修用车出入基地，也可与站内到发线接轨。该基地设有下列主要线路：

① 维修用车停留线：供轨道检测车、大型综合机械维修车、材料搬运车等停放。
② 材料装卸线、长钢轨运送更换车停留线：供材料和长钢轨装卸用。
③ 道砟装卸线。
④ 电气作业车、架线车停留线。
⑤ 检修车停留线。
⑥ 走行线、通路线及牵出线等。

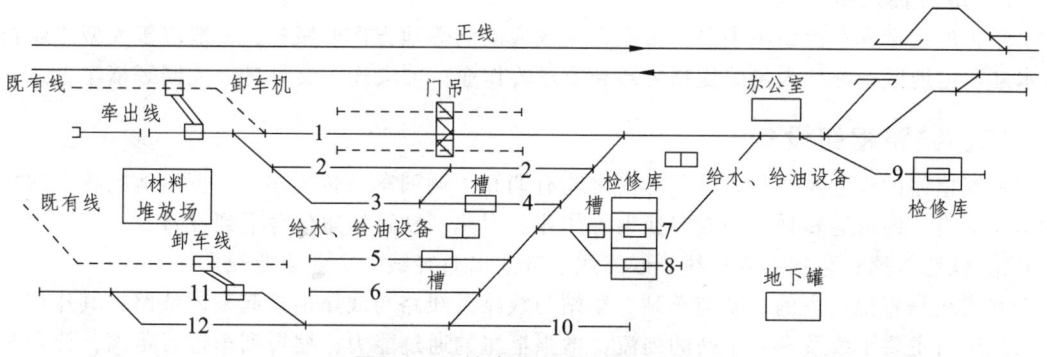

图 7-13 综合维修基地布置图

1—材料装卸日期、长钢轨运送更换车停留线；2—机走线、通路线；3—架线车停留线；
4—电气作业车停留线；5、6、10—维修机械停留线；
7、8、9—检修线；11—道砟装卸线

任务二　铁路枢纽

【任务描述】

铁路枢纽是在铁路干、支线的交汇地，由各种铁路线路、专业车站以及其他运输服务的设备组成的总体。铁路枢纽不仅是为铁路网，所在城市、工业区或港湾区运输和作业服务的铁路设备，也是铁路与其他国民经济部门联系的重要纽带。因此，铁路枢纽的发展，与铁路网建设、工农业生产的发展、城市建设有着十分紧密的联系。

【任务分析】

在本任务中，我们要了解枢纽的布置图，掌握引入枢纽的铁路线路数量和技术特征对整个枢纽的车站设备数量、联络线、进站线路和交叉疏解布置的影响；引入线路的客货运量及其流向和性质对线路的引入方向和车站、联络线均有决定性的或重大的影响；城市规划对铁路枢纽各个部分（包括线路引入地点、联络线和各类车站的配置等）的设计与建设有重大的影响。

【相关知识】

一、铁路枢纽的分类

铁路枢纽按其在铁路网上的地位和作用可分为以下几类。

1. 路网性铁路枢纽

承担的客、货运量和车流组织任务涉及整个铁路网的枢纽，一般位于几条铁路干线交叉或衔接的大城市，办理大量的跨局通过车流和地方车流，设有较多的专业车站，其设备的规模和能力都很大，如沈阳、北京、郑州、武汉、上海等枢纽。

2. 区域性铁路枢纽

承担的客、货运量和车流组织主要为一定的区域范围服务，一般位于干线和支线的交叉或衔接的大、中型城市，办理管内的通过车流和地方车流，设备规模不大，如长春、柳州等枢纽。

3. 地方性铁路枢纽

承担的运量和车流组织主要为某一工业区或港湾等地方作业服务，一般位于大型工业企业和水陆联运地区，办理大量的货物装卸和小运转作业，如大连、秦皇岛、大同等枢纽。

二、铁路枢纽设备

铁路枢纽的作业主要是各铁路方向之间有调和无调列车的转线作业、枢纽地区各车站之间的车流交换，即小运转列车和旅客换乘等作业。因此，铁路枢纽包含下列设备：

① 铁路线路：包括引入正线、联络线、环线、直径线、工业企业线。

联络线是将枢纽内的车站与车站、车站与线路及线路与线路衔接起来的线路，其作用是：分散枢纽内主要干线及专业车站的列流，增强枢纽的通过能力；缩短列车运行距离，使列车以最短路径通过枢纽；消除折角列车运行，尽可能改变列车运行方向等。

在大型或特大型铁路枢纽上，当枢纽的引入线路较多时，可修建环线或半环线。在大城市或特大城市环线或半环形铁路枢纽内，为便利客运作业，适应旅客快车高速通过铁路枢纽的需要，可修建连接两个以上客运站并穿越城市中心的直径线。

② 车站：包括中间站、客运站、货运站、编组站、工业站、港湾站等。

③ 疏解设备：包括铁路线路与铁路线路的平面和立交疏解、铁路线路与城市公路的跨线桥和平交道口以及线路所等。

④ 其他设备：包括机务段、车辆段、客车整备所等。

三、铁路枢纽布置图

（一）一站枢纽

一站枢纽图一般由一个综合性车站（兼办客、货、改编作业）和3~4条引入线路组成，是铁路枢纽布置图型中最简单的一种结构型式，通常位于中小城市附近，见图 7-14。

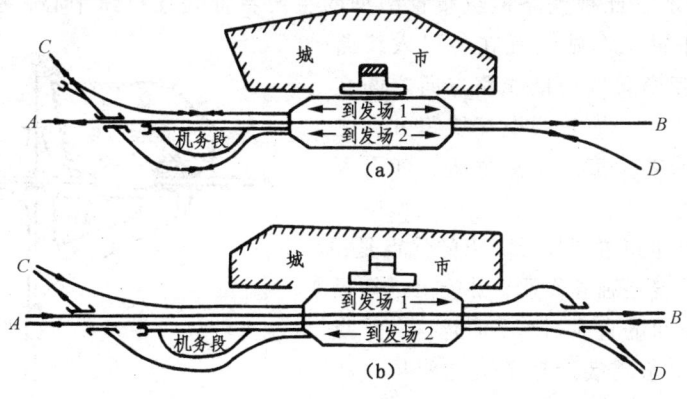

图 7-14　一站铁路枢纽布置图

这种枢纽布置结构，不存在保证各车站之间的运输联系通道和作业量分配等复杂的设计问题。这种枢纽的运营特点是：所有的客、货运及列车改编作业，完全集中在一个综合性车站上进行，设备、作业集中，管理方便，运行效率提高。但由于枢纽内全部作业均集中在一处，必然产生大量的作业进路交叉干扰，通过能力和改编能力一般均较小。为了减少引入线路之间的交叉干扰，可采用线路别立体交叉疏解布置或采用方向别立体交叉疏解布置。见图 7-14（a），该枢纽衔接 A、B、C、D 四个方向，到发场 1 固定为 A、B 方向接发车，到发场 2 固定为 C、D 方向接发车，为方便 C 方向列车接发，在车站左端设有立体疏解。此种线路别疏解一般适用于相交线路之间折角车流不大时或其中有一条线路为单线时。在图 7-14（b）中，枢纽衔接 A、B、C、D 四个双线方向，到发场 1 固定为各方向上行列车接发，到发场 2 固定为各方向下行方向列车接发，在车站两端设有立体疏解，此种方向别的立体疏解可保证有较大的作业灵活性和通过能力。

（二）三角形铁路枢纽

如图 7-15 所示，三角式枢纽是由于引入枢纽线路汇集于三点而形成的。一般情况下，各衔接线路方向间都有较大的客、货运量交流。在改编作业较大的线路上设置一个客货共用车站，其他方向的通过列车可顺联络线通过，以缩短列车行程和消除折角列车。当引入铁路线汇合于三点，各方向间有较大的客、货运量交流时，可参照三角形枢纽图形进行总体规划，如天津枢纽。如果远期有新线引入，可因地制宜地发展成十字形铁路枢纽、伸长式铁路枢纽和客货并列式铁路枢纽。

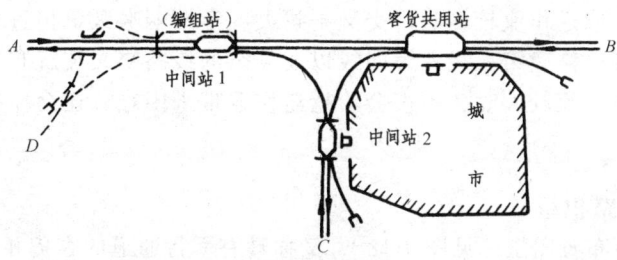

图 7-15　三角形铁路枢纽布置图

（三）十字形铁路枢纽

如图 7-16 所示，此种铁路枢纽布置图型的主要特征是在枢纽中心，引入线路呈"十字形"交叉的疏解布置，车站设置在各引入线路上。其适用于相互交叉的衔接线路方向之间交流的客、货运量甚少，而直线衔接线路方向之间具有大量的直通客货流的铁路枢纽，如石家庄枢纽、天津枢纽。

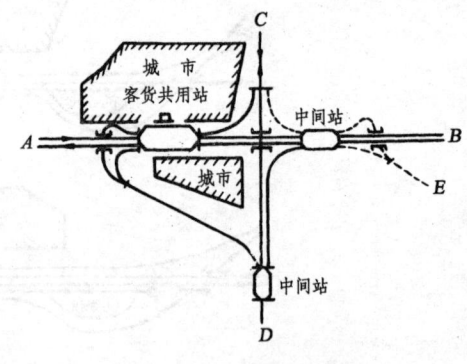

图 7-16　十字形枢纽

十字形铁路枢纽布置图型最突出的优点是：能保证相互交叉的线路独立作业，并能沿最短径路方向放行通过枢纽的直通列车。而且这一优点随着相交线路的交角越接近直角就越明显；相反，随着相交线路之间换乘的旅客、转线的货车、合并的作业增加，则十字形枢纽布置图型的优越性就越来越小。

（四）顺列式铁路枢纽

如图 7-17 所示，顺列式铁路枢纽的主要特征是：枢纽内的所有车站，包括旅客站、货物站、编组站等，按顺序纵列地布置在枢纽的同一条伸长的通道上，如兰州枢纽。

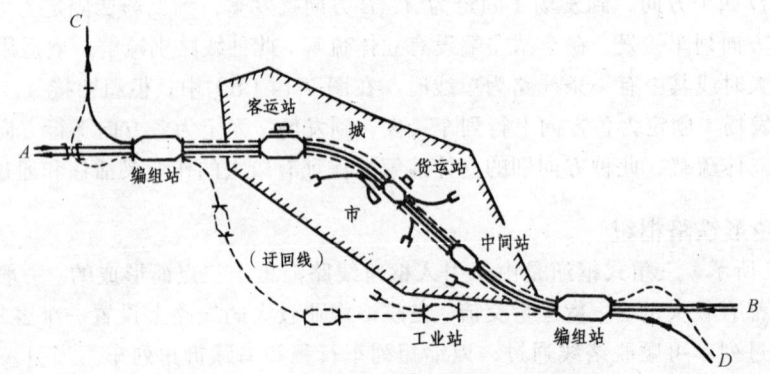

图 7-17　顺列式铁路枢纽布置图

这种布置图型的优点是：客、货运站和编组站灵活性大，便于发展；两端进出站线路疏解比较简易。其缺点是：到发和通过枢纽的客货列车及枢纽内取送车辆均运行于同一铁路线上，当行车量较大、取送作业较多时，交叉干扰大，车站咽喉区负担过重。为增强枢纽通过能力，有时会导致必须修建第三线和第四线以及复杂的线路交叉疏解布置。如果枢纽两端的引入线路之间曲折角车流较大时，不仅会给枢纽作业带来困难，还会使折角车流在枢纽内重复走行的距离增加。

（五）并列式铁路枢纽

并列式铁路枢纽布置图型（见图 7-18），又称具有平行通道的客货并列式铁路枢纽布置图型。其主要特征是：枢纽内有两条平行的通道，旅客站和编组站并列地分布在两条平行的通道上，如郑州枢纽。

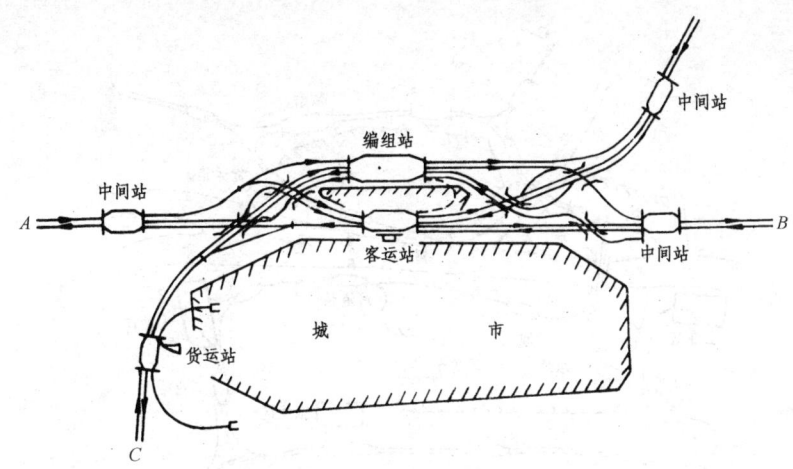

图 7-18 并列式铁路枢纽布置图

当旅客站和编组站并列地布置在两条平行的通道上时,其优点是客货列车运行互不干扰,枢纽通过能力大;缺点是进出站线路面解布置较为复杂,分期过渡比较困难。此种布置图型通常适合于客、货运量均较大、当地条件又适宜时使用。

(六) 环形铁路枢纽

环形铁路枢纽布置图型(见图 7-19)的主要特征是:引入线路方向较多(一站都有 6 条及以上的线路方向),用环形线将所有引入线路方向连接起来形成一个整体,各专业车站布置在环线、半环或自环线引出深入城市中心,利用联络线将车站与环线连接,以便各方向间的客货运输交流,如哈尔滨枢纽。

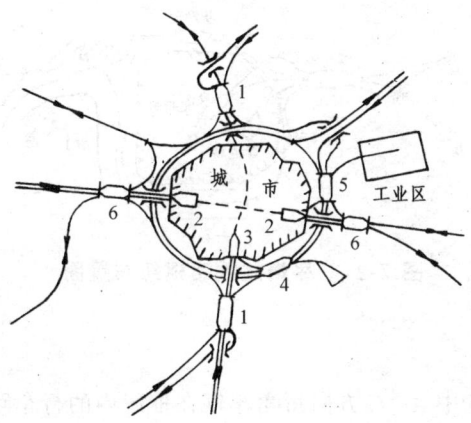

图 7-19 环形枢纽

环形枢纽的主要优点是:通道灵活,通过能力大,环线能发挥平衡与调节作用。其缺点主要是:客、货列车通过时径路迂回。适用于有众多线路方向分散引入,且其间有大量的客、货运量交流,并要求枢纽内的列车运行径路有较大的灵活机动性,需设置环线或半环线的大城市铁路枢纽。

(七) 混合型铁路枢纽

组合式铁路枢纽(见图 7-20)是随着路网发展、城市改建、车流条件和自然条件等多种因素影响下逐步发展形成的,如武汉枢纽。

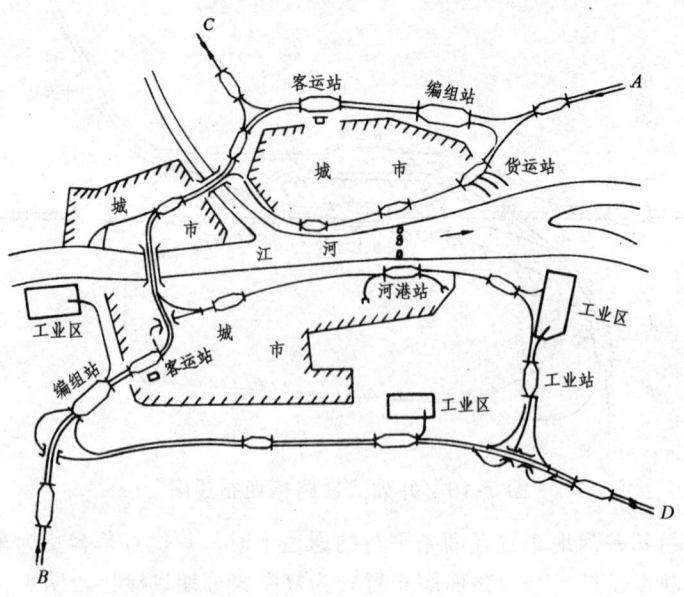

图 7-20　混合型铁路枢纽

（八）尽端式铁路枢纽

如图 7-21 所示，尽端式铁路枢纽，按其分布地点不同，通常可划分为两大类，即位于滨海的尽头式铁路枢纽和位于内陆的尽头式铁路枢纽，如大连枢纽。这种铁路枢纽布置图型由于只有一端与铁路网沟通，为减轻枢纽出入口咽喉区的负荷，应设置必要的联络线，因此，其通过能力受到较大限制。

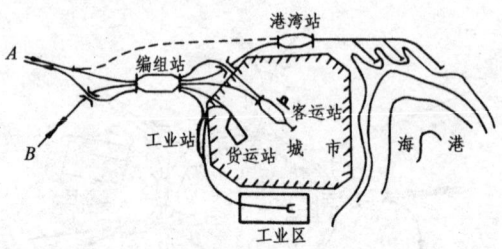

图 7-21　尽端式铁路枢纽布置图

【技能训练】

分析三角形枢纽图 7-15 中 A、C 方向折角车辆在枢纽内的行车路线，尽量缩短列车行车和消除变更列车运行方向；当有 D 方向引入时，将与 AB 线路交叉，分析什么情况下采用图中立体疏解方案。

【视野拓展】

高速铁路引入既有枢纽的方式

高速铁路引入既有枢纽的方式，按其引入线的平、纵断面不同，有平面引入、高架引入、地下引入三种方式；按其引入客运站类别不同，有引入既有站（合设方案）和引入新建站（分设方案）两种方式。现按其引入枢纽内的走向和既有线的关系不同分为以下三种方式进行叙述。

一、并行引入方式

图 7-22 所示为高速线引入枢纽内主要客运站示意图。高速线 $A'B'$ 与既有线 AB 在枢纽内高架（或同一平面）并行，在主客运站旁设高架（或地面）高速车场，与既有客运车场横向并列。

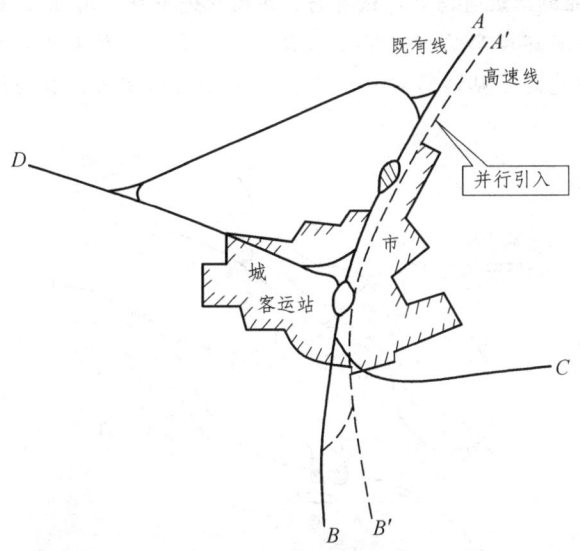

图 7-22 高速线与既有线并行引入枢纽示意图

这种引入方式对城市不产生重新分割，站房共用，便于旅客换乘，可充分利用既有客运设施和市政公用设施；但高速线穿越市区与城市干道交叉，拆迁工程量较大，高速线在枢纽内的技术条件受到一定限制，将会影响高速列车在枢纽内的运行速度。

二、并线引入方式

图 7-23 所示为高速线在枢纽前方站（中间站或辅助客运站）与既有线合并后，再利用既有正线引入枢纽内的主要客运站。

这种引入方式工程量小，节约城市用地，拆迁工程量也少，高速线对城市干扰小；但高速列车在枢纽内的合并区间需减速运行，且由于该区间客、货混跑，通过能力紧张，必须修建四线或多线方能满足需要。

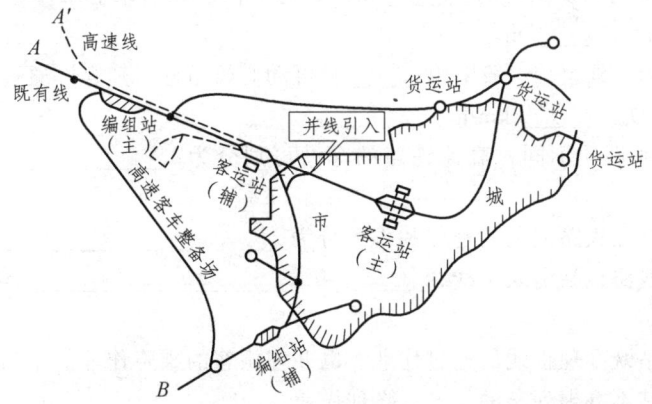

图 7-23 高速线与既有线并线引入枢纽示意图

三、分线引入方式

图 7-24 所示为高速线在枢纽内走行时离开既有线，引入枢纽内新建的高速站，图中高速线 $A'B'$ 进出枢纽都与既有线 AB 分开。高速线 $A'B'$ 在大江上游新桥过江后，引入城市南侧边缘的新建高速站，在枢纽内编组站附近再与既有线并行，在枢纽进出口处用 a、b 联络线与既有线相连接。

这种引入方式对城市环境影响少，拆迁工程量小，有利于扩大枢纽的客运能力，高速线的施工不影响运营；但新建高速站远离城市中心，不利于吸引客流，且与既有主要客运站相隔甚远，不利于旅客换乘。

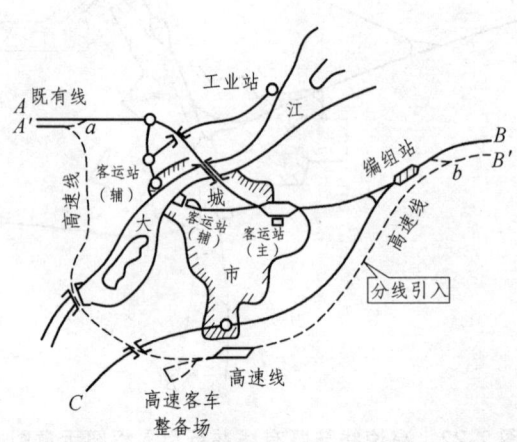

图 7-24　高速线与既有线分线引入枢纽示意图

【头脑风暴】

查找资料，总结高速铁路建设模式的种类，选取典型高铁站，分析该站建设模式及站场特点。

【习题】

一、填空题

1. 高速铁路正线间的线间距为＿＿＿＿m，有列检作业和列车上水作业的车站，其正线与到发线间的线间距为＿＿＿＿m。
2. 高速铁路站内正线上，一般采用＿＿＿＿号可动心轨道岔，其容许通过速度，直向与区间运行速度相同，侧向为＿＿＿＿ km/h。
3. 根据技术作业性质不同，高速铁路的车站可划分为＿＿＿＿、＿＿＿＿、＿＿＿＿以及＿＿＿＿。
4. 铁路枢纽按其在铁路网上的地位和作用分为＿＿＿＿、＿＿＿＿ 和 ＿＿＿＿。
5. 铁路枢纽中线路包括引入正线、＿＿＿＿、＿＿＿＿、＿＿＿＿和＿＿＿＿。

二、判断题

1. 高铁的越行站既办理正线的通过作业，也办理旅客的乘降作业。　　　（　）
2. 高铁的中间站不办理列车的始发、终到作业。　　　　　　　　　　（　）
3. 高铁的到发线数量，越行站应设 2 条，中间站可设 2～4 条。　　　（　）

4. 高铁车站站台长度应按 450 m 设置。只停留 8 辆编组动车组的车站站台长度按 230 m 设置,困难条件下不应小于 220 m。( )
5. 高铁的动车所派驻动车组,承担动车组的运用整备及存放任务、动车组日常检查及临修作业,也可设置大修。( )
6. 三角形枢纽需在车站间设置联络线,以缩短列车行程和消除折角列车。( )
7. 十字形枢纽适用于相互交叉的衔接线路方向之间交流的客、货运量甚少,而直线衔接线路方向之间具有大量的直通客货流的铁路枢纽。( )
8. 顺列式铁路枢纽的主要特征是:枢纽内的所有车站,包括旅客站、货物站、编组站等,按顺序纵列地布置在枢纽的同一条伸长的通道上。( )
9. 并列式枢纽的优点是客货列车运行互不干扰,枢纽通过能力大。( )
10. 环形枢纽的缺点主要是客、货列车通过时径路迂回。( )

三、名称解释
铁路枢纽　　联络线　　直径线

四、简答题
1. 高速铁路中间站办理的业务有哪些?
2. 分析高速铁路始发、终到站高速列车车场与中、普速车场在同一平面并列合设布置图的特点。
3. 高速铁路到发线数量设置有哪些要求?
4. 高速铁路动车所布置图的形式及各种图形的优缺点是什么?
5. 铁路枢纽的布置图有哪些?其特征分别是什么?

项目八　城市轨道交通线路与车站

【案例导入】

体育西路站是广州地铁1号线、3号线及3号线机场线的换乘车站，分别于1999年及2005年启用，位于天河区体育西路及天河南一路交界处的地底。由于本站邻近天河城广场、购书中心，加上是一座换乘车站，每日的人流量非常庞大，尤其是在上下班的高峰时间，本站更是挤得水泄不通，是广州地铁最繁忙的车站之一。远期三号线体育西路—天河客运站段将会拆分成10号线的一部分，届时该站将成为1号线、3号线、10号线三条线的换乘站。

表8-1是车站楼层的具体设施设备。

表8-1　车站楼层结构

结构	组成	设施设备
地下一层	站厅	站厅、售票机
地下二层	站台	广州地铁1号线列车往杨箕站（西朗方向）
		岛式站台，左边车门将会开启
	站台	广州地铁1号线列车往体育中心站（广州东站方向）
地下三层	站台	广州地铁3号线列车往珠江新城站（番禺广场方向）
		岛式站台，左边车门将会开启
	站台	广州地铁3号线列车往林和西站（机场南方向）
		岛式站台，左边车门将会开启（天河客运站方向）、两边车门将会开启（机场南方向）
	站台	广州地铁3号线列车往石牌桥站（天河客运站方向）

上述案例中，主要介绍体育西路站的情况，为更好地理解上述体育西路站的组成情况，还需对车站的组成及车站的设施设备有更深的了解，这些在本项目中均有涉及。

【项目描述】

城市轨道交通（Rail Transit）具有运量大、速度快、准点、节约能源等特点，被普遍认为是城市解决交通问题的根本出路。那么如何设计线路平面和纵断面，才能使线路投资费用最小呢？车站作为旅客集中的地方，有哪些不同的类型呢？它是由哪些运营系统及设备构成的呢？另外，要保证列车有效率地、安全地运营，需要设置哪些线路呢？这些问题将在本项目中一一解答。

项目八 城市轨道交通线路与车站

【学习目标】

本项目参考《地铁设计规范》，整理出该项目需要掌握的知识和技能，具体的学习目标如下。

1. 知识目标
① 掌握城市轨道交通线路的平面和纵断面。
② 掌握机车车辆限界、建筑限界和线路间距。
③ 掌握城市轨道交通车站的组成。
④ 了解城市轨道交通规划与设计。
⑤ 了解城市轨道交通施工。

2. 技能目标
① 识别线路的平面和纵断面。
② 绘制城市轨道交通车站平面图及典型车站站场图。

【职业技能需求】

城轨运营相关岗位，如站务员、车站值班员、行车调度员、电客车驾驶员等运营岗位的参与者都需要掌握线路平面和纵断面、车站的建筑结构、站场等知识，只有掌握这些知识，才能更好地保证列车有序、安全地运行。

【任务驱动】

线路与车站是城市轨道交通运营的重要设备，由于城市轨道交通线路与车站多位于地下或高架，其运行速度不同于铁路，服务对象主要是旅客，因此，线路与车站建筑有其自身的特点。例如：国铁的站场复杂，而地铁的站场简单，功能单一；国铁客运站人流量大，旅客停留时间长，而地铁虽然客流量大但聚散迅速。因此，地铁车站在站场、车站建筑设计等方面均与国铁有所不同。本项目重点完成地铁线与车站的学习。

任务一 城市轨道交通线路与站场

【任务描述】

图 8-1 所示是地铁折返站示意图，其中包含了站台、正线、配线、道岔等设备，各条线分别的用途是什么？列车如何使用这些配线完成折返作业？

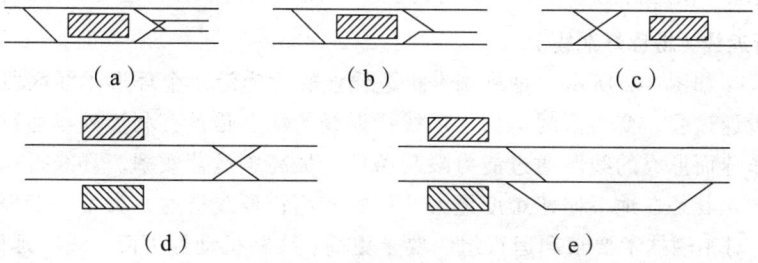

图 8-1 地铁车站站型图

【任务分析】

地铁线路是城市轨道交通的运营基础，城市轨道交通的服务对象是旅客，其平顺性要求较高，决定了线路的技术参数与国铁不同。由于地铁不包括货运业务，车站几乎没有调车等作业，决定了其站场较为简单，那么地铁的线路与车站有什么特点呢？在本任务中，我们将结合地铁列车运行及作业特点，分析地铁线路和车站的技术要求。

【相关知识】

一、城市轨道交通线路分类

按空间位置，城市轨道交通线路可分为地下线路、地面线路和高架线路。城市轨道交通线路在城市中心地区宜设在地下，在其他地区，条件许可时可设在高架桥或地面上。在同一条轨道交通线路上，可采用上述三种不同的空间布置方式。

按其在运营中的作用，城市轨道交通线路分为正线、辅助线、车场线等，下面重点介绍这一种分类。

（一）正　线

正线是贯穿所有车站、区间供列车正常运行的线路。城市轨道交通正线设计为双线，一般实行右侧行车。由于行车速度高、密度大，对线路标准要求高，要求用 50 kg/m 以上类型的钢轨铺设。

（二）辅助线

辅助线是指为空载列车进行折返、停放、检查、转线及出入段作业所运行的线路，包括折返线、渡线、停车线、车辆段出入线和联络线等。辅助线是轨道交通系统的重要组成部分，直接关系到系统运营组织的效率。

1. 折返线

折返线是指在线路两端终点站或者准备开行折返列车的区间站设置的专供列车折返调头的线路。折返线除了供运营列车往返运行时的调头转线使用外，有些也可以作为夜间存车使用。

(1) 环线折返线（俗称灯泡线）

环形折返线（如图 8-2 所示）是将端点折返作业转化为沿一个环形单线区段运行的作业，实质上取消了折返过程，变为区间运行。环线折返线的优点是：有利于列车运行速度的发挥，消除了因折返作业而形成的线路通过能力限制条件，提高了运营效率。环线折返线的缺点是：占地面积较大，尤其是在地下修建难度更大，投资较高；环线折返丧失了一端停车维护保养检查的机动线路，对车辆技术要求和运行组织要求更高；线路机动性下降，线路延伸可能性甚微。

环形折返线一般只适用于线路较短、线路延伸可能较小且该端点站又往往在地面的情况。

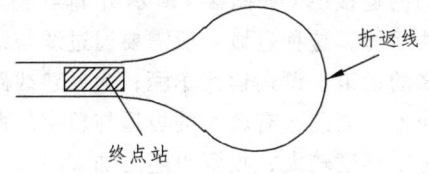

图 8-2 环形折返线

（2）尽端折返线

如图 8-3 所示，可分为单线折返、双线折返与多线折返等不同的布置办法。利用尽端线折返的办法，弥补了环线折返的不足，使端点站既可有效组织折返（如双折返线可以明显降低折返时间），又可备有停车线供故障停车、检修、夜间停车等作业使用。尽端折返线对于线路延伸也十分方便，比较适合于地下结构的端点站，以及线路较长或有延伸可能、土地不宜多占用的情况。

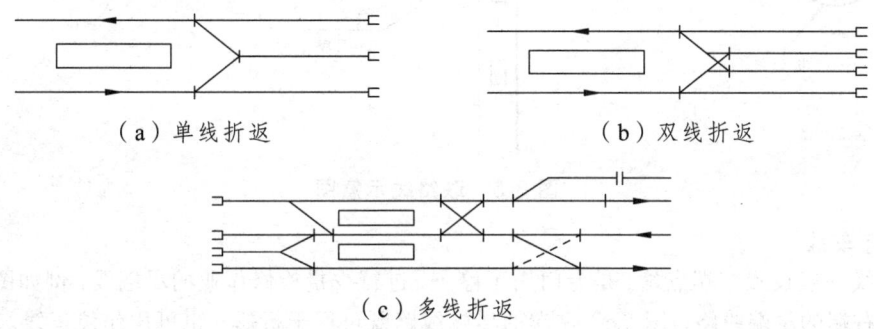

图 8-3 尽端式折返线示意图

（3）渡线折返

如图 8-4 所示，在车站前或站后设置渡线，用以完成折返作业。很明显，利用渡线折返需要修建的线路较少，投资降低；然而，列车进出车站与折返作业有严重的干扰，尤其是在区间站利用渡线进行小交路折返，需占用正线进行作业，故对运营管理要求十分严格，且列车运行间隔时间受其制约需要放大，导致线路通行能力下降，安全可靠性存在隐患。所以，在列车运行速度较高、运行间隔时间较短（即发车频率较高）、运量较大的线路不宜采用此类办法。

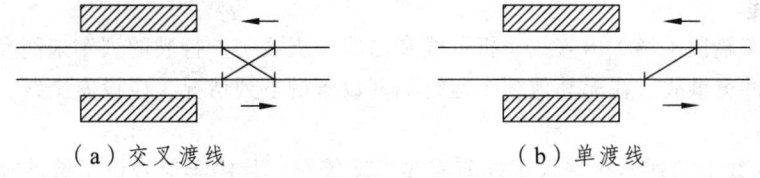

图 8-4 渡线折返示意图

（4）临时折返线

临时折返线一般用于故障车调头或调整列车运行，由于它使用频率不高，能力上一般不作要求，通常条件下，可选用上述交叉渡线、单渡线等形式。折返线的有效长度宜为远期列车长度加 40 m（不含车挡长）。

2. 联络线

联络线主要是两条正线间的连接线（如图 8-5 所示），即在整个城市轨道交通线网中，使同种制式线路可以实现列车过轨运行，这种过渡一般需要通过线与线之间的联络线来实现。联络线主要有以下作用：车辆送修的通道；调运运营车辆；为后建线路运送设备。联络线因连接的轨道交通线往往不在一个平面上，因此，有较大的坡道与较小的曲线半径，列车运行速度不可能很高。如果在地下建设，施工难度较大，投资也随之加大。

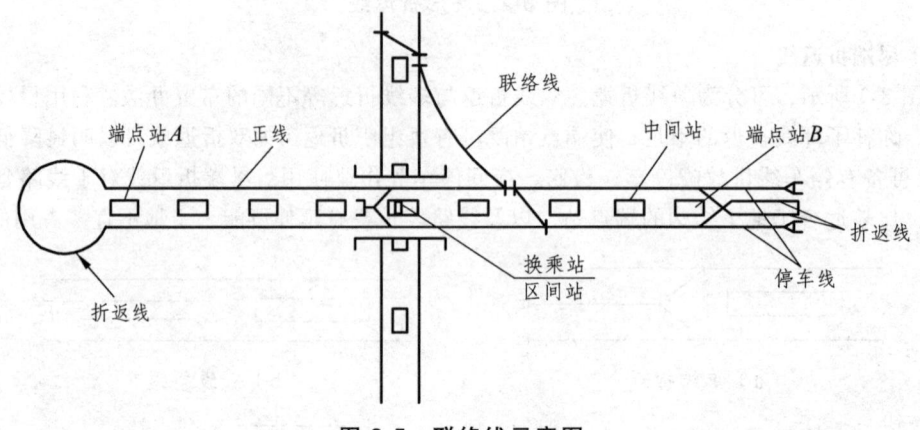

图 8-5 联络线示意图

3. 存车线

存车线一般设置在端点站，是专门用于停车、进行少量检修作业的尽端线，例如图 8-3(a)、(b) 所示右端的尽端线路，图 (c) 左端的尽端线路既可用于折返，也可用作停车线。在车辆基地，则拥有众多的专用停车线，提供给夜间停止运营后的列车停放。在运营过程中，如果在线列车发生故障，为了不影响后续列车运行，设计上应能使故障列车及时退出运营正线。一般来说，在轨道交通线路沿线每隔 3~5 个车站的站端应加设渡线和车辆停放线。

典型的存车线形式一般有以下两种方案：
① 与折返线结合设置（见图 8-3）
② 单独设置（见图 8-6）

这种两头通的形式可以为运营创造更好的方便条件，越来越得到普遍采用。

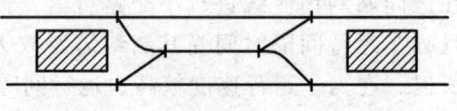

图 8-6 存车线单独设置方案

4. 安全线

为防止在车辆段（场）出入线、折返线和岔线（支线）上行驶的列车未经允许进入正线与正线列车发生冲突事故，在无其他列车运行隔开设备的下列情况，应设安全线，以保证列车安全、正常地运行。

① 当出入线上的列车在进入正线前需要一度停车，且停车信号机至警冲标之间小于列车制动距离时（如图 8-7 所示）。

② 折返线末端和正线接通时。

③ 当岔线（支线）与正线接轨时。

安全线为尽头线，有效长一般不少于 40 m，如图 8-8 所示。

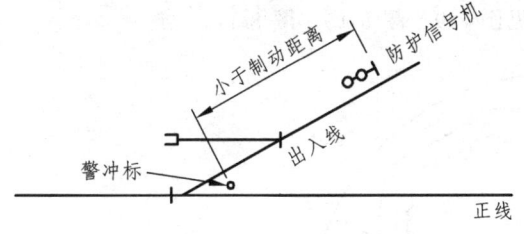

图 8-7 出入线接正线形式

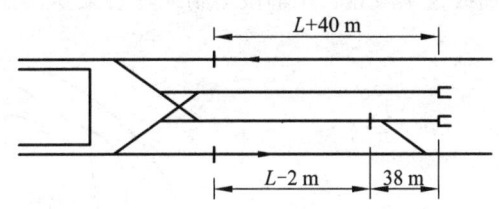

图 8-8 折返线末端接正线形式

二、限界与线路间距

(一) 限 界

限界是为了确保机车车辆在地铁线路上运行的安全,防止机车车辆撞击邻近的建筑物或其他设备所制定的尺寸。城市轨道交通车辆在隧道内或高架上运行时,隧道或高架要有足够的空间,以供车辆通行,通信、信号、供电、给排水等接近城市轨道交通线路的各种建筑物及设备,必须与线路保持一定的距离,因此,规定限界主要是保障行车安全。

限界分为车辆限界、设备限界、建筑限界。受电弓限界或受流器限界是车辆限界的组成部分,接触轨限界属于设备限界的辅助限界。

1. 车辆限界

车辆限界是根据车辆的轮廓尺寸并考虑在静态和动态情况下所达到的横向和竖向偏移量及偏转角度,按可能产生最不利情况进行组合计算确定的。

直线地段车辆限界分为隧道车辆限界和高架或地面线车辆限界,高架或地面线车辆限界应在隧道内车辆限界的基础上,加上当地最大风荷载引起的横向和竖向偏移量。

2. 设备限界

设备限界是在车辆限界的基础上,考虑轨道状态不良引起车辆偏移和倾斜,并计入适当的安全量等因素计算确定的。设备限界是一条轮廓线,所有固定设备以及土木工程的任何部分都不得侵入此轮廓线,它是保证城市轨道交通等移动设备在运营过程中的安全所需要的限界。

① 直线地段设备限界是在直线地段车辆限界外扩大一定安装间隙后形成的;车体肩部横向向外扩大 100 mm,边梁下端横向向外扩大 30 mm,接触轨横向向外扩大 185 mm,车体竖向加高 60 mm,受电弓竖向加高 50 mm,车下悬挂物下降 50 mm。

转向架最低点设备限界离轨顶面净距:A 型车为 25 mm,B 型车为 15 mm。

② 曲线地段设备限界应在直线地段设备限界的基础上,按平面曲线不同半径、过超高或欠超高引起的横向和竖向偏移量以及车辆、轨道参数等因素计算确定。

3. 建筑限界

建筑限界是指在隧道和高架桥等结构物的最小横断面所形成的有效内轮廓的基础上,考虑施工误差、测量误差、结构变形等因素,为满足固定设备和管线安装的需要而必需的限界。即各种类型的隧道建筑限界与设备限界之间的间距,应能满足各种设备安装的要求。

在宽度方向上,设备和设备限界之间应留出 20~50 mm 的安全空隙。当建筑限界侧面和顶面没有设备或管道时,建筑限界和设备限界之间的空隙不宜小于 200 mm;困难条件下不得小于 10 mm。

建筑限界分为圆形隧道建筑限界、马蹄形隧道建筑限界、矩形隧道建筑限界、高架线及地面线建筑限界、车辆段车场线建筑限界，分别参见图 8-9、图 8-10、图 8-11。

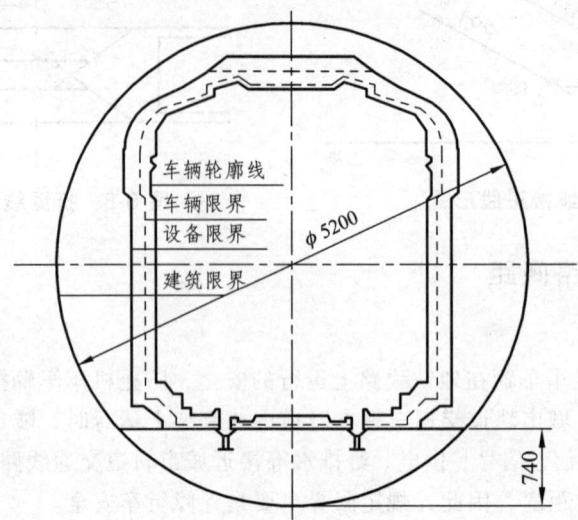

图 8-9 区间直线区段圆形隧道限界图（单位：mm）

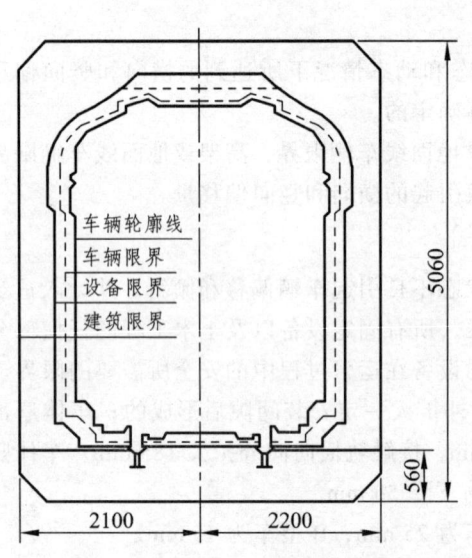

图 8-10 区间直线区段矩形隧道限界图
（单位：mm）

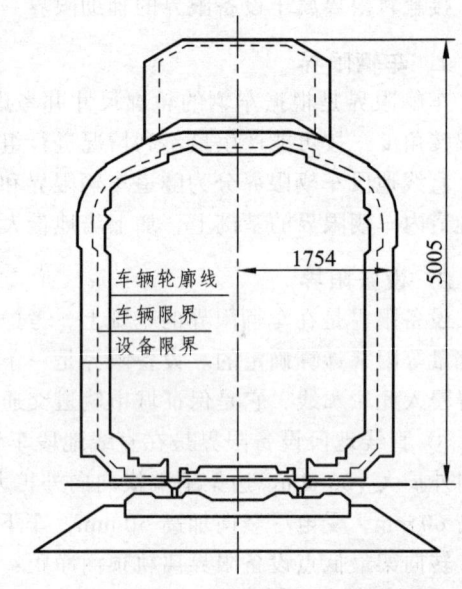

图 8-11 区间直线区段地面、高架限界图
（单位：mm）

（二）线路间距

相邻线路中心线间的距离，称为线路间距。线路间距应保证行车和各项作业的安全，满足设置各项设备的需要。

城市轨道交通正线一般均为双线，且多为并行线，根据车辆的限宽和安全余量（不小于 100 mm），可得出区间直线之线间距。曲线地段应在此基础上按规定加宽。车站上的线间距则还应考虑站台的宽度。

三、轨　道

同国铁一样，轨道是城市轨道交通运营设备的基础，它直接承受列车载荷，并引导列车运行。因此轨道的各个组成部分必须具有足够的强度和稳定性，承受来自于列车的纵向和横向的位移推力，保证列车按照规定的速度、方向及不间断地运行；轨道具有耐久性及适量的弹性，以确保列车安全、平稳、快速运行和乘客舒适；城市轨道交通均采用电力牵引，故要求轨道结构具有良好的绝缘性以减少杂散电流；轨道应采用相应的减振轨道结构，达到减振、降噪的要求。

（一）轨道的结构

轨道结构的几何形位指的是轨道各部分的几何形状、相对位置和基本尺寸。

1. 直线轨道

因车轮踏面的主要部分为1:20的斜坡，为使钢轨顶面在有锥形踏面的车轮荷载作用下受力均匀，所以在直线上，钢轨不应竖直铺设，而要适当地向内倾斜，钢轨的这种内倾度称为轨底坡。设置轨底坡可使车轮压力集中于钢轨的中轴线上，减小荷载偏心矩，降低轨腰应力，避免轨头与轨腰连接处发生纵裂，从运行效果上来看还可减轻列车的蛇行运动。此外，车轮踏面的部分能与轨顶面的中部接触，增加了轮轨间的接触面积，减小了接触应力和由此产生的塑性变形。在任何情况下，轨底坡不应大于1:12或小于1:60。混凝土枕线路，通常是将轨枕的承轨槽按轨底坡的相关规定做成斜面。

2. 曲线轨道

（1）曲线轨道轨距加宽

轨道交通车辆在曲线轨道上行驶时，为使车辆能顺利通过曲线，半径等于及小于200 m曲线的地段轨距要适当加宽。轨距加宽值应在缓和曲线长度范围内完成，无缓和曲线时在直线地段完成。递减率不宜大于2‰，困难地段不应大于3‰。曲线轨距加宽标准见表8-2。

表8-2　曲线轨距加宽表

曲线半径（m）	加宽值（mm）	
	B型车	A型车
150<R≤200	5	10
100<R≤150	10	15

（2）曲线轨道外轨超高

同铁路一样，车辆在过曲线的时候，外轨需设置超高。列车种类不同，所需要的超高值也各不相同。曲线超高值应在缓和曲线内递减，无缓和曲线时应在直线段递减。超高顺坡率不宜大于2‰，困难地段不应大于3‰。《地下铁道设计规范》规定最大超高为120 mm，混凝土整体道床的曲线超高采取外轨抬高超高值的一半、内轨降低超高值的一半的办法设置；地面线与高架线路的曲线超高采取外轨抬高超高值的办法设置。

3. 独轨铁路的轨道结构

独轨交通又称单轨交通。它是一种中、小运量的轨道交通系统，一般认为单轨铁路每高峰小时运输乘客少于1万人次，其特别适合在大坡道和小半径曲线上发挥作用。独轨交通是一种把单轨铺设在高架桥上的新型铁路，其路轨一般以混凝土制造，比普通钢轨宽很多。单轨主要分成两类：一是跨座式，车辆跨座在轨道梁上行驶，车体两旁盖过路轨；另一类是悬挂式，悬挂式是车辆悬挂在轨道梁下方行驶。

高架独轨的优点是：结构简单，易于建造，可以适应复杂地形的要求；建设工期短；它的工程建筑费用只有地下铁道建筑费用的 1/3。其缺点是：必须另外兴建特制轨道；独轨使用的转辙器令车辆有短暂时间必须悬空，故有出轨的可能；如果出现紧急情况，车上的乘客逃生很困难。

（1）跨座式独轨的轨道结构

跨座式独轨由轨道梁、道岔、支柱和基础构成（见图 8-12）。跨座式独轨的轨道通常为支柱上端的预应力钢筋混凝土轨道梁，其上铺设钢轨，车轮自车厢的下部支承于钢轨上。轨道梁的作用是引导列车运行，直接承受车轮传来的巨大压力，并将压力通过立柱传递到基础上。支柱的作用是支撑轨道梁，承受由轨道梁传递的车辆载荷。轨道梁的上表面是车辆走行的行使路面，两个侧面是水平导向轮的导轨，也是水平稳定轮的支撑。轨道梁在两侧中部设有刚性滑触式导电轨，在梁内两顶角处设有信号系统 ATP/ATO 感应环线，梁体底部设有供电和通信、信号系统电缆托架，梁下托架在桥墩处设支架绕过支座。跨座式独轨车辆的走行装置跨座在走行轨道上，其车体重心处于走行轨道的上方。车辆以车身包围路轨，因此不容易出轨。

（2）悬挂式独轨铁路的轨道结构

悬挂式独轨铁路与跨座式独轨铁路的轨道结构比较相似，有共同的优点，所不同的是车辆控制装置和空调设备等不是装在车地板下面，而是装在车顶部位（见图 8-13）。悬挂式独轨的轨道梁，由一定跨距的钢支柱或钢筋混凝土支柱架在空中，车辆悬挂在轨道梁下运行。它的特点是：轨道梁为钢制断面，底部有开口，冲气轮胎组成的转向架在轨道内走行，车体悬挂在转向架的下面，车辆走行平稳、噪声低。

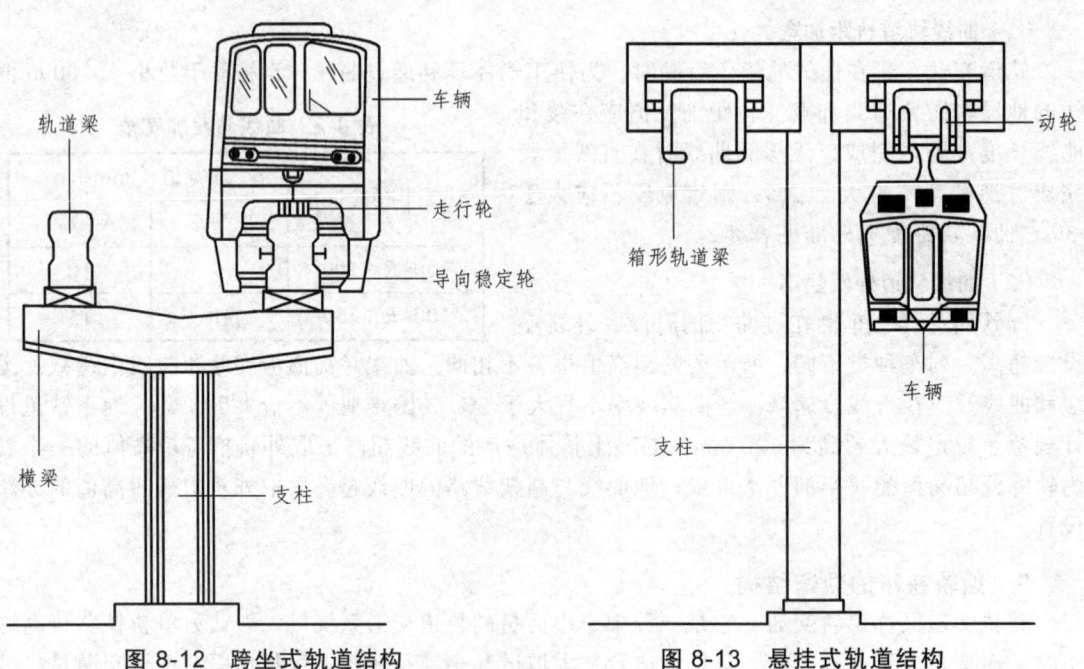

图 8-12 跨坐式轨道结构　　　　　图 8-13 悬挂式轨道结构

（3）独轨交通道岔

跨座式轨道道岔是由一定长度的道岔梁组成的。道岔梁一端可以移动，整个梁与梁下方的支撑台车固定在一起，由台车上的电动机驱动。其道岔分为两类，一类是柔性铰接型，可使道岔梁连续弯成曲线；另一类为简易铰接型，转辙时道岔梁在转辙点前方保持一定距离的直线。与普通铁路道岔一样，独轨铁路根据连接线路的形式，其道岔可分单开道岔和交叉道岔。

跨坐式单轨铁路道岔主要由道岔梁、移动台车、驱动装置、导向及稳定面弯曲装置、锁定装置及控制系统等组成。道岔梁一端可以移动，整根梁与梁下方的支撑台车固定在一起，由台车上的电机驱动。跨座式单轨交通的道岔有单开、双开、三开及五开等几种，依据行车组织的要求，组合成单渡线、交叉渡线等多种不同的形式。图 8-14 为跨座式独轨渡线示意图。该结构可移动道岔为两组，供上、下行线间设单渡线使用。

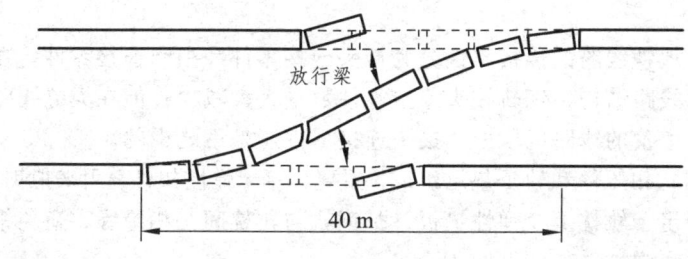

图 8-14　跨坐式单轨渡线

（二）轨道的组成

轨道由钢轨、轨枕、连接零件、道床、防爬设备和道岔组成。由于城市轨道交通为载客运营线路，对线路的平顺性要求较高，且行车密度大，多为地下隧道和高架线路，维修困难，因此，其轨道的技术要求与国铁又有所不同，这里，我们仅介绍城市轨道交通与国铁轨道的不同之处。

1. 钢　轨

地铁、轻轨正线钢轨多采用 60 kg/m 轨，也有轻轨采用 50 kg/m 轨。地铁正线地段与半径为 250 m 及以上的曲线地段，应铺设无缝线路。无缝线路是将 25 m 轨端无螺栓孔的钢轨焊接成 1 km 及以上长的轨条铺设在轨枕上，接缝大大减少，因此消灭了列车通过接头区的冲击力，从而减小了振动与噪声。由于在 1 km 长的钢轨内不存在轨缝，当温度升高或降低时钢轨内部就产生了巨大的温度压力或拉力，这是无缝线路的一个显著特点。在一定的温度下将钢轨锁定在轨枕上，尽可能降低这种拉应力和压应力，以防止涨轨。隧道内温度变化幅度较小，由温度变化产生的拉应力和压应力较小，因此铺设无缝线路十分有利，如在地面线路铺设无缝线路则需要加强养护与监控，并适时进行应力放散工作，以防止线路涨轨跑道。

2. 轨　枕

地铁线路多采用钢筋混凝土轨枕，它是使用钢筋和混凝土浇铸而成的。按其结构形式可分为整体式、组合式和短枕式（如图 8-15 所示）。

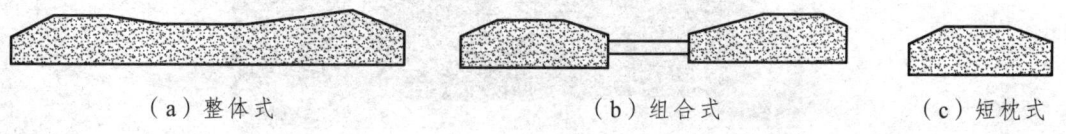

（a）整体式　　　　　　　（b）组合式　　　　　　　（c）短枕式

图 8-15　钢筋混凝土轨枕

钢筋混凝土轨枕的优点：使用寿命长、稳定性高、养护工作量小，损伤率和报废率比木枕要低得多；在无缝线路上，比木枕的稳定性高、自重大，更能有效地防止钢轨爬行，增加轨道的稳定性，更适用于高速行驶线路。因此，在城市轨道交通线上已经得到广泛应用。

钢筋混凝土轨枕的缺点：造价高昂，而且笨重，不便搬运。

地面线路采用国家标准轨枕铺设，隧道等采用钢筋混凝土短轨枕式混凝土整体道床时，短轨枕宜在工厂预制，混凝土强度等级宜采用C50，底部宜伸出钢筋以加强与混凝土整体道床的连接。采用连续支承混凝土整体道床时，应采用整体灌注式。每公里铺设轨枕的标准按照《地下铁道设计规范》规定要求进行铺设。

3. 连接零件

与国铁一样，地铁线路的连接零件分为接头连接零件和中间连接零件。在城市轨道交通中已基本上采用无缝线路结构，钢轨接头连接零件数量大大减少，但在无缝线路的缓冲区、轨道电路的绝缘区、有道岔的线路区段中，接头连接零件还是不能少的。

地铁扣件由钢轨扣压件和轨下垫层组成。主要包括：弹性扣件，用来把钢轨紧扣在轨枕上；承托物，把扣件固定于轨枕上；弹性垫板，是钢轨与轨枕间互相绝缘，避免钢轨漏电，减少杂散电流，并增加轨道弹性，如图8-16所示。

混凝土扣件按其结构分为扣板式、弹片式、弹条式等。城市轨道交通线路多采用弹条式扣件。弹条式扣件用锚固法把螺旋道钉固定在轨枕上预留的孔内，再装上弹条，拧上螺帽，使弹条压紧轨底。在钢轨与承轨台之间，设绝缘减振垫层以减小车辆振动，降低噪声，绝缘以减少杂散电流。

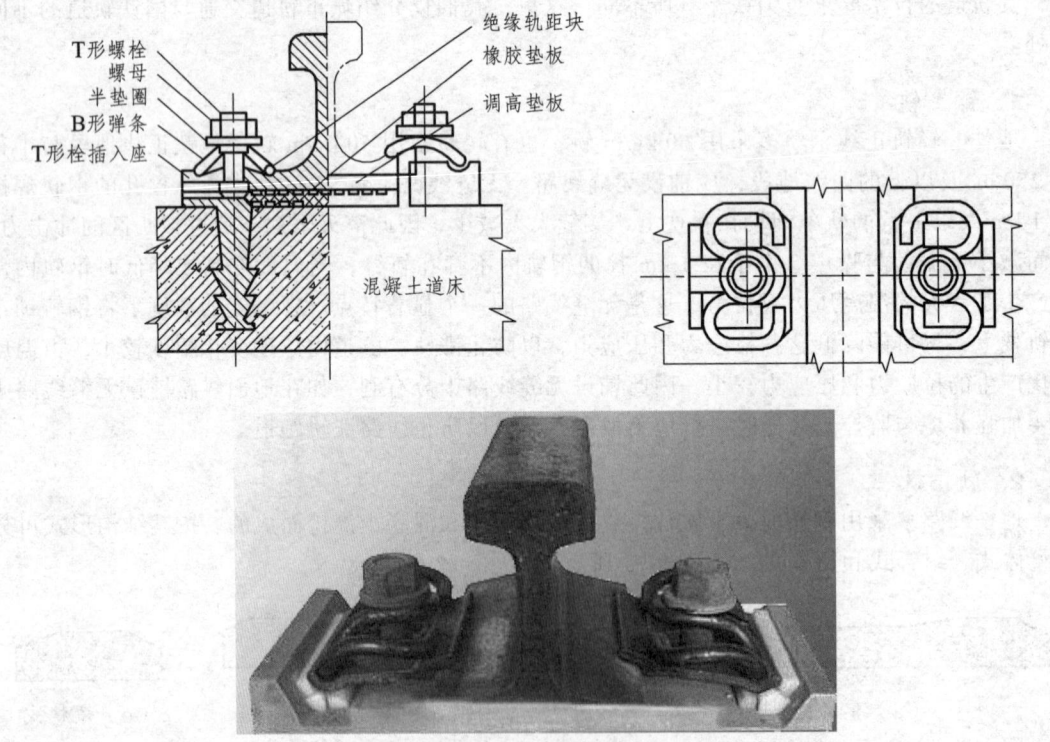

图8-16 弹条式扣件

4. 道 床

城市轨道交通多采用整体道床结构，也有部分地面线路采用传统铁路的方式。

整体道床又称混凝土整体道床，也称无砟道床，是现代城市轨道交通中常用的道床形式。整体道床是指在坚实基底上直接浇筑混凝土以取代传统道砟层的轨下基础，常用于地下铁道隧道内和无砟桥梁上。整体道床又可分无枕式整体道床和轨枕整体道床两种，就是指道床内可预埋木枕、混凝土枕或混凝土短枕，也可在混凝土整体道床上直接安装扣件、弹性垫层和钢轨。

无枕式整体道床（如图8-17所示）亦称整体灌注式道床，无枕式道床建筑高度较小，主要采用就地连续灌注混凝土基床或纵向承轨台。一些国家和地区修建城市轨道交通隧道时常采用这种道床。这种道床结构简单，减振性能也较好，但冲击振动要比轨枕式整体道床大。此外施工时需采用刚度较大的模架，施工较为复杂。

图 8-17 整体道床

轨枕式整体道床（如图 8-18、图 8-19 所示）可分为短枕式和长枕式两种。短枕式整体道床稳定、耐久，结构比较简单，施工方法简便，进度较快，一般设中心排水沟。长枕式整体道床设侧向水沟，一般长轨枕预留圆孔，让道床纵筋穿过，加强了与道床的连接。它适用于软土地基隧道，可采用排轨法施工，施工快。

图 8-18 长轨枕式整体道床

图 8-19 短轨枕式整体道床

整体道床的优点主要表现为：整体性强，纵向、横向稳定性好，具有较高的可靠性；平顺性和弹性好，乘坐更舒适；整体道床坚固稳定、耐久，使用寿命长；较少的维修工作量和维修成本；表面整洁；建筑高度较小，减少隧道净空，节省投资，综合经济效益好；无砟轨道上的无缝线路不会发生涨轨跑道，高速行车时不会有石砟飞溅起来造成伤害。整体道床的缺点是：造价高昂，且要求较高的施工精度和特殊的施工方法；在运营过程中一旦出现病害，整治非常困难，例如，一旦基底发生沉陷，修补极为困难。

5. 道　岔

地铁道岔结构与国铁相同，使用的道岔号数与国铁不同。目前，我国铁路的主要线路上通常使用的单开道岔有 8 号、9 号、12 号、18 号、30 号、38 号道岔，对称道岔有 6 号、9 号，三开道岔有 7 号，交分道岔有 12 号、9 号。地铁正线一般铺设 9 号道岔，车场线一般铺设 7 号道岔。地铁道岔的号码较小，这是由于地铁的行车速度不高，车场作业区速度较低，同时可以少占地，节约投资。

任务二　城市轨道交通线路的平面和纵断面

【任务描述】

城市轨道交通线路是车辆运行的基础，各大城市都在设计城市轨道交通，在设计线路的时候，为了满足线路选线要求，适应地形变化（地面布置方式），避让障碍物（地面、地下、高架方式）等，应设置曲线。另外，由于选线及避让障碍物需要及适应运行需要，要设置坡道。究竟如何设置曲线和坡道呢？在本任务中将为大家揭秘。

【任务分析】

城市轨道交通线路由于设计的需要，常会设计一定的曲线和坡道，曲线半径的设计和坡道坡度的设计是关键,如何对它们进行设计呢?线路的平面和纵断面表达线路实际条件,那么如何看懂线路的平面和纵断面图呢?这些将在本任务中为大家讲述。

【相关知识】

线路是城市轨道交通工程的基本组成部分,线路的设计必须满足行车安全、平顺与养护维修工作方便等要求并保证乘客一定的舒适度,符合有关设计规范的要求。

城市轨道交通线路设计分平面、纵断面、横断面三个部分,各自均要满足一定的标准;同时,这三者又是同一个整体不同侧面的反映,设计时必须有机地结合起来。

从平面上看,线路由直线和曲线组成。曲线包括圆曲线和缓和曲线。其平面的主要技术要素有最小曲线半径、夹直线最小长度、最小圆曲线长度、缓和曲线线形和长度。从纵断面上看,线路包括坡段及坡段间的连接。纵断面的主要技术要素有最大坡度、坡度代数差、竖曲线线形和曲线半径。横断面设计则要满足线路各个断面列车通过的限界要求。

鉴于城市轨道交通的载重量小、车速中等、列车短、运距短、停站频繁等特点,故其设计标准与城市间铁路有所不同,其差异程度与城市轨道交通类型及形式有关。例如,区间线路与站线的曲线半径及坡度要求不同;车辆类型决定线路的技术参数。

一、城市轨道交通线路的平面

在线路平面设计时,为缩短线路长度和改善运营条件,应尽可能设计较长的直线。但为了满足线路选线要求,适应地形变化(地面布置方式)、避让障碍物(地面、地下、高架方式)等,应设置曲线。

(一)曲线半径

曲线半径宜按标准半径从大到小合理选用。实际工作中,最大半径一般很少超过3 000 m。400 m以下的小半径曲线具有限制车速、养护比较困难、钢轨侧面磨耗严重及噪声大等缺点,特别是在轨道交通运量大、密度高的情况下,上述缺点更加突出。因此,小半径圆曲线应尽量少用,并应有一定限制。根据国家标准《地下铁道设计规范》规定:线路平面最小曲线半径应符合表8-3中的规定。

表8-3 线路工程主要技术标准

基本车型		A	B	C/D	L	单轨
		一般地段/困难地段				
最小曲线半径(m)	正线	350/300	300/250	100/50	150	100
	联络线	250/200	200/150	80/25	100	50
	车场线	150	110/80	80/25	65	50
最大坡度(‰)	正线	30/35	30/35	60	50	60
	联络线	40	40	60	70	60
	车场线	1.5	1.5	1.5	1.5	3

续表 8-3

基本车型		A	B	C/D	L	单轨
		一般地段/困难地段				
竖曲线半径（m）	正线	5 000/3 000	5 000/2 500	1 000	5 000/3 000	2 000~3 000
	联络线	2 000	2 000	1 000	2 000	1 000
钢轨（kg/m）	正线	60	60	60	60	轨道梁
	联络线	50	50	50	50	轨道梁
	车场线	50	50	50	50	轨道梁
道岔（N_0/V_0）	正线	单开 9/35	单开 9/35	单开 9/35	单开 9/35	关节可绕型道岔/25
	车场	单开 7/25	单开 7/25 或单开 6/20	—	单开 5/15	关节型道岔/15

注：① 正线包括支线范围，联络线包括车辆出入线。
② N_0 指道岔号，V_0 指道岔侧向通过速度（km/h）。
③ 对特殊困难地段线路工程的技术标准，应按国家现行有关技术规范执行。

《地下铁道设计规范》还规定：在正线与辅助线的圆曲线最小长度，A 型车不宜小于 25 m，B 型车不小于 20 m，在困难情况下不得小于一个车辆的全轴距。

单轨交通的曲线半径允许值较小，坡度允许值较大，适合地形受限制的地区，如我国重庆市修建的轻轨系统即为跨坐式单轨。单轨交通的最小半径和线路最大坡度如表 8-4 所示。

表 8-4 单轨线路最小半径和最大坡度

线　路		跨坐式单轨铁路	悬挂式单轨铁路
运营线路	R_{min}（m）	60	30
	i_{max}（‰）	6	6
其他线路	R_{min}（m）	30	30
	i_{max}（‰）	10	12

注：R_{min} 为最小曲线半径，i_{max} 为最大坡度值。

（二）夹直线

两条相邻曲线间应设置一定长度的直线，以保证列车运行的平稳。两曲线间夹直线，A 型车不宜小于 25 m，B 型车不宜小于 20 m，困难地段不短于一个车辆的全轴距。车辆段上的夹直线不得小于 3 m。

（三）缓和曲线

线路平面圆曲线与直线之间根据曲线半径、超高设置及设计速度等因素设置缓和曲线。表 8-5 列出了地铁工程中缓和曲线长度设置的具体要求。

表 8-5　地铁曲线设计中的缓和曲线

R \ v	100	95	90	85	80	75	70	65	60	55	50	45	40	35	30
3 000	30	25	20	—	—	—	—	—	—	—	—	—	—	—	—
2 500	35	30	25	20	20	—	—	—	—	—	—	—	—	—	—
2 000	40	35	30	25	20	20	—	—	—	—	—	—	—	—	—
1 500	55	50	45	35	30	25	20	—	—	—	—	—	—	—	—
1 200	70	60	50	40	35	30	25	20	20	—	—	—	—	—	—
1 000	85	70	60	50	45	35	30	25	25	20	—	—	—	—	—
800	85	80	75	60	55	45	40	35	30	25	20	—	—	—	—
700	85	80	75	70	60	50	45	35	30	25	20	20	—	—	—
650	85	80	75	70	60	55	45	40	35	30	20	20	—	—	—
600	—	80	75	70	70	60	50	45	35	30	20	20	—	—	—
550	—	—	75	70	70	65	60	55	45	40	35	20	20	—	—
500	—	—	—	70	70	65	60	50	45	35	20	20	20	—	—
450	—	—	—	—	70	65	60	55	50	40	25	20	20	—	—
400	—	—	—	—	—	65	60	60	55	45	25	20	20	20	—
350	—	—	—	—	—	—	60	60	60	50	30	25	20	20	20
300	—	—	—	—	—	—	—	60	60	60	40	35	30	20	20
250	—	—	—	—	—	—	—	—	60	60	40	35	30	20	20
200	—	—	—	—	—	—	—	—	—	60	40	40	35	25	20

注：R—曲线半径（m），v—设计速度（km/h），L—缓和曲线长度（m）。

（四）线路平面图

用一定的比例尺（1:2 000 或 1:10 000）和规定的符号，把线路中心线及两面的地形、地物投影到水平面上绘出的图。在线路平面图上，应标明线路里程标和百米标以及曲线要素及起、终点里程。图 8-20 为某地铁线路一段的线路平面图。

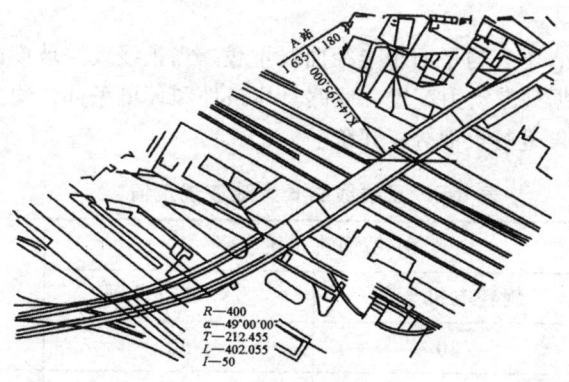

图 8-20　线路平面图

二、线路纵断面

轨道交通线路纵断面由平道、坡道及设在变坡点处的竖曲线组成。

（一）坡　道

坡道是由于选线及避让障碍物需要及适应运行需要而设置的路段。坡度是一段坡道两端点的高差 H 与水平距离 L 之比，用 i‰ 表示。

在列车通过变坡点时要产生附加离心力和附加加速度，为考虑行车平稳，宜设计较长的坡段，但为了适应线路高程的变化，坡段也不能太长，否则将引起较大的工程量，给施工带来困难，因此应综合考虑两者的影响来确定最短坡段长度。

① 一般情况下线路纵向最小坡段小于列车长度时，可以使列车长范围内只有一个变坡点，以避免变坡点附加力叠加影响和附加力的频繁变化，保证行车的平稳。

② 坡段长度还应满足竖曲线既不相互重叠，又能相隔一定距离，两竖曲线夹直线长度不宜小于 50 m，以利于列车运行和线路的维修。

对于轻轨高架线，坡段最小长度不短于远期列车长度，同时保证两竖曲线间夹直线不小于 25.0 m。对于大坡道，由于牵引功率限制，要求：60‰ 坡度限长 500 m，50‰ 坡道限长 1 000 m，小于 50‰ 坡道不限。

（二）竖曲线

为了保证列车运行的平顺与安全，当相邻两坡段的坡度代数差大于等于 2‰ 时，应以竖曲线相连接，并要求线路纵向坡段长度不宜小于远期列车计算长度，同时应满足相邻竖曲线间的夹直线长度的要求，其夹直线长度不宜小于 50 m。

竖曲线就是纵断面上的圆曲线，竖曲线的曲线半径采用表 8-3 中的数值。

单轨铁路竖曲线半径不小于 1 000 m。碎石道床线路竖曲线不得与平面缓和曲线重叠；当不设平面缓和曲线时，竖曲线不得与超高顺坡段重叠。竖曲线亦不得侵入车站站台范围。

（三）最大坡度

由于高密度行车和大运量，为了保证行车安全和正点，设计原则要求列车在失去部分（最大可达到一半）牵引动力的条件下，仍能用另一部分牵引动力将列车从最大坡度上启动，因此，最大坡度阻力及各种附加阻力之和不宜大于列车牵引力的一半。

城市轨道线路坡度在满足排水及标高控制要求的前提下应尽可能平缓，其允许设计的最大坡度值就称为最大坡度 i_{max}。

在线路长大陡坡地段，不宜与平面小半径曲线重叠。当正线线路坡度或连续提升高度大于表 8-6 中的规定值时，根据列车动力配置、线路具体条件和环境条件，均应对列车各种运行状态下的安全性以及运行速度进行全面分析评价。

表 8-6　正线线路长大陡坡规定值

正线线路	钢轮/钢轨系统车辆		跨坐是单轨车辆
	旋转电机车辆	直线电机车辆	
线路坡度（‰）	30	50	50
连续提升高度（m）	16	20	24

注：① 城市轨道交通，正线一般选择 30‰，困难地段 i_{max}‰ ≤ 35‰。
　　② 单轨铁路（跨坐式），正线 i_{max}‰ ≤ 60‰，其他线路 i_{max}‰ ≤ 100‰。
　　③ 高架轻轨线按我国轻轨行车技术条件规定，正线的限制坡度为 60‰。

（四）辅助线路最大坡度

联络线、出入段线的最大坡度不宜大于 40‰。

车场线宜设在平道上，条件困难时，库外线可设在不大于 1.5‰ 的坡道上。较大的坡度停车不稳，易发生溜车的危险事故。

折返线和停车线应布置在面向车挡或区间的下坡道上，隧道内的坡度宜为 2‰；地面和高架桥上的折返线、停车线，其坡度不宜大于 1.5‰；道岔宜设置在不大于 5‰ 的坡道上，在困难地段可设在不大于 10‰ 的坡道上。

（五）最小纵坡

隧道内的最小坡度主要是为了满足纵向排水的需要，一般情况下线路的坡度与排水沟坡度取同一值，隧道内线路坡度一般不小于 3‰。

隧道内折返线和存车线，既要保持隧道内最小的排水坡度，又需满足停放车辆和检修作业的要求，一般选取 20‰；地面和高架桥上正线最小坡度在采取了排水措施后不受限制。

（六）车站纵坡

地下铁道车站站台计算长度线路应在一个坡道上，最好为平坡，有条件时车站宜布置在纵断面的凸形部位上，并设置合理的进、出站坡度。考虑到纵向排水沟的坡度，最大坡度一般为 2‰，困难条件下为 3‰。车站线路应尽量接近地面，这样不仅可以减少工程量，节约工程造价，也可以方便乘客进出车站。车站在有条件时，应尽量布置在纵剖面的凸形部位上，即车辆进站上坡，出站下坡，有利于列车的起动和制动。

地面和高架桥的车站站台段线路应设置在平道上，在困难地段可设在不大于 3‰ 的坡道上。

（七）线路纵断面图

线路纵断面图，是指用一定的比例尺（水平方向为 1∶10000，垂直方向为 1∶1000）和规定的符号，把平面图上的中心线展直后投影到铅垂面上，并注有线路平面和纵断面有关资料的图。图 8-21 为某地铁线路一段的线路纵断面图。

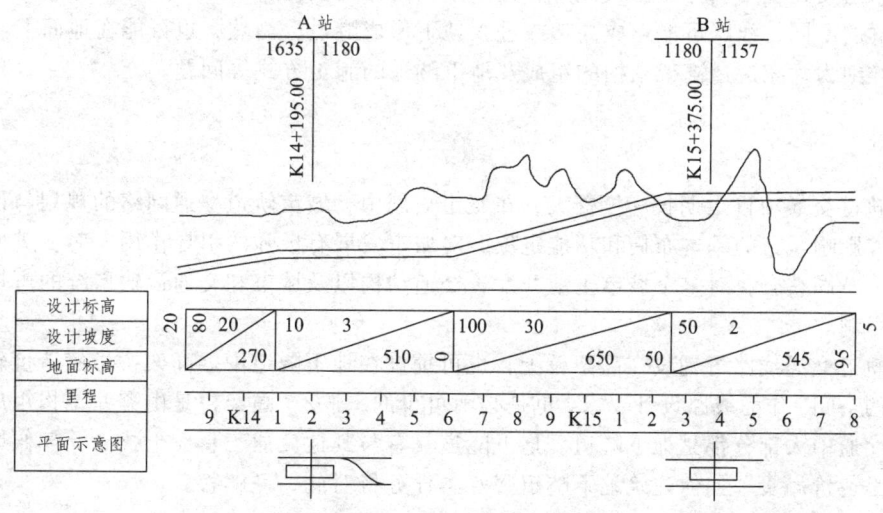

图 8-21 线路纵断面图

（八）合理纵断面

城市轨道交通由于部分线路设在地下隧道或设置在高架结构上，又因车站与区间的埋深或高差不尽一样，在设计地下隧道线路纵断面时，须注意保持合理纵断面。

合理纵断面既能满足利于列车运行、提高效率、降低消耗、安全可靠的要求，又能满足兼顾降低施工量、减少施工难度、提高施工进度的需要。如图 8-22 所示，由于区间隧道轨道面标高低于车站轨道面标高，因此，列车在运行过程中处于出站下坡与进站上坡的有利状态，有利于列车起动加速与进站减速制动，即与列车运行牵引要求一致。合理纵断面使列车运行的电耗量下降，附加制动力减少，从而降低了运行成本及设备损耗。

如图 8-23 所示，纵断面往往会出现在地下隧道且采用明挖法施工建设的系统，由于片面强调减少挖掘土方，而未先明确列车运行特征及运营后的成本费用问题以及受地质条件、地下结构等原因的影响，导致出现不合理纵断面。且因地下线路无法改造调整，只能成为永久性遗憾。

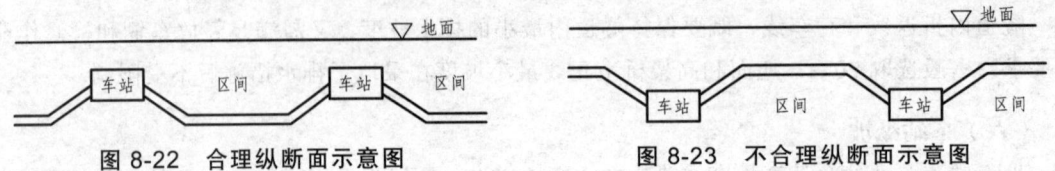

图 8-22　合理纵断面示意图　　　　图 8-23　不合理纵断面示意图

地下盾构等施工方式比较容易解决线路走向选择，且无施工量多少的问题，理当不应出现上述不合理纵断面。

任务三　城市轨道交通规划与施工

【任务描述】

城市轨道交通规划与设计是一项涉及城市规划、交通工程、建筑工程以及社会经济等多种学科理论的系统工程。城市轨道交通路网应根据城市的发展需求设计线路，形成不同类型的拓扑结构，各种结构有其不同的优缺点。

城市轨道交通通常贯穿城区及近郊，尤其是当线路铺设到城区后，随着城市地势的变化或城区建筑群的不同，线路可能形成高架或进入地下形成隧道，当然，也可能在地面上。在本任务中，将详细为大家讲述高架结构的组成及地下隧道的施工方式等问题。

【任务分析】

城市轨道交通项目工期长、投资大，在城市规划中，城市轨道交通网络的规划与设计非常重要，直接影响城市的基本布局和功能定位，对城市发展有极强的引导作用，对促进城市结构调整、城市布局整合，对整个城市土地开发、交通结构以及城市和交通运输系统的可持续发展都有巨大影响。

城市轨道交通线路可铺设在高架桥上，也可铺设在地下隧道中。高架桥虽然造价较低，但占用地面的空间，作为线路设计要求，也是必不可少的，那么，高架桥是由哪些结构组成的呢？城市轨道交通中大部分都是地下隧道。地下隧道具有与其他交通工具无干扰、受气候影响小等优势，但是造价昂贵，如何建筑地下隧道呢？本任务将对此一一解答。

【相关知识】

一、城市轨道交通路网的规划与设计

（一）城市轨道交通系统规划与设计的重要性

城市轨道交通规划与设计是一项涉及城市规划、交通工程、建筑工程以及社会经济等多种学科理论的系统工程。城市轨道交通项目工期长、投资大，在城市规划中，城市轨道交通网络的规划与设计非常重要，直接影响城市的基本布局和功能定位，对城市发展有极强的引导作用，对促进城市结构调整、城市布局整合，对整个城市土地开发、交通结构以及城市和交通运输系统的可持续发展都有巨大影响。

城市轨道交通具有大运量、高速度、独立专用路权的特点，可以作为大城市公共交通系统的骨干运输方式。要真正成为城市客运骨干系统，城市轨道交通就要承担较大比例的城市客运周转量。单一的城市轨道交通线因其客流吸引范围和线路走向的局限，一般很难达到这种骨干要求。因此，城市轨道交通必须形成网络。

城市轨道交通系统规划与设计工作涉及多个专业和学科，是一项复杂的系统工程，也是一项"系统性、专业性、前沿性"很强的工作。资料表明，过去西方一些国家的城市对线网规划与设计研究并不系统，主要利用市场经济杠杆来决定城市轨道交通网建设方案。例如，不少早期形成城市轨道交通网络的城市中，往往在中心区局部有多条城市轨道交通线集中在一条交通走廊上，重合很长的距离。这种情况造成工程难度增加，致使投资增加和线网结构不合理，甚至造成城市中心区土地畸形发展。

我国作为发展中国家，各大城市正处于快速发展期，不同于西方发达国家城市处于发展成熟期，做好城市轨道交通系统规划与设计工作更具有独特的意义，保障空间预留、避免今后高昂的工程建设成本是基本前提。

（二）城市轨道交通系统规划与设计的主要内容

切合实际的、科学的规划与设计是未来城市轨道交通良好运营的基础。一般认为，城市轨道交通系统规划与设计的主要内容包括以下几方面：

① 城市轨道交通系统的功能定位。不同的城市有特定的城市社会与经济环境，因此城市轨道交通的定位也不同，分析其功能定位主要包括城市经济地理特征分析、城市规划总体目标与城市交通结构的协调性分析、城市轨道交通的功能评估等。

② 城市轨道交通线网规划。线网规划是城市轨道交通线路设计和建设的基础，主要包括线网规模确定、线网构架方案选择和方案评估等。

③ 城市轨道交通系统客流预测。在城市规划与综合交通规划的基础上进行客流预测，是确定城市轨道交通网络及线路建设规模、能力水平的依据。

④ 城市轨道交通工程可实施规划。主要包括车站、车辆段、换乘点的选址与规模，线路敷设方式规划，线网建设顺序与运营以及城市轨道交通与地面交通的衔接设计等内容。

⑤ 城市轨道交通系统的线路和车站设计。包括线路的走向、线路平纵断面设计、车站的数量及分布、车站的站型设计以及换乘站的设计等。

⑥ 城市轨道交通的枢纽设计与规划。主要包括城市地区枢纽点规划、枢纽客流分析、枢

纽换乘设计、枢纽用地分析、枢纽不同方式间的协调等。

⑦ 城市轨道交通系统与其他交通方式的衔接设计。主要研究城市轨道交通系统与其他交通方式的衔接，包括地面交通、城市间交通等，具体包括车站周边其他交通方式站点布局及设计。

⑧ 城市轨道交通系统的安全防护设计。包括地震防护、火灾防护、水灾防护以及杂散电流防护等设施的设计，需要考虑城市轨道交通运营中的安全对策与应急措施。

⑨ 城市轨道交通运营规划。从规划与设计阶段开始考虑运营问题是城市轨道交通线路建设成功与否的重要前提条件，直接关系到城市轨道交通系统建设目标的实现。这些内容也可以作为工程可实施规划的内容。

（三）线网类型

网络的形式主要由城市地理形态（河流、山川等）、规划年城市用地布局、人口流向分布决定，当然，主观决策因素也发挥着重要作用。任何城市都具有其独特的自然地质条件、地理形态，在一定程度上决定了世界各国城市的城市轨道交通网络具有千差万别的结构形态。典型的结构形态是网格式、无环放射式及有环放射式三种。

日本学者曾总结了18种不同类型的城市轨道交通线网模式，如图8-24所示。有的线网结构有利于形成卫星城镇，如图中第二行第二、三列；有的线网结构有利于中心城区发展，同时以向外放射形式引导城市向外围发展，如图中第二行第四列；第三行第三列则是受地形限制而形成的线网结构类型。尽管每座城市线网的构架都各有特色，但总体上可归纳为以下三种基本形式：

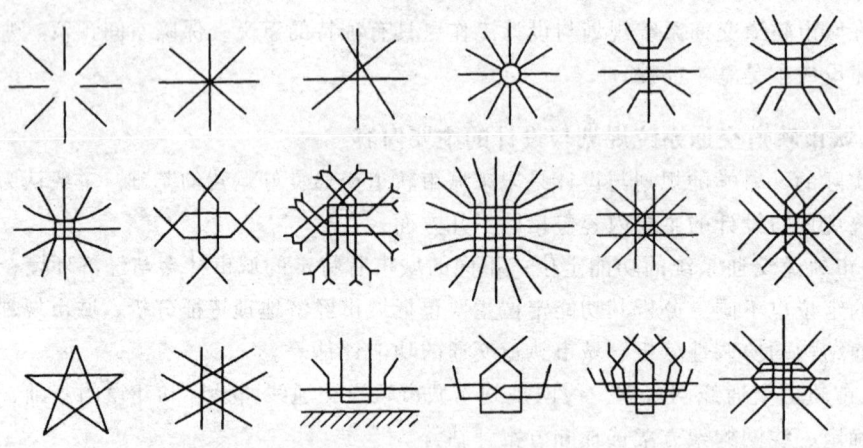

图 8-24 城市轨道交通线网类型

1. 放射形（星形）线网

该类型的线网一般是以城市中心区为核心，呈全方位或扇形放射发展。其基本骨架包括至少3条相互交叉的线路，逐步扩展、加密，线网中所有线路间都可以在换乘站实现直接换乘。放射形线网的突出优点是：方向可达性较高，符合一般城市由中心区向边缘区土地利用强度递减的特点，由于所有线路都通达市中心，使郊区与市中心的往来较为方便，郊区乘客可以直达市中心,并且由一条线到任何另一条线只有一次换乘就能到达目的地。缺点是:由于换乘的客流量大,换乘客流相互干扰也大,易引起混乱和拥挤;另外,放射形线网换乘车站的设计与施工难度较大,由于一般是采用分层换乘,使车站埋深增加,车站建设费用增加,乘客换乘时间延长。

规划这类线网时,要避免市中心区的线路过多,否则不仅会造成工程处理困难,而且容易产生换乘客流过于集中的现象。例如,莫斯科地铁在市中心区较为集中,因此在线网的扩充规划中,考虑在城市外围增加弦线和大环形线,以缓解矛盾。

2. 棋盘式线网

棋盘式线网是由若干线路(至少 4 条)呈平行四边形交叉,所构成的网格多为四边形的线网结构。这种结构一般在城区分布比较均匀,但深入郊区的线路不多。

采用这种线网形式的城市有北京和墨西哥城。北京市地处平原,其特有的棋盘形道路格局决定其规划的城市轨道交通线网的核心是"三横、三竖、一环"的棋盘式线网,为了扩大线网的覆盖范围,在环外增加周边线路和支线,如图 8-25 所示。

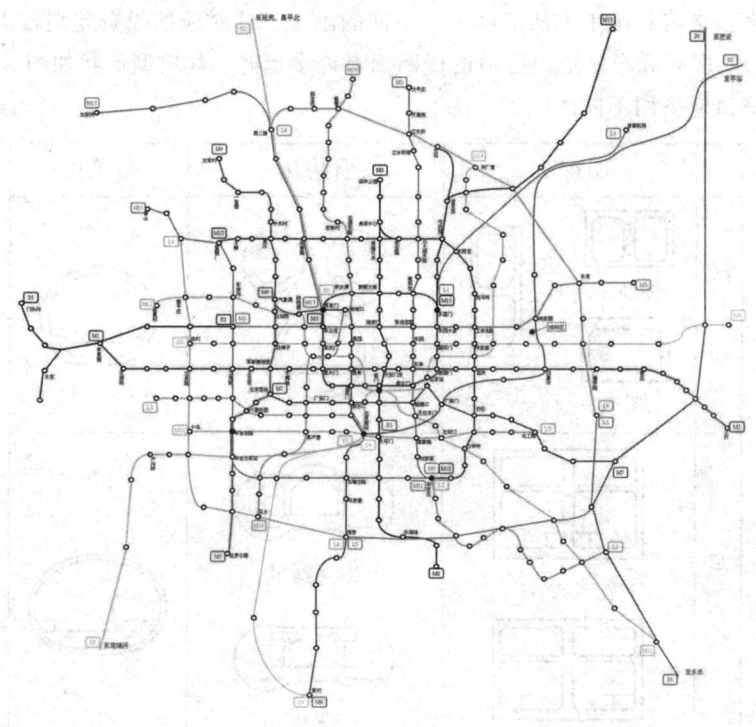

图 8-25 北京地铁线网图

棋盘式线网适合于市区呈片状发展、而街道呈棋盘式布局的城市。棋盘式线网具有如下优点:① 线网布线均匀,换乘节点能分散布置;② 线路顺直,工程易于实施。但缺点是:① 线路走向比较单一,对角线方向的出行需要绕行,市中心区与郊区之间的出行常需换乘;② 线网平行线路间的相互联系较差,平行线路间的换乘比较麻烦,一般要换乘两次以上,当路网密度较小、平行线之间间距较大时,平行线间的换乘很费时,其客流换乘需要第三线来完成。

3. 设置环线的线网

设置环线的结构包括：放射加环形、棋盘加环线等。环线因线路闭合，可避免和减少折返设备，能与已有城市交通网相配合。由于设置了环线，环线和所有经过的径向线间可以直接换乘，增加了整个线网的连通性，并减轻了市中心的线路负荷，起到了疏散客流的作用。

国内外许多规模不大的城市，由于地理位置特殊，形成了特殊的线网，如秘鲁利马的 1 字形、日本神户的 L 形、哥伦比亚麦德林的 T 形等。

二、城市轨道交通地下隧道施工

在城市轨道交通中占有较大比重的是地下隧道。地下隧道由于在地下，对地面上的其他交通工具无干扰，其运输能力不受气候影响，也避免了噪声对城市的污染，在战争期间还可作为民用防空设施，所以地下隧道的优点非常明显，但是地下隧道造价昂贵，应充分进行技术经济比较后，分区段确定线路方案。

城市轨道交通的区间隧道与铁路隧道基本相同。地层的工程地质、水文地质资料是隧道设计的重要依据，因此必须收集和积累沿线的有关技术资料，包括勘探和试验资料、数据等。地层情况的变化直接影响到施工方法的确定，不同的施工方法对应的投资差别较大。

在双线区段，区间和车站地段隧道的横断面有许多形式，其典型形状如图 8-26 所示。不同横断面形式的隧道应采用不同的施工方法。

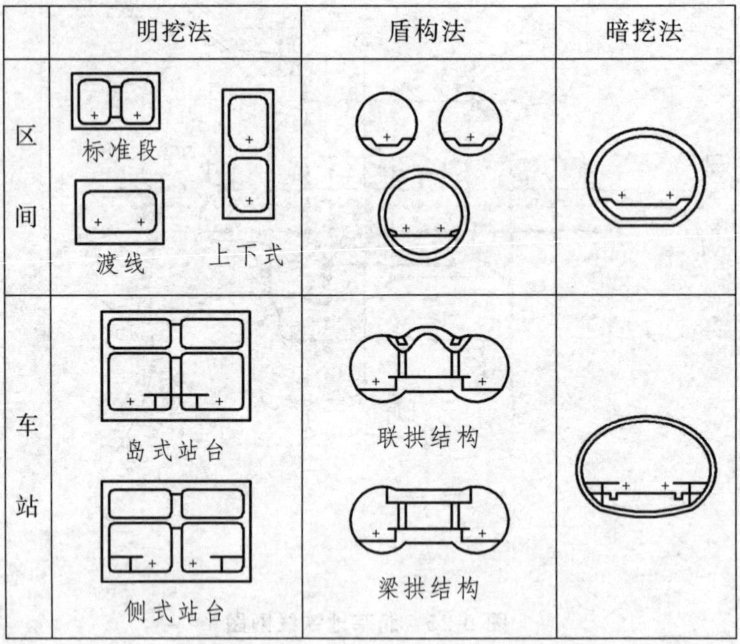

	明挖法	盾构法	暗挖法
区间	标准段 / 渡线 / 上下式	(双圆) / (单圆)	(马蹄形)
车站	岛式站台 / 侧式站台	联拱结构 / 梁拱结构	(椭圆形)

图 8-26 地下隧道典型横截面形状示意图

区间隧道的开挖大多沿闹市区的街道下面，开挖必然引起地面沉降，如何控制地面沉降量不致影响既有建筑物的安全，是地下隧道施工所面临的一大课题。

列车在曲线地段运行时，轨距和道床须进行加宽，同样，当列车在曲线隧道中运行时，隧道的内净空也需要进行加宽。原因是：

① 由于曲线外轨超高引起车体内倾，车体中线由原来的竖直变为向内倾斜，隧道建筑限界上方控制点向内偏离线路中线。

② 由于车体行经曲线时，前后两转向架中心与线路中心重合，而车辆两端中线偏移线路中心外侧，车辆中部向线路中心内侧偏移。轨面到地面的高差小于 20 m 时（浅埋式），一般采用明挖法施工。明挖法施工的造价较低，但土方工程量较大，且影响地面交通。当轨面到地面的高差大于 20 m 时（深埋式），则宜采用暗挖法施工。暗挖法施工对地面影响较小，避让地下建筑障碍及地质困难地段较有利，受气候影响小，具有较强的军事功能。

（一）明挖法

明挖法是指挖开地面，由上向下开挖土石方至设计标高后，自基底由下向上顺作施工，完成隧道主体结构，最后回填基坑或恢复地面的施工方法。

明挖法是各国地下铁道施工的首选方法，在地面交通和环境允许的地方通常采用明挖法施工。浅埋地铁车站和区间隧道经常采用明挖法，明挖法施工属于深基坑工程技术。由于地铁工程一般位于建筑物密集的城区，因此，深基坑工程的主要技术难点在于对基坑周围原状的保护，防止地表沉降，减少对既有建筑物的影响。明挖法的优点是施工技术简单、快速、经济，常被作为首选方案。但其缺点也是明显的，如阻断交通时间较长，噪声与震动等对环境的影响。

明挖法施工程序一般可以分为 4 步：维护结构施工→内部土方开挖→工程结构施工→管线恢复及覆土，如图 8-27 所示。

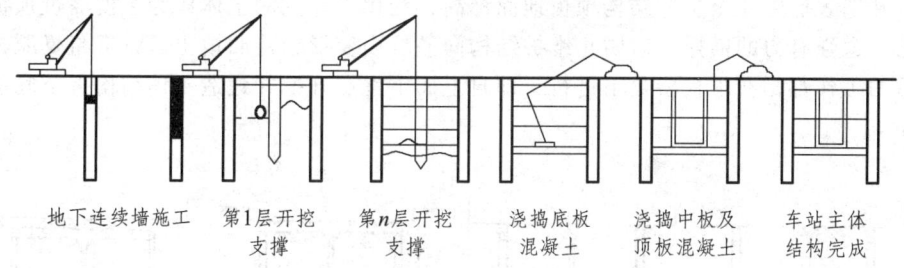

图 8-27 明挖法施工步骤

（二）盖挖法

盖挖法是由地面向下开挖至一定深度后，将顶部封闭，其余的下部工程在封闭的顶盖下进行施工。主体结构可以顺作，也可以逆作。

在城市繁忙地带修建地铁车站时，往往占用道路，影响交通，当地铁车站设在主干道上，而交通不能中断，且需要确保一定交通流量要求时，可选用盖挖法。

1. 盖挖顺作法

盖挖顺作法是在地表作业完成挡土结构后，以定型的预制标准覆盖结构（包括纵、横梁和路面板）置于挡土结构上维持交通，往下反复进行开挖和加设横撑，直至设计标高。依序由下而上，施工主体结构和防水措施，回填土并恢复管线路或埋设新的管线路，最后拆除预制标准覆盖结构，回填和恢复路面。施工顺序如图 8-28 所示。

在道路交通不能长期中断的情况下修建车站主体时,可考虑采用盖挖顺作法。

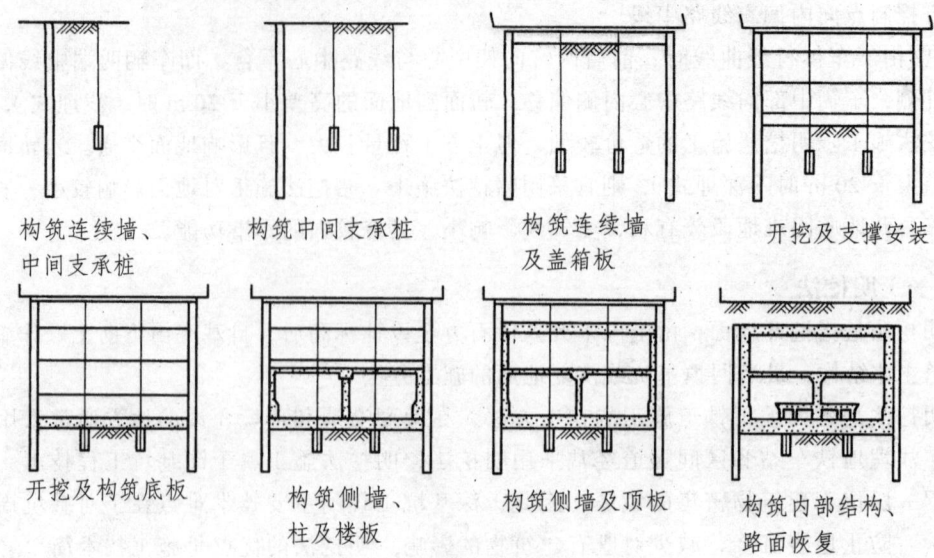

图 8-28 盖挖顺作法施工步骤

2. 盖挖逆作法

盖挖逆作法是先在地表面向下做基坑的维护结构和中间桩柱,和盖挖顺作法一样,基坑维护结构多采用地下连续墙或帷幕桩,中间支撑多利用主体结构本身的中间立柱以降低工程造价。随后即可开挖表层土体至主体结构顶板地面标高,利用未开挖的土体作为土模浇筑顶板。顶板可以作为一道强有力的横撑,以防止维护结构向基坑内变形,待回填土后将道路复原,恢复交通。以后的工作都是在顶板覆盖下进行,即自上而下逐层开挖并建造主体结构直至底板,如图 8-29 所示。

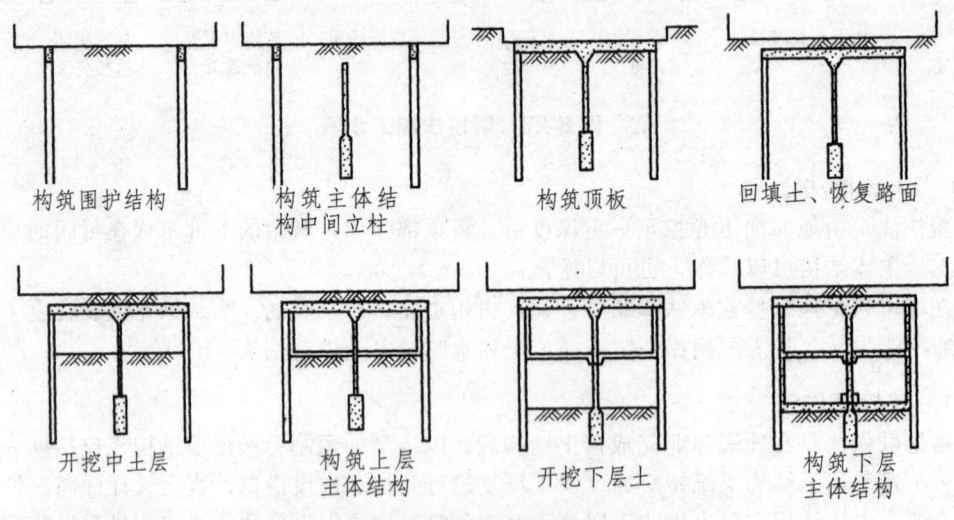

图 8-29 盖挖逆作法施工步骤

如果开挖面积较大、覆土较浅、周围沿线建筑物过于靠近,为尽量防止因开挖基坑而引起邻近建筑物的沉陷,或需及早恢复路面交通,但又缺乏定型覆盖结构,常采用盖挖逆作法施工。

3. 盖挖半逆作法

盖挖半逆作法与逆作法的区别仅在于顶板完成及恢复路面后,向下挖土至设计标高后先浇筑底板,再依次向上逐层浇筑侧墙、楼板。在半逆作法施工中,一般都必须设置横撑并施加预应力,如图 8-30 所示。

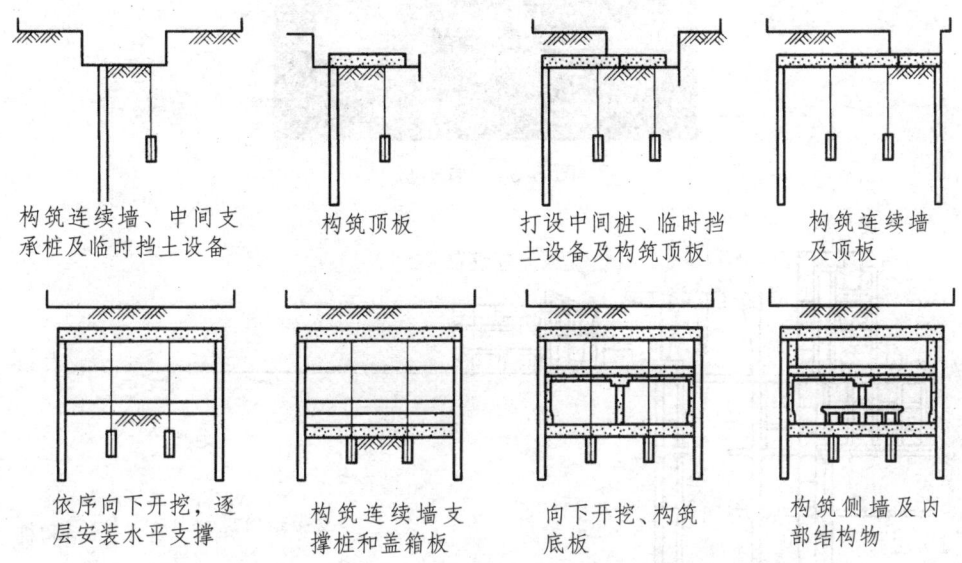

图 8-30 盖挖半逆作法施工步骤

(三)暗挖法

暗挖法是在特定条件下,不挖开地面,全部在地下进行开挖和修筑衬砌结构的隧道施工方法。暗挖法主要包括:钻爆法、盾构法、掘进机法、浅埋暗挖法、顶管法、沉管法等。其中尤以浅埋暗挖法和盾构法应用较为广泛。

1. 浅埋暗挖法(浅埋矿山法)

浅埋暗挖法即松散地层的新奥法施工,新奥法是充分利用围岩的自承能力和开挖面的空间约束作用,采用锚杆和喷射混凝土为主要支护手段,对围岩进行加固,约束围岩的松弛和变形,并通过对围岩和支护的量测、监控,指导地下工程的设计施工。浅埋暗挖法是针对埋置深度较浅、松散不稳定的上层和软弱破碎岩层施工而提出来的,如深圳地铁区间隧道大部分采用了浅埋暗挖法施工。

浅埋暗挖法的施工技术特点:围岩变形波及地表;要求刚性支护或地层改良;通过试验段来指导设计和施工。

2. 盾构法

盾构法施工是以盾构这种施工机械(见图 8-31)在地面以下暗挖隧道的一种施工方法。盾构(shield)是一个既可以支承地层压力又可以在地层中推进的活动钢筒结构。钢筒的前端设置有支撑和开挖土体的装置,钢筒的中段安装有顶进所需的千斤顶;钢筒的尾部可以拼装预制或现浇隧道衬砌环。盾构每推进一环距离，就在盾尾支护下拼装（或现浇）一环衬砌，并向衬砌环外围的空隙中压注水泥砂浆，以防止隧道及地面下沉。盾构推进的反力由衬砌环承担。盾构施工前应先修建一竖井，在竖井内安装盾构，盾构开挖出的土体由竖井通道送出地面。盾构法施工概貌如图8-32所示。

图8-31 盾构机

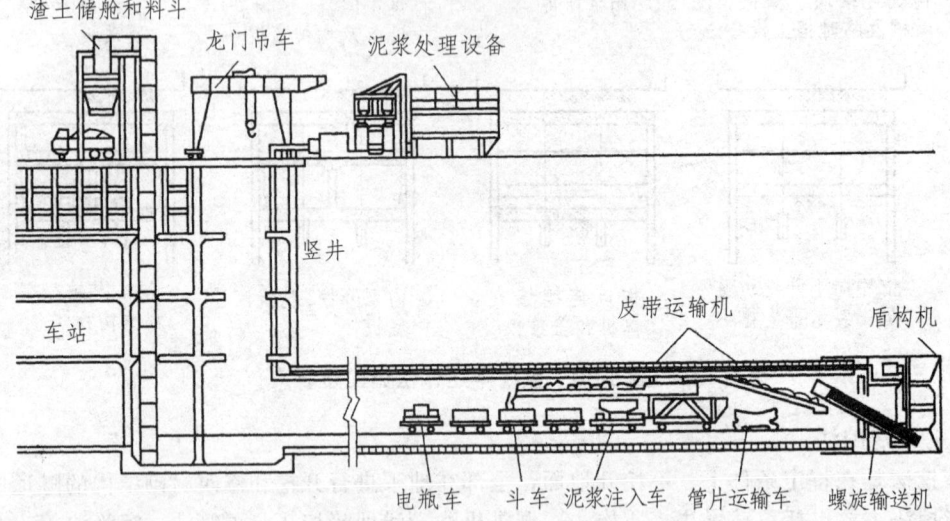

图8-32 盾构法施工概貌

盾构法的主要优点：除竖井施工外，施工作业均在地下进行，既不影响地面交通，又可减少对附近居民的噪声和振动影响；盾构推进、出土、拼装衬砌等主要工序循环进行，施工易于管理，施工人员也比较少；土方量少；穿越河道时不影响航运；施工不受风雨等气候条件的影响；在地质条件差、地下水位高的地方建设埋深较大的隧道，盾构法有较高的技术经济优越性。

三、地面与高架结构施工方法

高架结构工程是城市永久性建筑的一部分，结构寿命应按50年以上考虑，因而城区高架结构作为城市景观的一部分，必须与城市的其他建筑相协调。另外，在城区施工，要求建设速度快，对现有的交通干扰小。

（一）地面筑堤法

地面筑堤法是一种从地面筑起护堤，在堤上铺设道床和轨道的方法。地面筑堤方式虽然建设费用不高，但堤下土地不能利用，造价反而更高。其施工步骤为：① 堆筑路基；② 压实成形；③ 铺设道床。

（二）高架桥法

高架桥主要是用混凝土建造。高架桥法类似于城市高架桥和公路高架桥的形式，有拱形桥、梁形桥和刚性框架桥。高架桥主要由梁、墩台和基础三部分组成。高架桥跨越一般河流时，桥梁孔径应满足泄洪排沙的要求。当高架桥跨越铁路、公路或城市道路时，桥梁孔径及桥下净空应满足有关规范的规定限界。一般情况下，城市地势平坦，全线采用高架结构，为了节省轨道交通系统的造价，高架桥结构要求有较小的建筑高度。

高架桥施工步骤为：① 打桩与浇注桩基；② 浇注承台与支柱；③ 安装或现场浇注轨道梁。

任务四　城市轨道交通车站与站场

【任务描述】

图 8-33 所示是北京地铁 1 号线的王府井站。该站位于北京市东城区，编号是 117，分别有东北、东南和西南三个出口，该站位于东长安街上，王府井步行街南端，台基厂大街北端，东方新天地旁，有着很浓的商业气息，因此，该站吸引了大量的客流。为满足运营需求，车站的站厅、站台、出入口、车站用房等在设计上有何要求？

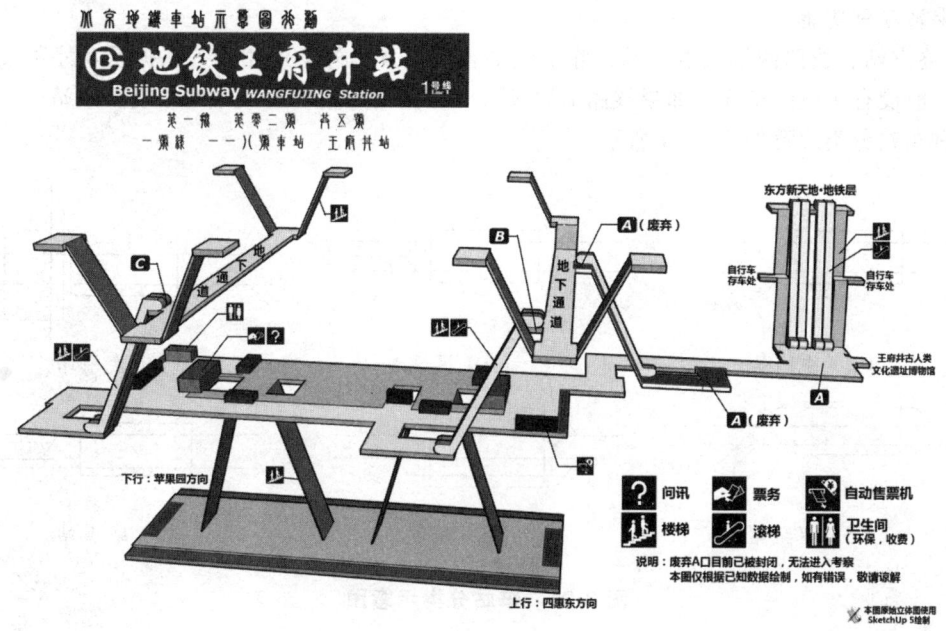

图 8-33　地铁王府井站示意图

【任务分析】

车站是乘客、工作人员集中的地方，又是列车停靠的地方，车站对旅客和工作人员来说都是非常熟悉和重要的，那么，车站由哪些结构组成？有哪些设备呢？另外，列车需要线路进行通过、停靠、检修、实验等作业，如何设置线路，才能既保证线路投资少，又保证列车能安全、有效率地运营呢？这些问题将本任务中一一解答。

【相关知识】

一、城市轨道交通车站的分类

车站是城市轨道交通路网中一种重要的建筑物，它是供旅客乘降、换乘和候车的场所。除了大型客流集散点及火车站以外，其他车站的设置主要受乘客对站间距离的要求所支配。车站间的距离在市区宜为 1 km 左右，在郊区不宜大于 2 km。

（一）按运营特点分

① 中间站：仅供乘客上、下车之用，功能单一，是城市轨道交通路网中数量最多的基本站型。

② 区域站：又称为折返站，设在线路中间，可供列车折返、开行区间列车的车站。站内有折返线和设备，区域站兼有中间站的功能。

③ 换乘站：两条或两条以上城市轨道交通线交叉点上设置的车站。它除了具有中间站的功能外，更主要的是它还可以从一条线路上的车站通过换乘设施转换到另一条线路上的车站。

④ 枢纽站：位于城市轨道交通线路分岔的地方，其中一条是正线，可以在两个方向上接车和发车、接送两条线路上的乘客。

⑤ 联运站：车站内设有两种不同性质的列车线路进行联运及客流换乘，联运站具有中间站和换乘站双重功能。

⑥ 终点站：线路两端端点车站，除了供乘客上、下车外，还用于列车折返及停留，因此终点站一般设有多股停车线。如果线路需要延长时，则终点站即变成中间站或区域站。

各种车站分类示意如图 8-34 所示。

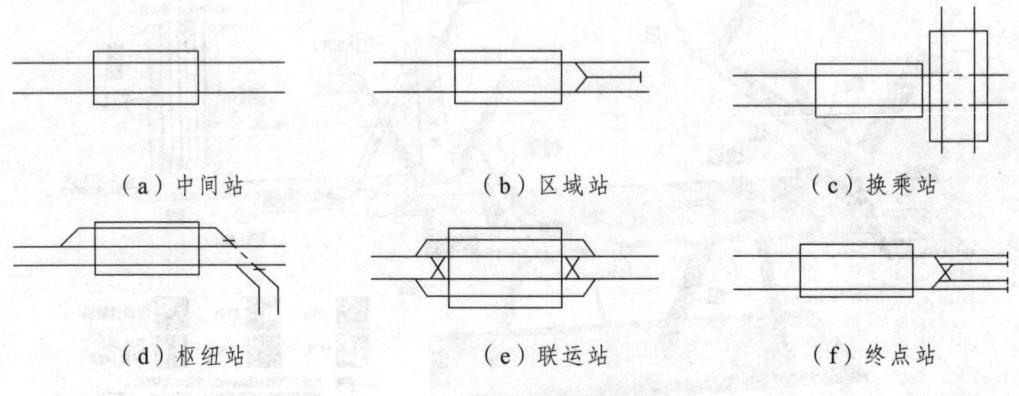

图 8-34 车站分类示意图

（二）按规模分

① 一等站：适用于客流量大，地处市中心区的大型商贸中心、大型交通枢纽中心、大型集会广场、大型工业区及位置重要的政治中心地区。

② 二等站：适用于客流量较大，地处较繁华的商业区、中型交通枢纽中心、大中型文体中心、大型公园及游乐场、较大的居住区及工业区。

③ 三等站：适用于客流量小、地处郊区的车站。

客流量特别大，有特殊要求的车站，其规模等级可列为特级站。

车站等级是车站设置相应机构和配备定员的基本依据之一。

(三) 按位置分

城市轨道交通车站按位置可分为地面车站、地下车站和高架车站。

(四) 按是否具有站控功能分

城市轨道交通车站按是否具有站控功能可分为集中站和非集中站。

集中站通常为有道岔的车站,具有站控功能。集中站车站值班员根据调度命令,可监控集中站管辖线路上的列车运行,执行扣车与催发车等列车运行调整措施。非集中站通常为无道岔车站。

此外,车站按站台形式分为岛式车站、侧式车站和岛侧混合式车站;按施工方法分为明挖车站(又可分为浅埋式和深埋式)和暗挖车站;按其空间位置可分为地下车站、地面车站和高架车站;按行车控制又分为联锁站和非联锁站等。

二、城市轨道交通车站设计

(一) 城市轨道交通车站设计的原则

① 最大限度吸引客流,要求设置位置合适,设备完善,服务水平高。

② 按远期运量需求设计,一般指通车后 10~15 年的高峰小时客流量作设计客运需求量。个别车站可按极限运量需求(如体育场馆、火车站、广场等可能产生阵发性密集到发客流交通集散点附近)来设计。

③ 预留适当的能力余地,满足高峰时段密集到达(出发)的需要,即超高峰时段的需要,并能应付远期运量波动的需要。

④ 降低占用地面面积,尽可能降低投资费用,满足施工条件限制(如能放地面,则不设在地下;车站设计以实用高效为主、装饰功能为辅等)。

⑤ 需采用多方案比选后,确定较优方案。车站一般宜设在直线段上。

(二) 车站规模的确定

车站的规模应按该站远期超高峰客流量确定,超高峰客流量为该站高峰小时客流量乘以 1.2~1.4 系数。高峰小时客流量一般是指早、晚高峰小时客流量,对于所处位置特殊的车站,如大型文体中心、火车站等,也可选用其他高峰小时客流量。

车站的规模还应根据车站所在位置的重要性以及该地区发展规划等因素综合考虑,寻求最佳方案。

三、城市轨道交通车站的组成与布置

一般来说,城市轨道交通车站是供乘客上下车和换乘、候车的场所,包括供乘客使用、运营管理、安装技术设备和提供生活辅助设施及服务的场所等四大组成部分。

(一) 地下车站

一般由地面出入口、中间站厅、地下站台三个主要部分组成,如图 8-35 所示。

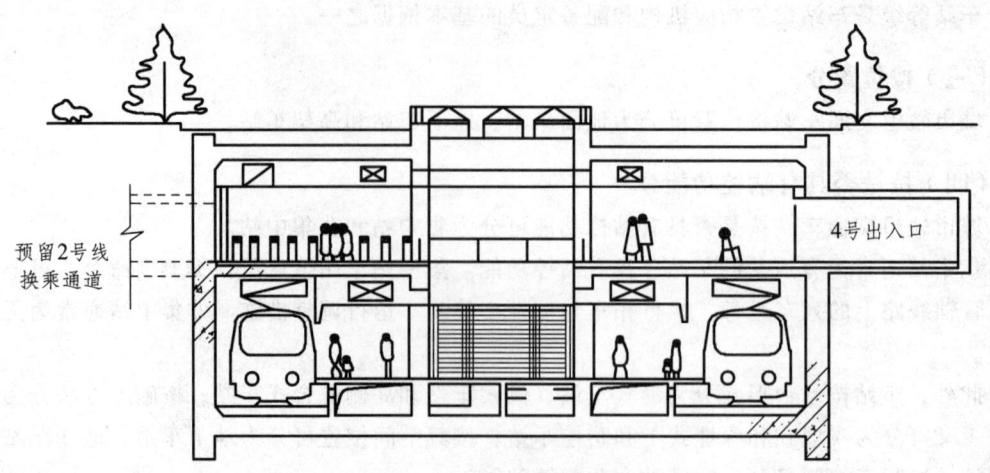

图 8-35　地下车站横剖面图

1. 地面出入口

地面出入口是车站的门户，客流集疏的第一通道。

（1）设计原则

尽量设于地面交通车站、停车场附近，形成较佳的换乘组合；尽量与地面建筑结合，可设在地面建筑物内（如商场、公寓的底层、门厅等），也可独立设置，但需与周围景观协调（如建筑风格、色彩、位置），通常可设在人行道、街心花园、绿化带中，当然，最重要的是能保证高峰时段客流通畅，乘客进出方便。

（2）设计要素

地面出入口必须满足高峰时段、客流集疏的需求，保证人流的有效流动。为此，一个车站出入口通道总数不得少于 2 个。

每个通道或出入口宽度不得少于 2 m，净空高不得低于 2.5 m。

出入口布置方式通常有"L"型、"T"型、"一型"，如图 8-36（a）所示。

地下车站的出入口通道还可以兼作人行过街设施，如图 8-36（b）所示。

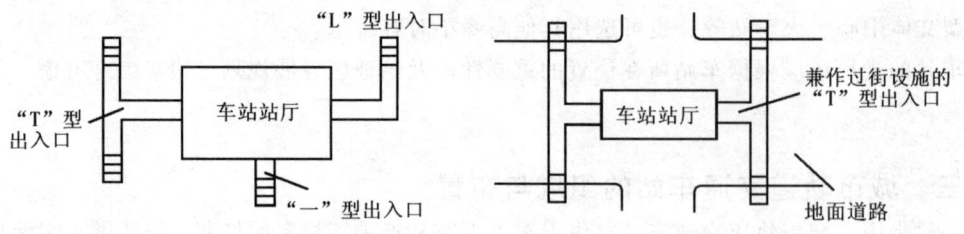

（a）出入口布置方式示意图　　（b）出入口兼作人行过街设施布置示意图

图 8-36　出入口布置示意图

2. 中间站厅

为了不占用地面空间，地下车站的中间站厅一般设在地下一层，其主要功能是：集疏客流、售检票、服务、设置管理与设备用房。

（1）布置方式

分别在两端布置：中间站厅分为两个，分别布置在站台两端上层，如图 8-37 所示。

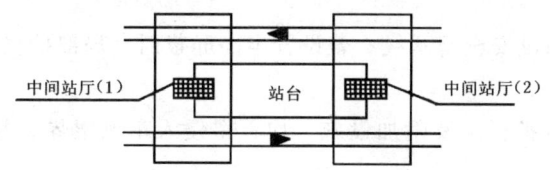

图 8-37 中间站厅在站台两端布置方式示意图

（2）设计要素

① 足够的面积。须充分满足列车同时到达、乘客密集到发时客流移动、集散以及售检票的需求（包括收费区与不收费区）。

② 良好的照明与环控。同时在条件允许的情况下提供服务面积（不收费区）。尽量接近地面环境的指标。

③ 便捷地与地面出入口联系的方式：选择坡道、楼梯、自动扶梯、垂直升降梯等方式。

④ 具有特色的装饰。车站所在地的特色，可采用适当的壁画、雕塑、广告等来表现。

3. 地下站台

设在地下二层，是供列车停靠、乘客乘降的功能层。由站台与线路（股道）、乘降设备等组成。

（1）站台类型

岛式站台：站台位于上下行线路之间。

侧式站台：站台分别位于线路两侧。

混合式站台：既有岛式站台，又有侧式站台，如图 8-38 所示。

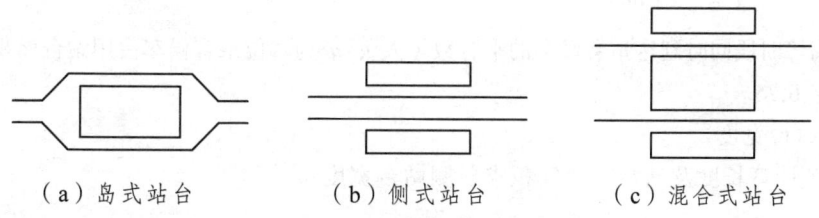

（a）岛式站台　　　（b）侧式站台　　　（c）混合式站台

图 8-38 车站站台形式分类图

岛式站台的优点：站台面积可以得到充分利用，有效利用率高；管理集中；工作人员生产效率高；乘客换乘方便；车站结构紧凑；设备使用率高。

岛式站台的不足：在明挖式施工时车站两端线路可能产生喇叭口，运行状态差（进出站曲线）；当区间隧道双线集中布置时，横向扩展余地差；双向乘客上下车对流干扰大。

侧式站台的优缺点与岛式站台方式正好互补。

（2）车站站台要求

① 站台宜以岛式和侧式为基本形式，在一条线上宜一致，或分段保持一定的连续性。

② 站台宽度应满足乘降区宽度以及楼梯、自动扶梯和立柱的总宽度要求。

③ 站台高度应比车辆地板面低 50～100 mm，并根据车辆、车门类型分析选定。

④ 站台边缘与静止车辆（车门处）之间的安全间隙，直线站台宜为 80～100 mm。曲线站台应不大于 180 mm。

⑤ 在站台边缘应加设安全警示线。若设置半高屏蔽门、局部护栏等安全防护设施，应在初期安装定位。

⑥ 站台屏蔽门（或护栏）及附加设施，均不得侵入车辆限界，并应留有 25 mm 的安全间隙。

⑦ 站台长度应满足远期列车停靠和乘降要求。

（3）站台长度

站台长度由列车长度决定，列车长度则是车辆长度与编组辆数的乘积。

$$L_{站台} = L_{车} \cdot n_{编} + a$$

式中：$L_{站台}$ 为站台有效长度，即站台全长扣除两端楼梯外侧长度（m）；$L_{车}$ 为车辆全长，即车辆两端车钩内侧（铰接分界点）间距离（m）；$n_{编}$ 为高峰时段设计的最大编组辆数；a 为列车停车安全余量（m），一般需预留 4 m 左右。

地下站台的长度一旦建成，基本无延长改建的可能，因此，在预测确定远期客流量后，需要充分考虑足够的列车编组辆数来保证较大的运输能力。城市轨道交通列车运行的间隔较短、速度较快、机动性要求较高，因此，列车的编组辆数不可能很大，需确定一个合理的编组数。

（4）站台宽度

站台宽度应满足高峰时段客流候车、集散的需要。站台总宽度由站台乘降区计算宽度、柱宽、楼梯宽度及自动扶梯宽度组成。

a. 候车面积

根据高峰时段候车人数计算所需候车面积 F，计算公式为：

$$F = Pa \ (m^2)$$

式中：P 为高峰时段同时到达站台候车的乘客数（人）；a 为每位乘客候车占用站台面积（m^2/人），一般取 0.33～0.75。

b. 单侧站台宽度

根据列车计算长度及站台有效面积求单侧站台宽度：

$$b_{单} = F/L_{计} + 0.45 \ (m)$$

式中：$b_{单}$ 为一个方向列车候车乘客所需站台宽度（m）；$L_{计}$ 为列车计算长度（m），即列车全长减去车头至第一位车门和车尾到最末位车门距离（共计约 7 m）；0.45 为安全带宽度（m）。

c. 站台总宽度

侧式站台总宽度计算：

$$B_{侧} = b_{单} + b_0 \ (m)$$

式中：$B_{侧}$ 为侧式站台总宽度（m）；b_0 为乘客纵向移动所需宽度，取 2～3 m。

岛式站台总宽度计算：
$$B_{侧} = 2 \times b_{单} + b_0 \ (m)\ (b_0 取 3\ m)$$

d. 站台宽度的确定

由于各站计算 B 值不一，因此，站台宽度各不相同，为设计、建设及运行方便，一般确定为若干个等级宽度标准，例如，一等站统一用 14 m，二等站 10 m，三等站 8 m 等。

e. 站台高度

站台高度指站台到轨顶面的高度，与车型有关。站台平面与车辆车厢内地板尽量保持同一水平面（即高站台，若站台比车厢地板面低，则为低站台）。

f. 轨道中心线与站台边缘距离

该值由车辆的建筑限界决定，还应考虑站台的施工误差（施工误差一般≤10 mm）。当车站设在曲线上时，应适当加宽。

4．车站乘降设备

车站乘降设备应保证车站地面出入口、中间站厅、地下站台之间乘客垂直移动的便捷舒适和安全可靠。

（1）楼梯

楼梯是最简单易建的乘降设备，投资低、施工简单、管理方便，但易造成人流交叉干扰，乘客不方便。我国楼梯踏步的宽度和高度，宽度常采用 300～320 mm，高度常采用 145～150 mm。

一般在站台宽度允许的条件下，尽量放宽楼梯宽度。

（2）自动扶梯

为减轻乘客疲劳，增强车站吸引力，在条件许可的情况下，在地面出入口与中间站厅、中间站厅与地下站台之间，均应设置自动扶梯。自动扶梯可以形成最佳的运送状态，通过能力大，乘客间无冲突干扰，能合理组织客流（无交叉对流）。

在不设步行楼梯时，自动扶梯梯带总数不少于三条（上、下、备用），一般采用上行自动扶梯、下行步行楼梯的设置办法降低设备投资及运营成本。

自动扶梯坡度采用 30° 坡度角，踏步高度值小于一般楼梯踏步高度。

一般设置方案：中间站厅通道及地面出入口较多，可适当地选用自动扶梯；站台层因需要尽快疏解下车乘客，宜将站台两端楼梯尽量放宽，站台中间楼梯则需留出一侧通道，设置自动扶梯用于上行。

（3）坡道

在条件许可的情况下，比如高差较小、施工条件良好，可用坡道替代楼梯来连接地下站台与中间站台、中间站厅与地面出入门，坡道长度应以乘客走行时间能够承受为限，如考虑是设在地下的坡道，应取较小的值（一般不应超过 200 m）。为防止滑倒，坡道地面需有防滑措施，坡道照明十分重要，两侧墙体可用广告灯箱或装饰面布置，创造一个比较安全可靠和温馨的环境，减少乘客穿越地下坡道时可能产生的疲劳感和烦躁情绪。

（4）换乘通道的设置方法

a. 直接垂直换乘方式

图 8-39 为直接垂直换乘方式示意图。

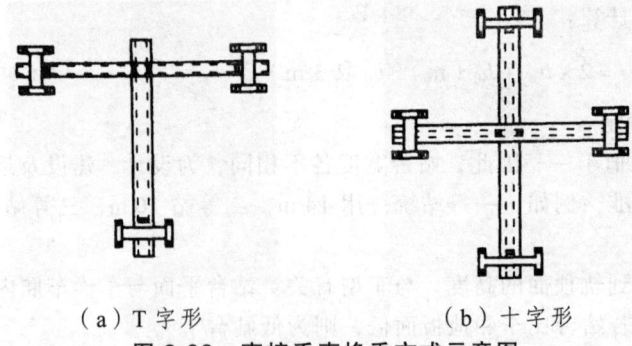

（a）T字形　　　　　　　　　（b）十字形

图 8-39　直接垂直换乘方式示意图

直接垂直换乘方式的优点是换乘距离短、方便，其不足之处在于站台宽度必须保证可以设置垂直换乘梯道，且能满足上下换乘客流的集疏。即使如此，站台上也易出现比较杂乱的现象，而且不易管理、检票，所以，一般只适合于换乘量较小的车站。

b. 利用中间联合站厅换乘方式

图 8-40 为利用中间联合站厅组织换乘示意图。

利用两个车站共用的中间联合站厅组织换乘，可以保证站台层的客流压力下降，同时能妥善完成客流集散、售检票等换乘过程。但因联合中间站厅与两个车站的站台不在一个平面，有一个站台的乘客进出中间站厅的垂直距离加大，需要较强的升降设备配套，又因联合中间站厅需承担两个车站的客流集疏、售检票、服务等作业，因此，需要的空间较大，导致地下工程量变大，造价也会增加。

c. 平面换乘

平面换乘是将互相交叉、不在同一平面的两条轨道交通线路通过坡道曲线的处理，构成互相平行的同一平面的换乘方式，如图 8-41 所示。

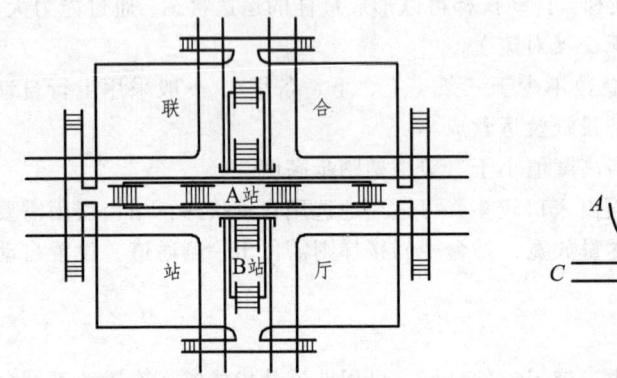

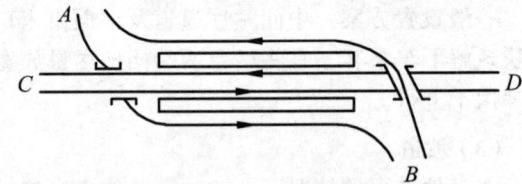

图 8-40　用中间联合站厅组织换乘　　　　图 8-41　平面换乘示意图

平面换乘对于某两个方向（如图中 $A\leftrightarrow D$、$B\leftrightarrow C$）的换乘乘客来说，实现了同一站台换乘，非常方便。对于另两个方向（如图中 $A\leftrightarrow C$、$B\leftrightarrow D$）的换乘乘客来说，仍需进入中间站厅完成换乘。相对而言，为此而形成的线路曲线与坡道则大大提高了工程造价和施工难度（因为在地下），增加了列车运行的不良因素（有反向曲线、上下坡道）。因此，除非某两个方向的换乘比例相当高（如图中 $A\leftrightarrow D$、$B\leftrightarrow C$ 换乘占绝对多数）、其他条件也许可的情况下，方可权衡得失慎重选用。

（二）高架结构车站

1. 设置方案
① 地面出入口，高架站厅，高架站台。
② 地面出入口，地面站厅，高架站台。
③ 选择主要依据：地面占地可能性条件，高架结构设置条件，投资条件，施工条件。

2. 设置位置
① 设在道路两侧：可设在人行道上空，沿街建筑物内，一般采用上下行分线设置的办法。该方案容易与沿街建筑融合，方便乘客出入。但上下行分列布置，建设投资和占地面积均较大。
② 设在道路中部上空，上下行并线采用两侧式站台布置，设备集中，管理集中，乘客上下、过街方便。但对街道景观影响较大，且占用道路面积。

3. 高架车站示意图（设在道路中间上空）
其平面图如图 8-42 所示，横断面图如图 8-43 所示。

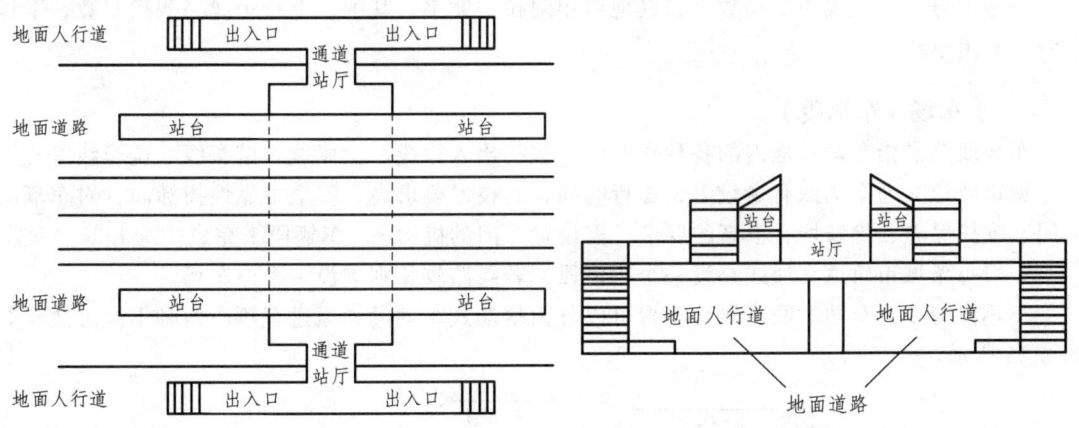

图 8-42　高架车站平面图　　　　图 8-43　高架车站横断面图

4. 高架车站设计原则
① 站台、站厅部分必须全封闭；可用新型轻质材料构筑，以减轻结构重量，提高车站外观形象。
② 尽量采用自动扶梯组织乘客乘降。
③ 保证足够的站厅面积，便于控制站台候车人数。

（三）车站辅助用房
① 运营用房，包括值班室、站长室、广播室、售票室等。
② 服务用房，包括员工休息室、厕所、盥洗室、茶炉房等。
③ 技术用房，包括通信工作室、信号工作室、继电器室等。
④ 供电用房，包括降压室、牵引变电室、高压变电室、照明配电室、蓄电池室等。
⑤ 环控用房，包括机电室、空调机房、通风机房、消防器材用房、泵房等。

四、站　场

（一）道岔和线路的编号

为便于车站或车辆段生产指挥作业的联系和对设备的维修管理，应对道岔和线路进行编号。同一车站或车辆段内的道岔和线路不得有相同的编号。

1. 道岔编号

一般从车站两端用阿拉伯数字由外向内依次编号。上行列车到达端编为双数，下行列车到达端编为单数，同一渡线或梯线上的道岔应编连续单号或双号，如图 8-44 所示。

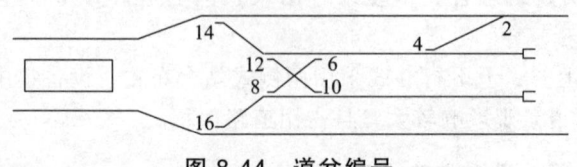

图 8-44　道岔编号

2. 线路编号

线路编号一般正线用罗马数字，其他线用阿拉伯数字。其中，上行正线一侧用双数，下行正线一侧用单数。

（二）车场（车辆段）

车场线路是指车辆基地内的各种作业线，包括出入段线、检修线、试车线、洗车线等。

城市轨道交通车辆保有量较多，运行时间长，技术要求高，安全可靠性指标高，对车辆的运用、维护保养、检修均有很高的要求，需设置专门的机构——车辆段来完成。

一般每条城市轨道交通线路设一个车辆段，若线路较长则增设一个停车场。

车辆段与正线车站的联系线路布置可以分为尽端式车辆段和通过车辆段两种不同方式，如图 8-45 所示。

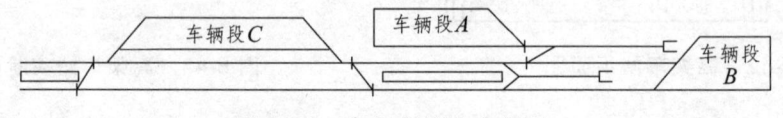

图 8-45　车辆段线路布置图

注：A 和 B 为尽端式车辆段布置方案，C 为通过式车辆段布置方案

1. 出入（场）段线

由于车辆出入线作业频繁，为保证列车出入安全、可靠、迅速，为此车辆出入线应按双线双向运行设计，以确保在事故状态下，其中一条线路发生故障时，另一条线路仍可保证列车进出段的作业。根据车辆段的布置和车辆段与相关车站的位置关系，车辆段与车站的接轨可以是双线一站接轨（两条出入线接入同一车站），也可以是双线或单线两站接轨（两条出入线分别接入不同车站），均应保障正线列车正常运行和安全。有条件的地方宜设置八字形出入线，可以增加列车调头换边运行的功能。

车场出入线是为列车进出车场而设置的线路，一般应尽可能靠近车站出岔，以减少对正线运营的干扰。典型的车场出入线布置有图 8-46 中的几种形式，其中，图（c）形式使用时比较灵活，对正线干扰小，应尽量采用。

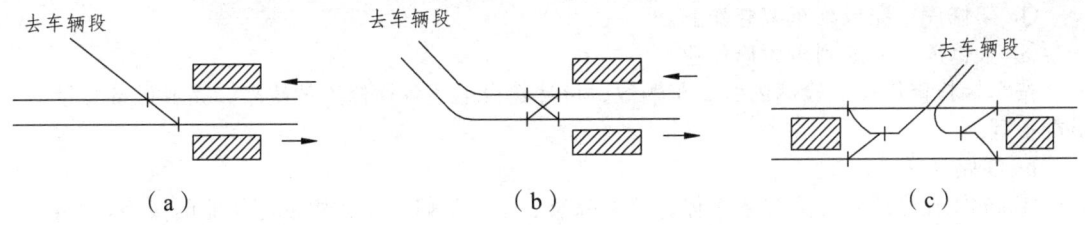

图 8-46　出入车场线布置方式

车辆段出入线应连通上下行正线。当出入线与正线发生交叉时，宜采用立体交叉方式。车辆段和停车场设置双线或单线出入线，应根据远期线路的通过能力和运营要求计算确定。尽端式车辆段出入线宜采用双线，贯通式车辆段两端各设一条单线。停车场规模较小时，出入线可采用单线。

除以上三种基本配线形式外，在一些特殊情况下，如岔线运营、两条线路之间设置联络线、与铁路接轨等，需结合功能要求，合理选择配线形式。

2．车辆段的组成

车辆段由停车库、检修库、运用管理部门和管理与服务部门组成。

（1）停车库

停车库一般设在地面或建在高架结构，主要用于夜间收车后停车作业以及停放备用车辆，可以进行简单维护保养作业。

a．设计规模

保证所有车辆停放的需求（可以考虑在线路上设有停车线的车站上停放部分列车，减少车列停车线数量），设计依据为线路车辆保有量，即线路运营所需的车辆总数。

b．停车库线路

① 检车线：停车库出入门布置的临时停车线，股道有效长为列车长度 + 8 m，配有调车信号机，可以做简单的维护保养作业。

② 停车线：停车库内专门用于停车的线路。停车线需配置雨棚、站台，便于简单维护保养，降低车辆的自然破损（常用封闭式车库），设有出入库调车信号机。

③ 洗车线：设置于停车库与运行线路之间，专门用于车辆清洗的线路，设有洗车设备、污水处理设施、调车信号设备。

④ 列检线：专门用于一般检查的停车线。

洗车线与列检线构成检车区，完成清洗、日常保养检修作业。

c．调度室和信号工区

停车库与正线车站之间列车进出频繁（由于有高峰、低谷、平峰不同时段不同数量用车且车按规定每天需进行一次日常维护保养），因此，需设置专门的调度室，协调调度正线车站与库之间的调车作业。由信号工区负责维护检修与列车出入库作业相关的信号设备，保障作业安全与高效，包括停车库与检修库之间的各种基地内部调车作业。

（2）检修库

检修库是专门用于车辆检修作业的车库，配有检修设备。

a．检修库的种类

① 列检库：完成列车列检作业，可以在停车库列检线完成。

② 双月检库：完成列车双月检作业。

③ 定修库：完成列车定修作业。

④ 架修库：完成列车架修作业。
⑤ 大修库：完成列车大修作业。
按车辆检修修程、检修内容、车辆数，设计建设上述各检修库的线路、完成设备容量、人员配备等。

b. 线路种类
① 车体整修线：完成分解车体、喷丸除锈、结构整修、车体组装等作业的线路。
② 试车线：完成定修、架修、大修等修程的车辆进行试车检测的线路，为达到必要的运行速度，试车线需要有一定的长度和平面、纵断面特点。
③ 镟轮线：当轮对磨耗不对称时（圆度、斜面不等），进行镟轮作业的线路。
④ 检修线：设在各检修库内的线路。
⑤ 其他线路：调车用牵出线，与铁路的联络线、内燃机车线、材料线等。

（3）运用管理部门

运用管理部门对车辆的运用实施调度、管理、组织工作。

（4）管理与服务部门

管理与服务部门负责经营管理、生活服务、物质供应等业务，通常包括：加工区（各种加工设备、厂房）、生活区（宿舍、食堂、浴室、俱乐部、托儿所等）及行政管理区。

3. 车辆段设置方案

（1）平面设置

利用线路两端地处城市边缘区（或郊区），新开发土地价值较低、可利用面积较充裕等优势，可以平面布置，使投资大幅度降低，调车作业方便易行，管理较为方便。

（2）立体设置

为了利用城市轨道交通建设对土地的诱发升值效应，或因车辆段所在地区可供土地面积有限，可将车辆段建成集停车、检修、商务、居住等多种功能为一体的综合性建筑物。尤其对高架结构的单轨铁路、轻轨铁路而言，列车不需经常运行在长大上下坡道出入库，对轨道交通企业而言，则是一项主要的土地开发收益（因为土地升值较为明显）。

（3）车辆段平面布置图

某城市轨道交通车辆段平面图，如图 8-47 所示。

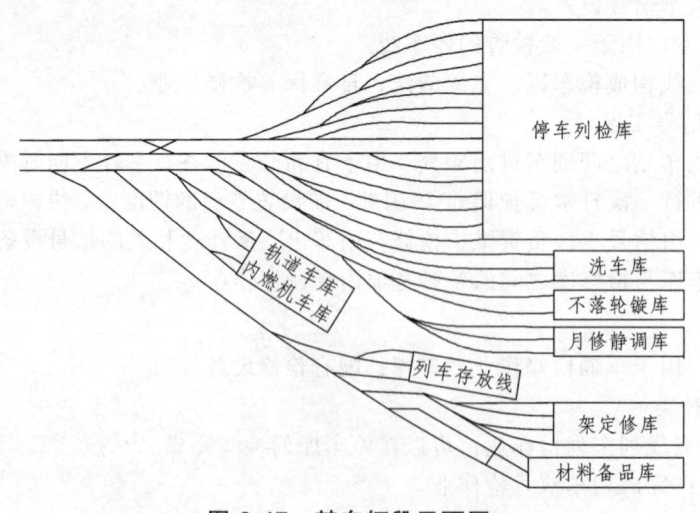

图 8-47　某车辆段平面图

【技能训练】

根据图 8-48 所示的北京建国门站的示意图，说明建国门车站的结构图。

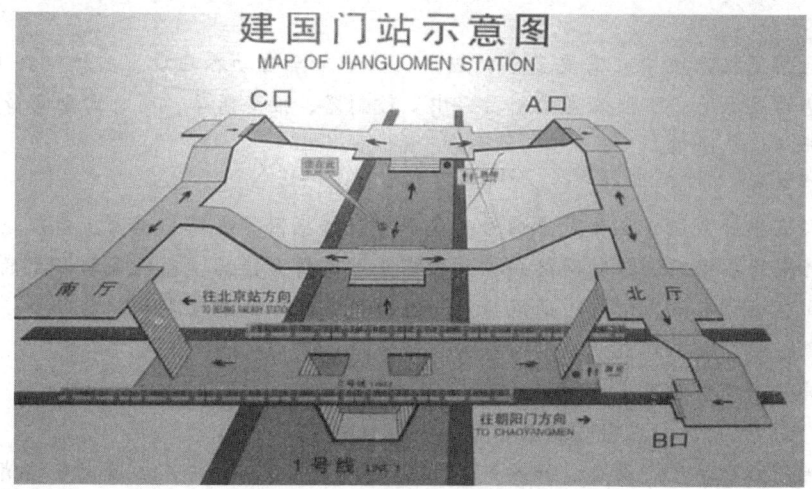

图 8-48　北京建国门站示意图

【视野拓展】

车站设备设施设计

车站是乘客集中的地方，要求环境舒适，同时也是设备集中、高科技技术集中体现的地方。为了使大家对车站有更详细的了解，下面介绍车站的设施设备。

地铁车站设备由设置于地铁车站内的环控系统、给排水系统、低压系统、屏蔽门系统、自动消防系统、机电设备监控系统、自动扶梯及防淹门设备组成。采取全自动或人工干预的机电设备正常及灾害模式运行方式，实现了为乘客创造一个往返于地面和地铁列车间的过渡性舒适及安全的环境，为乘客包括残疾人提供方便的出行条件。

一、自动售检票系统（AFC）

AFC 系统的全称是 Automatic Fare Collection System，是一种由计算机集中控制的自动售票（包括半自动售票）、自动检票以及自动收费和统计的封闭式自动化网络系统。

城市轨道交通自动售检票系统（AFC）的结构进行了层次划分，共分为车票、车站终端设备、车站计算机系统、线路中央计算机系统、清分系统五个层次。

第一层：车票是乘客所持的车费支付媒介，规定了储值卡和单程票两种类型的物理特性、电气特性、应用文件组织以及安全机制等技术要求。

第二层：车站终端设备安装在各车站的站厅，是直接为乘客提供售检票服务的设备，规定了车站终端设备及其运营管理的技术要求。

第三层：车站计算机系统，其主要功能是对第二层车站终端设备进行状态监控以及收集本站产生的交易和审计数据，规定了系统的数据管理、运营管理及系统维护管理的技术要求。

第四层：线路中央计算机系统，其主要功能是收集本线路 AFC 系统产生的交易和审计数据，并将此数据传送给城市轨道交通清分系统以及与其进行对账，规定了对该线路的车票票务管理、运营管理及系统维护的技术要求。

第五层：清分系统，其主要功能是统一城市轨道交通 AFC 系统内部的各种运行参数、收集城市轨道交通 AFC 系统产生的交易和审计数据并进行数据清分和对账，同时负责连接城市轨道交通 AFC 系统和城市一卡通清分系统，规定了对车票管理、票务管理、运营管理和系统维护管理的技术要求。

在自动检票闸机系统中，需要多串口应用，例如车票自动吞吐口、非接触式 IC 卡、用于显示提示信息的显示屏、阻挡装置控制器、中心控制器、报警器等，同时需要网口、USB 接口与系统终端进行信息通信。

二、消防系统

FAS 即火灾报警系统，主要是感烟传感器和感温传感器等火情传感器，对现场的火情加以监测，及时将现场数据经过控制网络向控制器汇总。获得火情后，系统采取必要的措施对防火卷帘门、电梯、消防水泵、闸机、通风排烟等联动设备，下达启动或关闭的命令，以使火灾得到及时控制，将损失减小到最低程度的一种设备。

FAS 系统的主要功能有：

1. 及早发现火灾，实现消防联动

FAS 系统分布在站厅、站台、一般设备用房和办公用房等位置，能监视车站消防设备的运行状态、手动报警按钮等现场设备的报警信号并显示报警位置；优先接收控制中心发出的消防救灾指令和安全疏散命令，并发出模式指令使机电设备监控系统运行转入火灾模式，实现消防联动，同时可通过事故广播系统和闭路电视系统组织疏散乘客。

2. 全程的自动控制

自动气体灭火系统布置在重要的设备房，如高低压室、通信设备室、环控电控室、信号设备室等，能实现火警信号采集、系统信息处理、声光报警控制、信息报告、相关环控设备联动控制和气体释放全过程的自动控制。

三、机电设备监控系统

机电设备监控系统的主要功能有：

① 根据地铁运行环境及车站、集中冷站等其他系统的监控要求，确定并修改全线隧道、冷站及车站通风与空调系统的运行模式，并把相关的运行模式通过监控网络下载给车站，使车站设备按给定的模式运行；同时按照节能优化系统的控制要求，确定最优的运行模式，也向车站下达其他所有机电设备监控系统控制的机电设备的模式和时间表控制。

② 使监控人员可监视到全线各车站及冷站的通风与空调系统、给排水系统、空调水系统、防淹门、屏蔽门的运行状态及对相关设备进行控制，并对各个环境参数采集点的参数值进行监视与记录。

③ 记录主要设备的运行状态，统计设备累计运行时间，实现设备运行时间的均衡，根据运营人员的要求，实现维修及检修的预告警，同时在维修工作站上生成维修、检修报告。

④ 对操作信息、报警信息进行实时记录、历史记录；进行故障查询和分析，同时可以自行编辑报表，也可自动生成日、周、月的报表；进行档案资料的记录、存储和打印。

⑤ 利用不同的操作密码，实现不同级别的操作权限，并实现所有操作的登录，以备检查，防止未经审查的其他人员使用，影响系统的功能，并可以对全线车站操作员和维护人员的密码进行管理，在紧急情况下，具有解除车站密码的功能。

⑥ 通过与其他系统的接口接受相关系统信息并进行综合处理，进一步提高节能效果，并进一步加强人员和设备的安全保障。

四、环控系统

城市轨道交通地下环境的空气指数与地面其他场所相差较大，一方面比较封闭、湿度大，另一方面，该环境有多种发热源，如人体散热、站设备散热、列车散热、外界空气传入热等，在除湿的同时也需要采取排热手段，同时，送入的新鲜空气中的粉尘、有害物质及人员呼出的二氧化碳也必须进行过滤和排放。这样才能为乘客和工作人员创造一个舒适的环境，保证设备的正常运行，为此，环境控制系统就显得非常重要。

环控系统的主要功能是：

① 在地铁正常运营时，排除余热、余湿，为乘客创造一个往返于地面和地铁列车间的过渡性舒适环境，并为工作人员创造一个舒适的工作环境。

② 满足车站各种设备和管理用房工作和功能要求，提供正常所需的温、湿度条件。

③ 列车阻塞在区间隧道时，向隧道提供一定的送风量和冷量，以维持乘客短时间内能接受的环境条件。

④ 发生火灾时提供迅速有效的排烟手段，向乘客输送必要的新风，诱导乘客疏散。

五、给排水系统

给排水系统的主要功能有：满足车站生产、生活和消防用水对水量、水质和水压的要求，保证车站和车辆段排水畅通，为轨道交通安全运营提供服务，同时对车辆段内的生活污水和生产污水进行收集和处理，达到排放标准。

给水系统包括生活给水系统、生产给水系统和水消防给水系统，排水系统则包括污水系统、废水系统和雨水系统。

六、低压配电及照明系统

1. 低压配电系统

车站低压配电系统采用 380 V 三相五线制、220 V 单相三线制方式供电，系统范围大致包括站台层、站厅层和设备及管理用房的环控、排水、消防、电梯、自动扶梯、自动售检票及通信、信号、站控室等系统动力设备的供配电和车站环控室所供配电设备的电控控制。

2. 照明系统

车站照明系统采用 380 V 三相五线制、220 V 单相三线制方式供电。系统范围为车站低压所变压器后的照明设备、设施及线路；出入口的疏散诱导指示照明、一般照明与事故照明；电缆廊道的一般照明及区间隧道的一般照明、事故照明。

七、电梯与自动扶梯

电梯与自动扶梯系统是城市轨道交通系统的一个重要组成部分，担负着运送大量客流的任务。车站根据预期客流量配备了足够数量的自动扶梯，以保证车站的正常运作。

八、屏蔽门系统

屏蔽门系统是安装于城市轨道交通沿线车站站台边缘，用以提高运营安全系数、改善乘客候车环境、节约城市轨道交通运营成本的一套机电一体化的机电设备系统。

屏蔽门系统的使用，隔断了站台侧公共区空间与轨道侧空间，减少或避免了人员跌落轨道的安全问题、驾驶员驾车进站时的心理恐慌问题；隔离了列车运行时所产生的噪声、活塞风，保证了站内乘客良好的候车环境，避免了活塞风所造成的站内空调冷量的损失，节省了运营成本，同时还可减少设备容量及数量、减少土建工程量等投资建设成本，产生了良好的社会、经济效益。

【头脑风暴】

在本项目中我们介绍了车站的组成，并对车站的结构及设计的要求进行了说明，请你们团队绘制车站平面图，并设计信息标识，为乘客服务。

【习题】

一、填空题

1. 我国第一个拥有地铁的城市是_____。
2. 车站采用的站台型式绝大多数为_____和_____两种。
3. 车站与车站之间的区间为_____。
4. 隧道暗挖法分为：_____、_____和_____。
5. 城市轨道交通正线最大的坡道选择_____‰，困难地段坡道最大值为_____‰，辅助线路最大值为_____‰。
6. 城市轨道交通的站间距在市内繁华区一般可控制在_____公里左右。
7. 列车折返方式根据折返线位置布置情况分为_____和_____。
8. 城市轨道交通车辆段的布置图形分为：_____和_____。
9. 轨道交通乘客使用空间可分为：_____和_____。
10. 城市轨道交通地下线一般选择在_____地区。

二、选择题

1.（　　）设在两种不同行车密度交界处的车站。
　　A. 区域站　　B. 终点站　　C. 换乘站　　D. 中间站
2. 地铁站台有效宽度主要根据（　　）等因素综合考虑确定的。
　　A. 站台型式　　　　　　　B. 车站远期预测高峰小时客流量大小
　　C. 列车运行间隔时间　　　D. 结构横断面形式
3. 地铁（　　）站台面积利用率高，可调剂客流，乘客有乘错车的可能。
　　A. 混合式　　B. 侧式　　C. 岛式　　D. 上述都可以
4. 连接区间并贯穿或直股深入车站的线路为（　　）线。
　　A. 到发　　B. 牵出　　C. 调车　　D. 正
5. 按线路与地面的关系可分为（　　）。
　　A. 地下线路　　B. 车场线　　C. 地面线路　　D. 地上线路

三、判断题

1. 列车经过站后渡线折返时具有列车空走少、折返时间较短的优点。（　　）
2. 地铁车站技术设备用房主要包括站长室、行车值班室和业务室等。（　　）
3. 地铁车站主要出入口应朝向地铁的主客流方向。（　　）
4. 股道编号的方法是：站内正线用阿拉伯数字编号，站线用罗马数字编号。（　　）
5. 按照线路与地面的关系可分为正线、辅助线和车场线等。（　　）

四、简答题

1. 简述岛式站台和侧式站台的优缺点？
2. 车站设计的原则是什么？
3. 城市轨道地铁车站怎样选型？
4. 画出站前折返线示意图并分析其优缺点。

附录 站场平面图图例

（摘自《铁路线路图例符号》）

顺序	名称	图例	附注	顺序	名称	图例	附注
1	既有线路		线条粗 0.2 mm	20	交叉渡线		
2	设计正线		线条粗 0.7 mm	21	铁鞋脱落器		表示方向为脱落方向
3	设计站线		线条粗 0.5 mm	22	脱轨器		表示方向为脱落方向
4	远期预留线路		线条粗 0.5 mm	23	驼峰		
5	近期拆除线路		线条粗 0.2 mm	24	减速器		n 为减速器节数
6	远期拆除线路		线条粗 0.2 mm	25	减速顶		
7	客货列车进路			26	测速装置		
8	旅客列车进路			27	测重装置		
9	货物列车进路			28	停车器		
10	超限货物列车进路			29	转盘		d 为直径
11	机车入段线			30	灰坑或检查坑		L 为长度
12	机车出段线			31	雨棚		F 为面积
13	线群与线群分束			32	跨线雨棚		F 为面积
14	单开道岔			33	仓库		
15	对称道岔			34	轨道衡		
16	三开道岔			35	限界架		
17	复式交分道岔			36	站房基坪及旅客基本站台	$l \times b \times h$	l、h、b 为长、宽、高
18	单式交分道岔			37	有雨棚的旅客或货物站台	$l \times b \times h$	l、h、b 为长、宽、高
19	菱形交叉			38	旅客中间站台或货物站台	$l \times b \times h$	l、h、b 为长、宽、高

续表

顺序	名称	图例	附注	顺序	名称	图例	附注
39	地道		加注中心里程	55	出站臂板信号机		
40	天桥		加注中心里程	56	预告臂板信号机		
41	铁路与道路立体交叉	(1) (2)	(1) 铁路在上 (2) 铁路在下	57	进站臂板信号机		
42	铁路与铁路立体交叉	(1) (2)	(1) 设计线在上 (2) 设计线在下	58	高柱出站色灯信号机		
43	平过道			59	高柱进站色灯信号机		
44	水鹤			60	驼峰及复示信号机		
45	油鹤			61	矮柱色灯信号机		
46	水塔			62	悬臂式色灯信号机		
47	涵洞	(1) (2)	(1) 既有 (2) 设计	63	桥式色灯信号机		
48	小桥	(1) (2)	(1) 既有 (2) 设计	64	悬吊式色灯信号机		
49	大中桥	(1) (2)	(1) 既有 (2) 设计	65	照明灯		
50	既有平交道口		注明道口中心里程	66	木塔灯		
51	设计平交道口		注明道口中心里程	67	钢筋混凝土塔		
52	消火栓			68	铁塔灯		
53	警冲标			69	设计车站	(1) (2)	用于总图: (1) 为近期 (2) 为远期
54	路基横向排水			70	既有车站		用于总图

续表

顺序	名称	图例	附注	顺序	名称	图例	附注
71	既有电气化铁路		线粗 0.2 mm	87	发电厂		
72	窄轨铁路	GJ762	762 轨距	88	变电站		
73	煤台	$l \times b \times h$	l、h、b 为长、宽、高	89	低压电力线	(1) (2)	(1) 木杆 (2) 钢筋混凝土杆
74	机械上煤台	$l \times b \times h$	l、h、b 为长、宽、高	90	高压电力线	(1) (2) (3) (4)	(1) 木架 (2) 钢筋混凝土架 (3) 木杆 (4) 钢筋混凝土杆
75	煤塔			91	通信线	(1) (2)	(1) 木杆 (2) 钢筋混凝土杆
76	高架煤斗			92	围墙		
77	竖墙高架卸煤线			93	铁丝网		
78	边坡高架卸煤线			94	栅栏		
79	栈桥			95	铁路既有用地界		
80	贮煤厂			96	设计房屋		
81	矩形车库			97	拆除房屋		
82	扇形车库			98	指北针		西方涂黑
83	洗车机			99	坡度标	$\frac{38.15}{\frac{2}{6}}$ $\frac{500}{800}$	
84	给沙塔			100	车站中心	标高30.7 站房中心 20+0.0	
85	移动和拆除电杆			101	基线或中轴线		
86	更换电杆						

参考文献

[1] 刘其斌，马桂贞. 铁路站场与枢纽[M]. 北京：中国铁道出版社，2005.
[2] 赵水仙，连义平. 铁路线路与站场[M]. 成都：西南交通大学出版社，2011
[3] 陈应先. 高速铁路线路与车站设计[M]. 北京：中国铁道出版社，2003.
[4] 中华人民共和国铁道部. 铁路技术管理规程[M]. 北京：中国铁道出版社，2006.
[5] 中华人民共和国铁道部. 铁路车站及枢纽设计规范[M]. 北京：中国计划出版社，2006.
[6] 中华人民共和国建设部. GB 50157 地铁设计规范. 2003.
[7] 中华人民共和国铁道部. 高速铁路设计规范（试行）. 2009.